广东省中小学『百千万人才培养工程』系列丛书

# 支持与管理

## 赋能发展性障碍学生的班主任实践

董文平 著

SPM 南方传媒 广东人民出版社

·广州·

图书在版编目（CIP）数据

支持与管理：赋能发展性障碍学生的班主任实践／董文平著．—广州：广东人民出版社，2024.1

（广东省中小学"百千万人才培养工程"系列丛书）

ISBN 978-7-218-17382-5

Ⅰ．①支…　Ⅱ．①董…　Ⅲ．①特殊教育—中小学教育—全纳教育—教育研究—中国　Ⅳ．①G760

中国国家版本馆CIP数据核字（2024）第039743号

ZHICHI YU GUANLI: FUNENG FAZHANXING ZHANG'AI XUESHENG DE BANZHUREN SHIJIAN
**支 持 与 管 理：赋 能 发 展 性 障 碍 学 生 的 班 主 任 实 践**

董文平　著

出 版 人：肖风华

责任编辑：王庆芳　陈埼泓
责任技编：吴彦斌　马　健

出版发行：广东人民出版社
地　　址：广州市越秀区大沙头四马路 10 号（邮政编码：510199）
电　　话：（020）85716809（总编室）
传　　真：（020）83289585
网　　址：http://www.gdpph.com
印　　刷：广东虎彩云印刷有限公司
开　　本：787 mm × 1092 mm　1/16
印　　张：18　字　　数：266 千
版　　次：2024 年 1 月第 1 版
印　　次：2024 年 1 月第 1 次印刷
定　　价：68.00 元

如发现印装质量问题，影响阅读，请与出版社（020-85716849）联系调换。
售书热线：（020）85716863

# ■ 总　序

## 求实笃行，守正创新
## 做扎根岭南大地的时代大先生

教师是教育改革发展的第一资源，教师强则教育强。近年来，党和国家对教师队伍建设的重视达到前所未有的历史高度，党的二十大更是把加快建设教育强国、科技强国、人才强国，作为全面建设社会主义现代化国家的基础性、战略性支撑。作为置身改革开放前沿的教育大省，广东省始终积极响应国家的教育发展战略，把教师队伍建设、教育人才建设摆在极其重要的位置，以培育一批教育家型教师、卓越教师和骨干教师为目标引领，2010年至今已先后实施三批广东省中小学"百千万人才培养工程"，通过提炼教育改革典型经验与创新理念，打造具有鲜明岭南风格与广泛影响力的教育特色品牌，致力于为推进中国式教育现代化事业贡献智慧。

作为人才强教、人才强省的一项重要改革举措，广东省中小学"百千万人才培养工程"的深入实施，就是要持之以恒地通过教育人才培养机制的创新，探索名优教师成长规律，优化教师专业发展的环境，激发教师竞相成才的活力，真正形成让教育家型教师不断涌现的良好教育生态。

十多年来，中小学"百千万人才培养工程"通过不断完善培养机制，形成了较为科学的"顶层设计"，建立了省、市、县三级分工负责、相互衔接的中

1

小学教师人才培养体系，坚持"系统设计、高端培养、创新模式、整体推进"的工作理念，遵循"师德为先、竞争择优、分类指导、均衡发展、公平公正"的工作原则，统筹安排好集中脱产研修、岗位实践行动、异地考察交流、示范引领帮扶、课题合作研究等"五阶段"，并注重理论研修与行动研修相结合、导师引领与个人研修相结合、脱产学习与岗位研修相结合、国外学习与海外研修相结合、研修提升与辐射示范相结合的"五结合"，从而有效解决了传统教师培训存在的问题与矛盾，让"百千万人才培养工程"成为助力教师队伍整体素质提升、助推全省教育现代化的"标杆工程"。

教育现代化首先是"人"的现代化，推进中国式教育现代化建设呼唤数以千计、数以万计教育家型教师的示范与引领。什么是教育家型教师？2021 年 4 月，习近平总书记在清华大学考察时强调，"教师要成为大先生，做学生为学、为事、为人的示范，促进学生成长为全面发展的人"。这实际上是为广大教师提出了职业发展的高标准，一个教育家型教师一定要胸怀"国之大者"，关心学生的精神成长、着眼于学生的全面发展和终身发展，立德树人，笃志于学，努力做新时代的大先生。

开辟新学，明德新民，岭南大地是一片有着优良文化传统的教育改革热土，生逢中华民族走向伟大复兴的新时代，今天的教育人更应该赓续初心，勇于担当，借助于"百千万人才培养工程"的制度赋能，立足于充满希望的教育实践原野，努力书写"立德、立功、立言"的精彩教育人生。

**第一，要求实笃行，做勤学善研的育人者。**

岭南大地向来有着求真务实、勤勉笃行的文化传统，正是凭着这样的实干精神，创造了经济社会发展的一项又一项奇迹。浸润在岭南文化精神中，广大校长和教师始终笃守着为师的道义，躬身教育实践，用心用情地教书育人，并不断地思考、凝练和升华，同样创造出富有岭南教育文化特色的改革实践与教育理念。透视这些实践与理念，其中蕴含着真学习、真研究、真实践的教育价值导向。

深入研究学生，是育人之根。所有的校长和教师，都应以学生为本来推进教育教学实践改革，关注学生的个体差异，包括智力、性格、情感、行为等方面的差异，了解他们的发展特点和需求，以便为他们提供个性化的教育；注重学生的生活体验和情感需求，帮助他们解决心理问题，调整情绪状态，创造良好的学习和生活环境，培养健康的心理素质和人格品质；关心学生的综合素质和发展潜力，引导学生参加各种活动，以培养其领导能力、创新能力、团队协作能力等非学科能力，提升其全面素质和可持续发展能力。我们坚信，一个育人之师必须要研究学生，为学生健康而全面成长服务。

深入研究课堂，是立身之本。课堂是育人的主阵地，也是师生共同成长的主要空间。校长和教师一定要沉潜在课堂一线，关注师生的课堂生活质量。从学生的学习兴趣和需求出发，引导学生主动参与课堂教学，激发学生的学习热情，使其在学习中得到满足和成长；要不断创新教学方法和策略，灵活运用不同的教学策略和技巧，提升学生的学习能力和思维品质，促进知识的内化与能力的输出；同时还要对课堂教学的内容、形式、效果等方面进行全面的评估和反思，不断提高课堂教学质量和效果。优秀的校长和教师的生命力在课堂中，脱离了课堂教学，任何教育创新都是"无本之木"。

深入研究管理，是兴教之源。教育管理，事关一所学校的"天地人和"，能够让每个人各展所长、各种资源得到适当调配，让人财物完美契合。这就要求校长和教师要注重教育的发展战略和规划，善于构建教育愿景，以此来制订教育教学计划，为学生提供更优质的教育服务；注重管理机制和制度的建设，从招生到课程安排，从班级管理到教学管理等，无不体现规范与科学；此外还要注重自身与队伍的终身发展，不断提升团队建设水平，优化组织文化，在协商共治中走向教育治理，用良好的组织文化引导人、凝聚人、发展人。

**第二，要守正创新，做知行合一的自强者。**

教育是一项继往开来的事业，既需要继承传统，循道而行；又需要开创未来，大胆创造。一个优秀的校长或教师要掌握并尊重教育的基本规律，包括党和国家关于教育的方针政策、发展方向以及制度规定等，唯有如此，才能行稳致远，保障教育高质量发展。同时面对教育中不断出现的新情况、新问题和新挑战，要有改革思维与问题意识，发挥好主动性和创造性，在不断破解问题中实现教育的新发展。

一方面，要做好教育传承，弘扬教育文化自信。党的二十大报告提出，坚持和发展马克思主义，必须同中华优秀传统文化相结合。这启示我们，办好教育必须珍视既有的文化传统，植根于本民族、本区域历史文化沃土。岭南是传统文化蕴藉深厚之地，有着丰富的地域文化可作为教育的资源，也经一代代教育人的探索形成了许多宝贵的教育经验与理念。这些都是帮助我们办好今天教育的精神财富，作为校长和教师一定要通过学习，研修了解岭南教育的传统，做好教育资源的调查研究，用本土化、特色化的教育实践彰显教育文化自信，做有根的教育。

另一方面，要推进教育改革，以新理论指导新实践。教育要培养面向未来的一代新人，因此必须常做常新，满怀热忱地拥抱新生事物，要在不断学习中适应新情况、创造新经验。勇立潮头、敢为人先也是岭南的文化精神之一。广大校长和教师要敢于迎难而上，主动作为，面对教育工作中的问题或困难不抱怨、不懈怠、不推诿，充分激发成长的内驱力；要认识到所谓的问题恰恰是改变的契机，我们的教育智慧、我们的教育事业都是在不断破除困难、解决难题中得以发展；要不惮于说前人没有说过的话、做前人没有做过的事，不断拓展认识深度和广度，力争创造出更多教育改革的"广东经验""广东智慧"，这才是教育家型教师应有的胸怀胆识。

**第三，要海纳百川，做担当使命的引领者。**

优秀的校长、教师与班主任，在一定程度上都是先进教育文化的代表，这就意味着我们在"百千万人才培养工程"这个项目平台上，必然要承担更大责任，履行更大使命，有更高的精神追求。除了在高水平研训活动中完善自我、提升自我之外，还要胸怀天下、海纳百川，凝练自己的教育教学实践成果，升华对教育教学的思想认知，形成具有示范性、影响力的教育特色品牌，带动更多的学校和教师共同成长，一起不断地提升教育品质，推动教育高质量发展。

凝练教育特色品牌，从经验积累走向理论思考。一位优秀的教育者必然要做到知其然并知其所以然，不断增进对所从事教育工作的规律认知和价值思考。我们的名校长、名师和名班主任要立足自己丰富的实践经验，不断学习、不断反思，在专家指引和同行启示下，结合教育学、心理学、社会学等学科理论，将个人的实践经验凝练和表征为富有内涵的概念与符号，确立起具有鲜明个性特点与自我风格的教育教学品牌性成果，从行动自觉走向理论自觉，并用自我建构的理论或工具去指导实践、印证实践、优化实践，从"名师"走向"明师"。

用好教育特色品牌，从个体实践走向群体发展。实践经验范型一旦表征化为符号、概念，就立刻具有凝聚力、解释力与普适性，这就有助于引领、启发和影响更多的教师，结成教育发展的共同体，共同优化教育教学实践。各位名校长、名师和名班主任要发挥教育特色品牌的示范性，依托工作室平台，不断地吸收新生教师力量，不断地影响更多教育同行。正所谓独行速，众行远。以品牌建设为纽带，让每一位名师都发挥"磁场效应"，真正达到造就一位名师，受益和成长起来一批优秀教师的局面。让这些在岭南大地上星罗棋布的名师交相辉映、发光发热，照亮广东教育的美好未来。

升华教育特色品牌，从著书立说走向文化传播。近代以来，无论是岭南文化还是岭南教育，始终开一代风气之先，形成了许多影响全国的好经验、好理念和好的发展模式，同时也在教育文化的交流传播中更好地促进我们自身的发展。今天的校长和教师是岭南教育文化新的代表，也要有一种开放的胸怀和眼光，在教育全球化、信息化的背景下海纳百川、兼收并蓄，同时也要积极传播自身教育的优秀成果，在更大的教育发展平台上与名师名家、教育同行、社会各界交流对话，发出教育的声音，讲好教育的故事，扩大教育的传播力与影响力，增进不同教育文化的理解与互鉴。

正因此，看到又有一批"百千万人才培养工程"的优秀教育成果即将付梓面世，作为这项工作的管理者、参与者和见证者，由衷感到骄傲和自豪。古人云，"言而不文，行之不远"。希望我们广东的优秀校长和教师更加重视教育教学成果的凝练升华，这本身就是一件创造性的工作，也是更好地激发自身教育潜能、唤醒更多教育人生命活力的有效途径。愿这样的优秀教育成果能够发挥更大品牌效应，引领更多教育人不忘初心，潜心育人，参与到中国式教育现代化的伟大事业中，为中华民族的伟大复兴做出教育人应有的贡献。

是为序。

吴彦民

2023 年 5 月

# ■ 引 言

尊敬的读者:

生命的璀璨犹如宇宙中的亿万星辰,每一颗都有其特别的光芒和独特的轨迹。在这漫天星海里,有一类星星,因为所承载的特殊属性,它们的发光之路似乎与众不同,发展性障碍学生就是这类星星。

发展性障碍学生是指在发育期间由于生理或心理原因造成的显著、长期的发展迟缓,导致在生活自理、社会参与等方面有限制的个体,主要包括智力障碍学生、孤独症谱系障碍学生、学习障碍学生、注意力缺陷多动障碍学生、语言障碍学生以及情绪行为障碍学生等。对于发展性障碍学生来说,他们不仅要面对自身固有的诸多障碍,还要努力适应社会和学业上的要求,所面临的挑战和困难远超其他学生。对于班主任来说,这是一项既具挑战性又充满意义的工作:在日常的班级管理中要想更好地支持这些学生,需要了解发展性障碍学生的基本知识,还需要掌握一系列的实践策略和方法,帮助这些学生走出困境,迎接更加光明的未来。

我非常荣幸地呈现给您这本专著《支持与管理:赋能发展性障碍学生的班主任实践》。"赋能"是本书的核心理念,它不仅仅是一个词语,更是一把钥匙,帮助我们打开发展性障碍学生的心灵之门,使他们更好地了解自己,激发潜在的能量,提高自主学习和自我管理的能力,使得他们在学习和生活的旅途中更加得心应手。"支持"是一种无形而专业的力量,细致而坚实的努力,这些努力是为了更好地理解和满足每一个发展性障碍学生的独特需求。不论是量身打造的教学策略，还是为他们提供精准的个别化干预、技能训练或针对性的辅助技术，都旨在帮助他们跨越每一个障碍。不仅如此，我们还致力于培育他们的社交技巧，保持其积极稳定的情绪状态，表现出恰当的社会性行为，帮助他们建立和他人的正向关系，展现出最佳的自我。"管理"是班主任精心雕琢，与发展性障碍学生共同绘制的一幅美好、有序、充满活力的班级画卷。班主任是这幅画的主导者，致力于创建和维护一个良好的教育环境，对学生的行为、学习及社交等各方面进行综合性、系统性的组织、协调和引导。每位学生都是这幅画卷上不可或缺的画师，他们和班主任共同为班级勾勒出鲜明的色彩与轮廓；师生一同勾画出班级的发展方向和远景，为班级设定发展目标；师生齐心协力，共同打造一个充满温暖、关爱、尊重和鼓励的班级环境；师生共同制定和遵守班规，确保每天的学习和生活有条不紊；师生共同策划和参与各种班级活动，为每一天注入欢乐与活力。此外，班主任与学生家长及其他教育工作者密切合作，成为孩子们成长的坚实后盾，保障学生在家与学校之间都能获得持续、一致的支持与教导，共同为这幅班级画卷添上更多亮丽的色彩。"班主任实践"则为本书做了明确的定位，阐述了班主任在日常教育工作中采取的具体行动和策略，帮助发展性障碍学生发掘自身的优势，展现自己的才能，以积极乐观的姿态应对在成长中所面临的诸多挑战。主要包括如何给予发展性障碍学生更多的理解和关怀，提供有效的学生个体支持，以满足班级内不同障碍类型和程度的发展性障碍学生的多样化需求，以及如何在班级层面上运用系统化的管理方法和策略，形成适用于发展性障碍学生班级管理的运行机制。

　　本书的结构设计旨在帮助读者深入理解和应用赋能发展性障碍学生的理念和实践。本书分为五章，第一章综合考虑不同类型的发展性障碍学生的特点和学习需求，以及在发展方面可能存在的困难，进而从赋能的角度，整体性阐明班主任实践的理论探析和实践路径。第二章则基于发展性障碍学生的特点，着重阐述赋能发展性障碍学生学习、行为、情绪管理和社会交往四个方面的支持策略。第三章主要探讨适用于发展性障碍学生的班级管理的常见策略，主要包含班级目标管理、教室物理环境管理、班级社会环境管理、班级制度管理、班级活动管理和班级支持系统管理这六个方面。第四章包括赋能发展性障碍学生的综合实践，从班级管理实操的角度出发，说明如何综合运用支持与管理策略，包括探讨带班育人方略、班级强化系统构建、学生休闲能力培养三个类别。第五章呈现功能整合型班会的开发与实施，探讨班级管理过程中，班主任如何通过班会活动的形式引导发展性障碍学生系统学习重要能力，并应用于实际生活。

本书将"赋能"的教育理念有机融入于理论探讨、案例、实践阐释中，贯穿于每个章节。在文本的编排设计上，于每一章开头呈现案例导学和本章导读，以带进各章的主要内容。在本书中，大量引入实际案例或操作示例，以展示班主任实践中个体支持策略和班级管理策略的实际做法，并提供具体的指导和建议，出于保护隐私的目的，案例中的人物均采用化名。

最后，我要衷心感谢所有为本书付出努力的人们，他们为本书的撰写提供了专业的支持和指导。希望本书能够为您更好地理解和支持发展性障碍学生提供一些启示和帮助，也希望您能够分享自己的经验和见解。让我们共同进步，采取科学、有效、系统、实用的策略和技术，为发展性障碍学生能够充分展现自己的潜力、融入社会，带来更多机会、希望和成功。

祝阅读愉快！

董文平

2023 年 9 月 15 日

C 目录
ONTENTS

# 第一章
# 赋能发展性障碍学生的班主任实践何以达成

## 案例导学

作为一名培智类特殊学校的班主任，我在新学年接手了新的班级。通过初期的调查和观察，形成的《五（1）班初期学情和班情评估报告》显示：这个班级里有 11 名中重度智力障碍的学生，障碍类型包括 2 名一般智力障碍学生，6 名孤独症谱系障碍学生，2 名脑瘫学生和 1 名唐氏综合征学生。从报告中，我们可以明显看到以下几点：

（1）发展性障碍学生在班级中的能力呈现出两极分化，学生之间在认知、社交、情感和行为等多个领域的能力表现存在着明显的差异。具体表现为：部分学生能跟上学科学习，而其他学生完全无法理解老师所教授的内容；部分学生能进行穿衣、洗手等基本的自我照顾，而另一部分学生还需要喂饭、穿衣等照料；部分学生初步表现出自主性和自我激励，主动参与学习和活动，而另一部分学生则需要外部刺激和鼓励。这些能力的两极分化导致班主任在班级管理中面临挑战，需要制定不同的教学策略来满足每个学生的个别需求。

（2）学生之间的互动不足，没有建立稳固的同伴关系。部分学生虽然能够与同学沟通互动，但缺乏良好的社交技能，而另一些学生则完全不与同伴交流互动，这给班级管理和团队活动带来了巨大的挑战。

（3）班级内每一名学生都或多或少具有不良的行为表现，部分学生自伤、攻击、固执、发脾气等行为问题严重，需要进行全班性分层次的行为干预。

（4）家校沟通与合作不良。有 6 名学生因为非不可抗拒的原因高频率迟到和旷课，家长对学校和教师缺乏信任，在沟通时产生防备心理，且家长和教师对于学生的能力和需要有不同的期望和理解，常因家长缺乏专业知识而导致误解，还常因小事而投诉或吵闹。

面对这个班级如此复杂的情况，班主任采取以下策略来改进班级管理和提高教学效果：一是根据每个学生的障碍类型和程度，与家长进行深入交流后，共同制订个性化的教育计划；二是实施全班性积极行为支持，形成以预防、教导为主的行为干预系统；三是将班级管理、行为干预、课堂教学相整合，以及跨学科的班会活动设计，促进学生技能学习与泛化；四是进行系统化的班级文化建设，尤其是通过休闲活动的方式促进班级内良好社会关系的建立；五是形成家校共育模型，将学生在校学习和在家的活动进行一体化设计。

一个学年过去了，这个班级发生了翻天覆地的变化，师生们在一个温暖、有序、快乐的班级环境中学习和生活，家校之间也建立了密切的合作关系。

## 本章导读

赋能发展性障碍学生的班主任实践是一项系统而复杂的任务，需要班主任具备专业知识、情感关怀和实践智慧，从而为这些学生提供有针对性的支持和帮助。本章重点在于对不同类型的发展性障碍学生的特征和学习需求进行阐述，并从赋能的角度出发，概览班主任实践的理论依据和实践路径，且以此架构组织后续章节的内容。

## 第一节　发展性障碍学生的类型与特征

发展性障碍学生的发展就像另类的歌曲，有着复杂的节奏变化和不规则的节拍模式，在实践中发展赋能发展性障碍学生，班主任要先理解他们的发展特征。发展性障碍学生是指因感觉发展迟滞、失调、损伤，或在认知、沟通、社交及运动能力等发展领域存在着障碍，导致在生活自理、社会参与等方面有限制的个体[①]。本书中所指的发展性障碍学生主要包括智力障碍学生、学习障碍学生、孤独症谱系障碍学生、重度与多重障碍学生等。

### 一、智力障碍学生

智力障碍学生在智力发育期间，由于各种因素导致的脑部受到损伤或发育不全，其智力功能和适应性行为能力方面存在显著的限制。具体表现为智力低于一般学生的水平，并在沟通、自我照顾、居家生活、社交技能、社区利用、自我指引、健康与安全、功能性学科、休闲与职业技能等适应技能领域中，至少有两项是有局限的[②]。

#### （一）智力障碍学生认知方面的特征

智力障碍学生在认知发展方面可能表现出与同龄人明显的差异和困难。这些认知发展特征障碍可能涉及注意、语言、记忆、思维等方面，影响其在学业上和日常生活中的表现。

---

① 高寒梅：《发展性障碍儿童依从能力的链式强化效应研究》，硕士学位论文，西北师范大学特殊教育学，2021，第6页。

② 路得·特恩布尔等：《今日学校中的特殊教育（第3版）》，方俊明译，华东师范大学出版社，2004，第377—383页。

（1）注意力是个体通过五感通道对客观事物的关注能力，智力障碍学生有注意力不集中、注意力广度狭窄难以同时注意较多事物、注意力稳定性弱等问题，严重影响了他们的学习。其中，难以区分相关刺激和无关刺激是其面临的主要困难。在教导这类智力障碍学生时，我们需要帮助他们学会快速地将注意力集中在相关线索上，而不能任由他们去自己发现线索。例如，可以采取提示策略，包括将需要学生注意的线索凸显、用关键词提示等，来吸引和保持学生的注意力[1]。

（2）智力障碍学生可能在记忆力方面存在困难，识记过程较缓慢，记忆保持不牢固，再现不准确，记忆缺乏目的性，记忆的组织能力较差，且不善于运用记忆策略[2]。因此，教授智力障碍学生主动识记的策略，有助于他们记住不同情境下的相关事物。例如，我们教学生记忆在班级里保持清洁卫生的内容，在实践中结合"清洁卫生歌谣"进行记忆，使学生更容易理解和记忆。再者，不同的智力障碍学生的记忆特点也有所差异，我们应先帮助他们了解自己的记忆力特点，再引导他们找到适合自己的记忆策略。例如，诗诗的记忆就像是一个漏斗，输入信息的速度较慢，但在记忆细节方面有一定优势。针对诗诗的情况，通过记忆闪卡、棋牌限时配对等游戏训练帮助她改善记忆力。小威记忆抽象词汇有困难，则教他通过画图、构建模型、设计动作等方式，将抽象的概念变得更加具体和生动，更易于记忆。值得注意的是，我们不仅要引导智力障碍学生找到正确的记忆方式和策略，更要帮助他们自我发现和主动学习，最终形成一种适合自己的，且稳固持久的记忆机制。

（3）智力障碍学生可能在思维发展方面明显落后，最后达到的发展阶段也有所不同。参照皮亚杰的认知发展理论，轻度智力障碍学生，最终可能达到具

---

[1]　路得·特恩布尔等：《今日学校中的特殊教育（第3版）》，方俊明译，华东师范大学出版社，2004，第384页。

[2]　王辉主编《特殊儿童教育诊断与评估》，南京大学出版社，2015，第29页。

体运算阶段；中度智力障碍学生，最终可能达到前运算阶段；重度或极重度智力障碍学生，可能停留在感知运动阶段。他们可能难以理解抽象概念或进行复杂的思维过程，因此在逻辑推理和问题解决能力上有困难，学习类化和迁移能力较为薄弱。智力障碍学生可能在大小、远近、高矮、轻重、快慢等相对关系的判断上出现错误，导致他们在空间认知和物体概念上出现困难[1]。

## （二）智力障碍学生的生理与动作方面的特征

智力障碍学生在生长发育方面，可能会生长速度缓慢或出现异常，进而影响身高和体重的增长，表现为过度矮小、过瘦或过胖等情况。在青春期时，可能影响性腺的发育和激素的分泌，导致性征发育出现问题。这可能表现为性征发育延迟，例如，女性乳房发育迟缓或男性声音变浅等情况。部分智力障碍学生也可能会影响一些生理功能的正常发育，导致免疫力低下、神经发育问题或心血管功能异常等。患有唐氏综合征的学生可能会有先天性心脏病等问题。部分智力障碍学生可能在感知觉方面存在问题，他们可能会出现如近视、远视、弱视等视觉障碍，或者对颜色、形状和运动等视觉信息的处理有困难。也有部分智力障碍学生出现听觉障碍，原因包括内分泌异常、耳道常常被耵聍堵塞和耳朵发炎导致听力下降[2]。智力障碍学生可能在手眼协调能力方面较弱。例如，小帆在日常生活中出现如吃饭时食物掉落、书写困难、动作笨拙等一系列问题。

## （三）智力障碍学生的语言与沟通方面的特征

智力障碍学生可能存在语言理解和表达困难、发音不清晰等问题。在语言

① 柳树森主编《全纳教育导论》，华中师范大学出版社，2007，第139页。
② 钮文英：《启智教育课程与教学设计》，心理出版社，2003，第26—38页。

理解方面，词汇理解力差。例如，小明无法理解一词多义或近义词，常常对抽象词汇和理解复杂的任务指示或请求理解有困难。在口语表达方面，他们的口语表达常因词汇贫乏等情况而受限。说话的句型、结构有颠倒、混淆、省略等语法错误。例如，小法只会运用具体形象的词汇；诗诗能使用只言片语，但不能连词成句。此外，他们的口语表达清晰度不足，常常出现构音、声音和语言流畅度的障碍[①]。

### （四）智力障碍学生的情绪与社会性方面的特征

智力障碍学生的情绪反应与普通学生相似，但在处理复杂的情感时，他们的协调能力通常较弱。当面临困难或不愿做某事时，他们可能会表现出情绪不稳定、冲动，或者心情低落。在社交互动中，这些学生的表现各不相同：部分学生可能显得冷漠、缺乏耐心，而其他学生可能非常主动、充满热情，并且喜欢与人接触。但他们有时可能不太明白个人空间的界定，导致与他人过于接近。参与集体活动时，由于他们的社交能力较弱，可能会感到不适或畏缩。他们也往往以自我为中心，缺乏自控，且难以理解他人的意图和立场[②]。

## 二、学习障碍学生

学习障碍是由于个体内在的中枢神经系统功能失调，导致一个或多个基本认知加工过程出现障碍。尽管学习障碍学生的智力正常，但他们在听、说、读、写、计算、思考等学习能力的某一方面或多个方面可能表现出显著的困难。此外，多数学习障碍学生还可能存在社会交往和自我行为调节的问题[③]。

---

[①] 钮文英：《启智教育课程与教学设计》，心理出版社，2003，第32—33页。
[②] 王辉主编《特殊儿童教育诊断与评估》，南京大学出版社，2015，第29—30页。
[③] 刘翔平主编《学习障碍儿童的心理与教育》，中国轻工业出版社，2010，第21—22页。

## （一）学习障碍学生的特征

学习障碍学生的特征可分为同质性特征和异质性特征。同质性特征指每一个学习障碍学生都具备的共有特征，学习障碍学生具有正常的智力、情绪、社会适应、感官、动作能力，却无法有效地学习。异质性特征指每一个学习障碍学生彼此有所差异的特征，学习障碍学生可能呈现出一项或多项学习问题或学习障碍类型。柯克等人将学习障碍分为发展性学习障碍和学业性学习障碍。发展性学习障碍包括注意力障碍、记忆力障碍、知动能力障碍、语言能力障碍、思维能力障碍和社交技巧障碍；学业性学习障碍包括阅读能力障碍、书写能力障碍和算数能力障碍[1]。

## （二）发展性学习障碍的主要表现

（1）注意力障碍。在学习障碍学生中，大约有1/3的学生在日常生活和学习中表现为注意力障碍。学习障碍学生在注意力障碍方面可能表现出以下特点：①注意力持续困难。难以集中注意力完成任务或玩耍，容易受到外界因素的干扰，难以遵循指令或完成学校作业、家务等任务，经常遗失如玩具、学习用品等物品，还经常遗忘日常活动等。②冲动行为。在没有思考后果的情况下采取行动，难以等待轮到自己，常常打断或打扰他人。③多动行为。经常手脚不停地动或坐不住，在不适当的场合奔跑或爬行，无法安静地玩耍或进行休闲活动等。以上列举的是一些典型的注意力障碍的表现，但具体的症状和严重程度会因每个学生而异[2]。

（2）记忆力障碍。学习障碍学生在记忆力障碍方面的具体表现为：①难以

---

[1] 孟瑛如：《学习障碍与补救教学：教师及家长实用手册》，五南图书出版股份有限公司，2014，第3—31页。

[2] 刘翔平主编《学习障碍儿童的心理与教育》，中国轻工业出版社，2010，第149—162页。

识别重要信息。在学习过程中，他们可能难以从给定的信息中挑选出关键的部分来记忆。②短时记忆问题。学生可能难以记住刚刚听到或看到的信息。③工作记忆问题。在进行需要多步骤指令的任务时，他们可能难以持续跟进。④难以将信息从短时记忆转移到长时记忆。尽管可能在短时间内学会了新信息，但他们可能很快就忘记。⑤使用记忆策略的困难。在尝试记忆相关的信息时，他们可能无法有效地对其进行分类或归纳，也难以采用如联想、音韵或故事来帮助记忆。⑥难以检索和提取存储的信息。即使他们学过某些内容，也可能在需要的时候难以回想起来。要注意的是，不是所有的学习障碍学生都会展现出上述的所有记忆障碍，每个学生的具体表现可能会有所不同[1]。

（3）知动能力障碍。知动能力涉及处理感觉输入与动作输出之间的协调。学习障碍学生知动能力障碍的具体表现为：①左右混淆。他们可能会混淆左右方向，包括对有方向性的字母或汉字混淆，以及执行"举起右手"指令时出错等。②知觉形象背景困难，他们可能会难以从图像中找到隐含的图形。③学生在行动时看起来不协调，他们可能经常摔倒、撞到东西，或者无法完成一些需要平衡的任务。④手眼协调困难，当他们尝试完成需要视觉和手部协同工作的任务时，可能会感到困难。例如，他们可能在打乒乓球或者接住一个被抛向他们的物体时遇到挑战。⑤手部精细动作困难。在写字、使用剪刀、颜料刷或其他工具、玩积木或拼图时，在需要精确控制的任务上会显得笨拙。⑥空间定向困难。他们可能会误判物体之间的距离，经常撞到门框或桌角。在阅读时，也可能会跳过行或重复行。⑦难以完成需要多步骤的动作。例如，在跳绳或参与集体舞蹈时，可能难以按照正确的步骤和节奏完成动作。他们可能只能完成第一个动作，而忽略了后面的动作。⑧时间观念不准确。他们可能在估计完成

---

[1]　孟瑛如:《学习障碍与补救教学：教师及家长实用手册》，五南图书出版股份有限公司，2014，第60—92页。

任务所需时间上经常误判。⑨难以模仿他人的动作。即使在看了其他人的示范后，他们也可能难以准确地复制那些动作。⑩难以转换或调整动作。在需要快速转变动作或调整策略的活动中，他们可能会犹豫，这会影响他们在游戏或体育活动中的表现。这些具有知觉或知动障碍的学习障碍学生，他们在学习和日常生活中，尤其在体育、手工艺和其他需要精细手部动作或协调动作的活动中常常遇到困难，要提供额外的支持来帮助他们应对这些挑战[1]。

（4）语言能力障碍。学习障碍学生的语言能力障碍分为语音异常、语形异常、语法异常、语用困难等，或在辨别、理解和表达方面能力不足[2]。具体表现为：①词汇障碍。经常忘记词汇或用词不当，或经常停顿，努力想找到合适的词汇来表达自己的想法。②句子结构混乱。说话时经常使用不完整的句子，内容重复，逻辑混乱，常出现频繁的语法错误。③理解困难。对抽象的比喻、成语、谚语等概念理解困难，对文章内容的理解能力和写作能力不足。④叙述障碍。讲故事或叙述事件时，很难组织成连贯的语言。⑤在听说、读写之间切换困难。例如，在听到某事后难以用言语或书写形式回应。⑥声调和语调问题。在说话时，可能不适当地使用声调和语调，导致听起来单调或难以理解。⑦难以理解和遵循口头指令。对口头交代的事情常常弄不清楚，无法遵循复杂或多步骤的指示或指令[3]。识别学习障碍学生语言能力障碍的这些表现，是理解他们的困难并提供适当的支持和干预的基础。

（5）思维能力障碍。学习障碍学生在思维方面的障碍可能包括以下具体表现：①分类和整理信息困难。在对信息进行排序或分类时遇到困难。②解决问题的策略有限。当遇到问题时，可能会重复使用同一种策略，即使在同样的情

---

[1]　孟瑛如：《学习障碍与补救教学：教师及家长实用手册》，五南图书出版股份有限公司，2014，第93—129页。

[2]　柳树森主编《全纳教育导论》，华中师范大学出版社，2007，第201页。

[3]　王辉主编《特殊儿童教育诊断与评估》，南京大学出版社，2015，第74页。

境下反复出错，也难以从中吸取教训，调整策略。③推理困难。难以从给定的信息中推断或预测结果。④计划和组织困难。在开始任务之前，难以预见所需的步骤，不知道如何组织它们。⑤难以看到整体。可能会过分关注细节，而忽略了整体情境或主题。⑥难以进行多任务处理。当需要同时处理多个任务或信息时，容易感到困惑或有压力。⑦空间概念障碍。例如，难以理解地图、图形或物体之间的空间关系。需要注意的是，学习障碍学生的思维障碍并不意味着他们的智力低下。很多时候，他们只是需要不同的方式和策略来处理和理解信息，适当的支持和教育干预可以帮助他们克服这些障碍[①]。

（6）社交技巧障碍。很多学习障碍学生常常出现的一个问题是缺乏社交技巧。具体表现为：①难以理解社会线索，不能识别社交规范，无法理解复杂的社交情境，常表现出不恰当的言论或行动。②沟通互动困难。与人互动时，可能会显得过于依赖、疏远或过于主动，在对话中可能会打断他人，或不知道何时发言。③情绪调节问题。会过度反应或不知如何在社交情境中适当地表达情感。④难以建立和维持友谊，不懂得如何开始、维护或结束人际交往。⑤对社交冲突处理不当。可能不知如何解决争执或处理同伴间的争论。⑥难以理解和遵循社交规则。在不同的社交情境中切换互动方式困难，不会根据交谈对象的变化而调整交谈方式。⑦容易出现问题行为。容易发脾气、暴怒，用哭闹等行为表达拒绝。这些社交技巧障碍可能导致学习障碍学生在学校、家庭或社会中经常遭遇挫折。对于他们来说，个性化的支持和教育干预至关重要[②]。

### （三）学业性学习障碍的主要表现

（1）阅读能力障碍。阅读障碍是学习障碍学生最显著的问题之一，阅读问

---

① 柳树森主编《全纳教育导论》，华中师范大学出版社，2007，第201页。

② 路得·特恩布尔等：《今日学校中的特殊教育（第3版）》，方俊明译，华东师范大学出版社，2004，第160页。

题与缺乏语言技能密切相关。存在阅读障碍的学生具体表现有：①阅读速度慢。阅读速度比同龄人慢，这可能影响到理解长段落或章节。②阅读流畅性问题。不流畅地、断断续续地阅读，经常停下来、回溯或跳过字词。③理解障碍。可能能够识别单个词语，但难以理解句子、段落或整个文本的含义。④在读到或听到新的词汇时表现出理解或记忆的问题。这些表现不是所有阅读障碍学生都会有的，了解学生的特点以准确识别他们可能存在的问题，并提供适当的支持和干预[①]。

（2）书写能力障碍。学习障碍的学生在书写上的障碍可以分为书写技能障碍和书面表达障碍两大类。①书写技能障碍涉及手部运动和协调、肌肉控制、空间知觉等能力的问题。这会导致学生在书写字词时出现问题。例如，运动协调能力差，可能导致笔画不流畅、笔迹模糊、笔画不连贯、字形不规则等问题，手部也容易疲劳，书写一段时间后，可能会感到手部疲劳或酸痛；由于眼球运动和感知运动能力差，学生可能难以理解和模仿特定的书写姿势或笔画，从而影响学生跟踪文字和正确抄写的能力，导致字母或汉字的大小、形状和间距不一致，容易超出或达不到书写边界。②书面表达障碍与语言和思维组织有关。例如，学生可能存在组织概念的困难，难以按照逻辑顺序组织语言和表达自己的想法；学生可能存在发现事物之间联系的困难，导致不知如何描述事物之间的关系或因果关系；在书写时难以同时进行思考，如在写作文或答题时，难以边组织思路边书写[②]。

（3）数学学习障碍。通常被称为数学障碍或算术障碍，是指某些学生在数学学习上表现出与其他认知技能不相称的困难。以下是数学学习障碍学生的具体表现：①基础技能与概念缺陷。学生可能在简单的数学计算上遇到困难，同

---

① 刘翔平主编《学习障碍儿童的心理与教育》，中国轻工业出版社，2010，第80—90页。

② 柳树森主编《全纳教育导论》，华中师范大学出版社，2007，第201页。

时对数字、数量或基本的数学概念感到困惑。②数学语言与记忆障碍。他们可能难以理解和使用如"增加"或"总和"等数学词汇，并可能有记住数学事实、公式或算法的困难。③推理与策略应用困难。在解决数学问题时，他们可能难以应用逻辑、策略或选择合适的方法。④空间知觉与书写问题。这些学生可能在判断形状、大小和空间方向时遇到问题，并在抄写数字和数学符号时混淆或犯错误。⑤应用题与实际情境问题。他们可能难以理解和解决与日常生活相关的数学问题。⑥注意力与抽象思维障碍。在解决数学问题时，他们可能容易分心，导致错误，且难以从具体情境中抽取和应用抽象的数学概念①。

### （四）学习障碍学生的其他表现

学习障碍的学生在理解自我、评价自己的优缺点，以及建立健康的自尊方面可能会面临一些困难。他们对于自己的潜能和自我价值可能感到迷茫。在日常生活中的种种挑战面前，他们可能会比其他同龄人更容易受挫，面对困难时，更有可能选择回避而不是坚持。由于这些挑战，他们可能经常怀疑自己，对于探索新事物或勇敢应对生活中的问题显得畏首畏尾。

## 三、孤独症谱系障碍学生

2013 年 5 月，美国精神病学会发布的《精神障碍诊断与统计手册（第 5 版）》中，明确了孤独症谱系障碍（ASD）为社会互动、语言交流以及兴趣行为等表现异常的神经发育性障碍的通称。这类学生的最典型、最核心的障碍主要表现为社会交往的障碍、重复刻板的行为模式和对环境变化的高度敏感性。

---

① 杨坤堂:《数学学习障碍》，五南图书出版股份有限公司，2007，第 12—28 页。

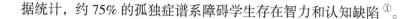

据统计，约 75% 的孤独症谱系障碍学生存在智力和认知缺陷①。

### （一）孤独症谱系障碍学生社会交往障碍

社会交往障碍是孤独症谱系障碍学生的典型表现，其核心问题包括非语言交流行为的困难、社交情感互动的缺陷以及维护和理解人际关系等问题。

（1）孤独症谱系障碍学生在非语言交流方面可能表现出以下特点：①他们可能会避免与他人进行眼神交流，或者在与他人交流时，他们的眼神接触过于固定或不自然。②面部表情缺乏或不当。他们可能难以通过微笑、皱眉等面部表情来传达或理解情感。③不会使用身体语言来加强言语信息，或其身体姿势可能显得僵硬、不自然。④对于挥手、点头或摇头等常见手势的使用和解读可能存在困难。⑤难以理解非语言的暗示。如语调、声音的强度或速度等的不同，可能导致他们难以判断他人的情感状态或意图。这些非语言交流上的困难可能会导致孤独症谱系障碍学生在社交互动中遭遇障碍，增加了与他人交流和建立关系的复杂性，需要更深入地理解这些特点并采取相应的支持策略。

（2）孤独症谱系障碍学生的社交认知能力存在明显不足。①这些学生在处理社会信息的能力上有所欠缺，导致他们难以准确地解读和感知他人的情绪以及非言语的社交暗示。例如，他们可能并不敏感于周围人的反应，当他人显然忙碌或者表现出不耐烦的情绪时，他们仍旧专注于自己感兴趣的话题，继续交流，而未能捕捉到社交线索。②日常的社交规则和习俗对他们来说可能感觉模糊不清，使得他们在社交互动中难以恰当地应对。这种社交认知的不足，使得他们在人际交往中经常遭遇困境和误解。

（3）孤独症谱系障碍学生在换位思考与同理心方面的具体表现包括以下几

---

① 邓明昱、劳世艳：《孤独症谱系障碍的临床研究新进展（DSM-5 新标准）》，《中国健康心理学杂志》2016 年第 4 期。

个方面：①难以理解他人的情感和意图。他们可能很难捕捉到他人的内心感受，难以识别他人是否感到伤心、高兴或生气。②非语言线索反应迟钝。他们可能难以识别和理解他人的面部表情、身体语言和语调，不能区分他人是在开玩笑还是在认真地说。③难以设身处地地为他人着想。他们可能会在不适当的时候说出伤害他人情感的话，不是因为他们故意，而是他们真的不知道自己伤害到别人。④社交场合的适应性困难。难以理解他人的情感和需求，也难以从对方的角度去看待问题，导致关系紧张，难以融入集体活动或小组互动中。

（4）社会焦虑与情境适应困难。①他们在与他人共同关注某个话题或活动时可能会遇到障碍。例如，在团体游戏中，他们可能无法捕捉到他人的反应或兴趣，从而难以与团队合作。②他们可能会避免目光接触，对他人的呼唤和逗弄反应迟钝。③在群体中，他们可能会更倾向于独自玩耍或独处。④面对新环境或突然的变化，他们可能会感到不适或困惑。例如，当日常日程发生改变或课堂活动转换时，他们可能会显得特别紧张或不安。

## （二）孤独症谱系障碍学生的言语交流障碍

孤独症谱系障碍学生的语言发展可能会呈现出不同的模式。部分学生可能完全无口语能力，而有口语能力的学生也可能存在"非惯性语言"的现象，这使得他们的语言表达方式与众不同。例如，一些孤独症谱系障碍学生虽可以理解简单指令，但他们的主动沟通能力仅限于日常需求，极度需要时才会沟通，其他时候可能会选择沉默。

（1）言语发育迟缓或不发育。部分孤独症谱系障碍学生言语发育迟缓，甚至可能终生不说话。部分起病较晚的学生可能经历过正常言语发育阶段，但随后言语能力减退，甚至消失。

（2）言语理解能力受损。孤独症谱系障碍学生的言语理解能力可能不足，即使病情较轻的学生也可能难以理解幽默、成语和隐喻。

（3）言语形式及内容异常。部分孤独症谱系障碍学生可能存在模仿言语、重复说话、语法结构错误、人称代词混淆等问题。

（4）语调、语速、节律、重音等异常。这些学生的语调可能平淡无变化，他们可能不能运用语调和语气的变化进行交流，且存在语速和节律问题。

（5）语言运用能力受损。孤独症谱系障碍学生的主动交流少，可能不会用语言表达自己的意愿或描述事情，会重复某个话题或使用特定的自创短语。

总而言之，孤独症谱系障碍学生在语言沟通上有着很大的困难，包括不懂如何表达需求、不懂描述想法和感受以及不懂如何理解他人的意图。例如，一些孤独症谱系障碍学生很难解读沟通线索，部分学生的说话方式可能会导致误解，而其他学生试图用有限的词汇来描述复杂的情感，使得他人难以理解。部分学生在与他人沟通时，常常答非所问。

### （三）孤独症谱系障碍学生的兴趣狭窄和刻板重复的行为方式

（1）兴趣范围狭窄。这些学生的兴趣较为特殊，可能不像其他儿童那样对玩具和动画片产生兴趣，而是更偏向于电视广告、天气预报、旋转或排列物品，以及特定的音乐或声音。他们可能对文字、数字、日期、时间表的推算、地图、绘画、乐器演奏等特定领域有着浓厚的兴趣，且能展现出独特的技能。

（2）行为方式刻板重复。他们常常坚持使用同一种方法来进行某项活动，对日常生活中的小小变动都有可能产生不安。例如，他们总是用同样的方式玩玩具，重复画同样的图案，固执地遵循某个路径，或总是将物品放在固定的位置。在饮食和穿着上也可能有类似的固执，会出现只选择特定的食物或衣物的情况。

（3）对非生命物的强烈依恋。相比对人或动物，他们更可能会对某些非生命物品产生强烈的喜好。例如，他们可能会随身携带瓶子、盒子、绳子等物品，并在失去时表现出强烈的不满和焦虑。

（4）刻板重复的怪异行为。他们可能经常展现出反复蹦跳、拍手、用脚尖行走等刻板、重复甚至奇特的动作。此外，他们可能对物品的某些特性（如气味或质感）特别感兴趣，会频繁地嗅或摸某个物品。

### （四）孤独症谱系障碍学生感知觉异常情况

感觉发展特征包括视觉、听觉、触觉、嗅觉和味觉等感官系统的发展和功能。孤独症谱系障碍学生可能出现感知觉异常，对环境中的某些刺激有不寻常的反应。

（1）部分学生视觉发展存在异常，他们可能难以关注到视野内的事物；也可能对亮度强的光源感到敏感，对特定的颜色产生强烈反应。例如，小直对某些颜色过分喜爱；小辰时常对光线、旋转物体等产生过度凝视等。

（2）部分学生可能在听知觉方面存在问题，对某些声音过敏或对某些声音过分喜欢。例如，小德对某些噪声过敏，处于嘈杂的环境中会显得焦躁不安，或者在某些环境中要捂耳朵。

（3）部分学生可能对触摸过敏或寻求更多的触觉刺激，也可能出现触觉处理困难，对疼痛或温度变化反应迟钝。例如，平平对身体接触有过度反应，不但抗拒与陌生人的肢体接触，对红领巾接触脖子都会产生强烈反抗。

（4）部分学生可能对嗅觉和味觉更敏感或更迟钝。他们可能对气味过敏，或者对食物的味道有特殊的喜好或厌恶。有的特别能忍耐苦味、咸味或甜味。例如，小迪喜欢闻某种异味；小杰则特别讨厌冬菇的味道，吃到冬菇就会马上吐掉。

### （五）其他方面的表现

孤独症谱系障碍学生展现出其他的一些特点：①大约 75% 的孤独症谱系障碍学生在智力上可能会落后，而在某些特定领域（例如机械记忆和计算），他们却能展现出令人惊奇的才华。②这些学生在注意力调整、分配和转移上可能会面临困难。③在情绪方面，在情绪调节和情感表达方面存在困难。他们可能会经常出现情绪波动、焦虑、抑郁或情绪失控等情况。例如，小刚在面对挫折或遇到问题时容易变得急躁、发怒甚至崩溃；小阳在伤心、生气、害怕、焦虑等负面情绪下，即使得到他人的安慰也难以迅速平静下来。他们可能出现自笑、冲动或情绪不稳定等现象。④许多孤独症谱系障碍学生在生理方面存在异常，不少学生 8 岁以前就已出现睡眠问题。部分学生还伴随有癫痫等疾病或症状。总的来说，这些学生虽然面临多种挑战，但他们也具有独特的才华和能力，需要我们给予更多的理解和支持。

## 四、重度与多重障碍学生

重度与多重障碍通常指个体在两个或多个关键功能领域内遭遇明显的障碍或功能损失，存在严重的情绪问题、孤独症谱系障碍、智力障碍、语言障碍或行为问题。考虑到他们可能面临多种障碍，通常需要一个跨学科的团队来综合满足其教育和医疗需求。这样，他们才能通过高度专业的教育、社会、心理和医疗服务，发掘并发挥出自己的最大潜能①。

### （一）重度与多重障碍学生的智力与学业问题

大部分重度与多重障碍学生在智力上存在明显的障碍，学习发展的准备不足。在认知能力上，他们常常找不到注意的焦点、短时记忆受限，以及缺少组织和处理信息的策略。部分学生可以掌握一些基本的功能性学习内容，但在学习和运用新技能方面存在困难。尤其是学习复杂的技能或理解抽象概念时，学

---

① 路得·特恩布尔等：《今日学校中的特殊教育（第 3 版）》，方俊明译，华东师范大学出版社，2004，第 431—433 页。

习动机严重不足，也因为超出了他们的认知能力范畴，导致他们无法学会或学习效率十分低下。因此，许多学生在常规的学校环境中难以适应，难以达成读写上的学习目标。对于这些学生，我们需要提供个性化和差异化的教学方法，并为他们提供专门的辅助工具，通过教育、社会、心理和医疗服务等专业人员的协作，帮助他们深度参与学习活动，发掘并发挥出他们的最大潜能[1]。

### （二）重度与多重障碍学生的适应技能不足

在自我照顾技能上，许多重度与多重障碍学生可以通过长时间的系统训练而掌握如穿衣、吃饭、上厕所和简单家务等基本技能。但也有些学生需要全面照顾，不能完全独立完成这些任务，他们需要在他人的帮助下，尽量参与并配合。在社交技能上，很多重度与多重障碍学生通常表现为孤僻和对他人的不关心，即使与他们进行互动，也常表现出缺乏恰当的社交互动技巧。因此，需要我们在真实情境中或创设社交情境教导他们恰当的社交行为，并提供大量的机会让他们在社交活动中练习和应用。另外，一些学生可能由于听力或言语障碍在沟通上遇到困难，因此可能需要提供助听设备、手语、图片符号或其他替代沟通方法，帮助他们与外界进行交流[2]。

### （三）重度与多重障碍学生的情绪与行为问题

重度与多重障碍学生表现出诸多情绪与行为问题。如果用行为动机来分类的话，他们的行为特征可分为三类：一是缺乏动机型，整天坐着或毫无目的地移动，与他人几乎无互动。二是单一指令行动型，只会在接到指令后行动，不会主动做事情。三是多动型，常做出如哭闹、自伤或攻击他人等冲动性行

---

① 邱绍春：《重度、极重度心智障碍者的辅导》，心理出版社，2013，第11—28页。

② 路得·特恩布尔等：《今日学校中的特殊教育（第3版）》，方俊明译，华东师范大学出版社，2004，第435页。

为[①]。重度和多重障碍学生在情绪与行为方面的具体表现可能涵盖很宽的范围，以下是一些常见的特点。

（1）情绪调节障碍。他们可能比其他学生更难以调节自己的情绪，经常出现情绪爆发或过度反应。

（2）重复性行为。某些学生可能展现出重复的行为模式，例如用手扇动、摇晃或重复某个声音。

（3）对环境的不适应。一些学生可能会对日常生活中的固定程序或规程产生高度依赖，任何的改变都有可能导致他们感到不安，因此，他们会对新的或不熟悉的环境或情境产生强烈的不适或恐惧感。

（4）自我伤害行为。在极端的情况下，一些学生可能会展现出故意击打自己等自我伤害的行为。

为了理解和支持这些学生，需要综合考虑他们的身体、心理、情感和社交需要，为他们提供相应的情绪与行为方面的干预和支持。

### （四）重度与多重障碍学生行动受限和健康问题

重度与多重障碍学生面临诸多身体和健康方面的挑战。部分重度与多重障碍学生存在听力和视力损害的感官障碍，需要助听设备等额外的支持；他们的运动发展可能显著延迟，原因包括肌肉无力、关节僵硬和平衡问题；或受到其他肢体障碍的限制，使他们必须依赖如轮椅、助行器或矫形器等辅助设备。有些学生还可能会遭受如心脏病、呼吸问题、癫痫和消化系统疾病等其他身体健康问题，他们可能需要定时服药、定期接受医疗检查和特定治疗；在饮食方面，一些学生可能因食物过敏或营养吸收不良而需遵循特制饮食；在心理和情感上，焦虑、抑郁和其他情感问题也是他们常常要面对的挑战。总而言之，在

---

① 邱绍春：《重度、极重度心智障碍者的辅导》，心理出版社，2013，第7页。

日常生活中，尤其是因长期健康问题，他们很可能更依赖于家人、老师或护理人员的帮助。面对这些学生的多重需求，学校、家庭和整个社会都有责任确保提供必要的支持和关心，以满足他们的健康和情感需求。

综上所述，发展性障碍学生在心理社会发展特征表现上可能因个体的障碍类型和程度而有所不同。对于发展性障碍学生，通过提供情感支持、社交技能培训、个体和群体心理辅导等方式，可以帮助他们在心理社会发展方面取得进步。

# 第二节　赋能发展性障碍学生的理论探析

发展性障碍学生的个性发展、有效学习和核心能力紧密相连。个性发展是赋能发展性障碍学生的起点，有效学习是个性发展基础上的关键步骤，而核心能力的培养是个性发展和有效学习的目标和结果。这三者相互依存，共同构成了促进发展性障碍学生全面成长和成功的理论基础。

## 一、赋能发展性障碍学生个性发展

了解和尊重每个发展性障碍学生的兴趣、多元智能和性格特点，是赋能发展性障碍学生个性发展的基础和前提。个性发展是学生自我认知、自我价值感和学习兴趣的重要基石，因此在实现有效学习和培养关键能力之前，我们首先要关注学生的个性发展。

### （一）激发兴趣，促进发展性障碍学生自我发展

兴趣对个性发展的作用是十分重要且深远的，它是一种内部动机，人们自

发产生的对某种主题或活动的情感倾向，常伴随着积极情绪[①]。在个性发展中，兴趣发挥着多个积极作用。

（1）提供动力和意愿。兴趣能激发发展性障碍学生活动参与的主动性和自愿性，使他们愿意探索和学习相关内容。了解学生的兴趣，可以创造愉悦的学习环境，激发学生的学习热情和动力。例如，教导消防安全教育知识时，可以通过表演情景剧，让学生更愿意参与。

（2）促进信息加工。发展性障碍学生对感兴趣的主题会投入更多注意力，这有利于他们进行有效信息加工和学习，进而深入理解和掌握相关知识。例如，开展"夏日美食汇"的班会活动，学生积极主动地为准备食物而查阅资料、求助他人和精心制作。

（3）增强自我效能感。兴趣导致的学习和探索会增强个体的自我效能感和信任感，有助于发展性障碍学生树立自信心。例如，小昊喜欢唱歌，其在艺术节活动中表演了三个曲目，从而变得自信满满。

（4）提供持久动力。持久兴趣源于先前的积极经验，特别是最初的热情，然后逐渐形成兴趣。这种持久兴趣能成为个性发展的动力和推动力，激励个体持续投入时间和精力进行深入的学习与探索。例如，同学们在课间活动时进行麻将配对游戏，从开始的好奇逐渐变成了常规休闲活动。

（5）促进自我发展。兴趣和知识相互促进，学生对某主题产生的浓厚兴趣会促使他们进行更多的探索和学习，从而积累更多的知识。知识的增加又进一步增强兴趣，形成良性循环，促进个体在该领域的自我发展。例如，小旸对科学领域产生了浓厚兴趣，班主任通过开展参观科技馆的活动和做科学小实验，让他亲身体验到科学的奇妙和乐趣，进一步激发他的学习兴趣和动力。

---

① 简妮·爱丽丝·奥姆罗德：《学习心理学》，汪玲等译，中国人民大学出版社，2015，第354页。

总而言之，激发发展性障碍学生的兴趣和积极性，为他们提供相关的学习资源和机会，能有效提升他们的主动性和参与度。

### （二）基于优势智能，实现发展性障碍学生多样成长

加德纳的多元智能理论认为人类拥有八种独立的智能，包括语言智能、逻辑数学智能、空间智能、身体动觉智能、音乐智能、人际智能、自我认知智能和自然观察智能。每位发展性障碍学生在某一或多个智力领域同样具有智能优势。

（1）为促进发展性障碍学生的个性发展，我们应该重点关注并发现他们的优势智能。从广阔多元的角度看待学生的能力，积极看待他们在某些领域具有的优势。例如，小波在空间智能方面展现出突出表现，他有着强烈的视觉理解能力和空间世界再现的才能，能够用粉笔在黑板上画出广州塔的图像。对于此类学生，我们可以采用直观形象的教具和图文结合等方式来呈现学习内容，创设适合他们学习的策略。

（2）善用发展性障碍学生的优势能力来促进他们参与活动。在班级管理实践中，强调基于个体的优势能力，以学生的兴趣为出发点，设计学生可参与且能够获得成功体验的班级活动。例如，智远有着较好的语言能力，但不愿意与人交往，班主任则可以发挥他的语言优势，为他设置"评委""通讯员""小老师""故事家"等专属职务，进行优势补偿。

（3）通过了解学生的优势能力并为其提供表现机会，可以建立学生的成就感和信心，进而激发他们的学习动机。同时，展示学生的优势能力，让他们获得同伴的赞美和肯定，有助于提高其在同伴中的社会地位。例如，小昊的音乐智能较好，但情绪不稳定容易发脾气，导致他在班级内被同学们孤立和排斥。让他在午间课教同学们唱歌，从而在班级内找到存在感和价值感，同学们也逐渐接纳了他。

（4）将学生的优势能力发展成休闲活动或社交方式，促进他们与他人进行积极互动。例如，将小哲运动方面的优势能力转化为与同学互动的能力，组织学生们一起进行体育游戏活动。

总的来说，发现和发展学生的优势智能是学生个性发展的重要途径。我们要充分运用学生的优势能力，建立合理的期待并进行合理的训练，让每个学生都能在适合自己的领域取得成就与进步。通过发挥学生的优势，促进他们在学习和社交中的积极参与，培养其自信心，最终实现学生的全面发展。

### （三）发挥性格特点，塑造发展性障碍学生独特模样

性格是个体在行为和情绪上的长期稳定的个人差异。性格特点在某种程度上影响个体对环境和情境的适应方式及应对策略。利用发展性障碍学生的性格特点可以促进发展性障碍学生的个性发展[①]。

（1）外向性较高的学生喜欢社交活动，善于表达自己，但在静态学习环境下可能难以集中注意力。为他们创设体验式、动手实践的班级活动，例如，动手制作物品、戏剧表演等活动，能有效提高他们的活动参与度。而内向沉静的学生更喜欢独处，对新环境和陌生人感到害羞和拘谨，需要更多的鼓励和支持来参与社交活动和团队合作。

（2）神经质较高的学生情绪波动较大，容易焦虑、担忧和情绪化。针对这些学生可以进行情绪管理和自我调节的训练，帮助他们更好地处理情绪，减少焦虑和情绪化的影响。而神经质较低的学生情绪较稳定，受到情绪波动的影响较小，需要进行一些能激发情绪体验的活动，防止他们过于孤僻。

（3）开放性较高的学生喜欢探索和容易被新奇的事物吸引，可以为他们提供更多的创新和探索性的学习机会，激发他们对新知识和新事物的兴趣。而有

---

① 陈琦、刘儒德主编《当代教育心理学（第2版）》，北京师范大学出版社，2007，第42—51页。

些发展性障碍学生可能较固执，不愿意接受新的事物，需要耐心的引导和渐进式的教导。

（4）宜人性较高的学生乐于帮助他人，愿意与他人合作，可以鼓励他们在团队合作中发挥优势，培养其领导能力和社交技巧。而宜人性较低的学生较为独立和以自我为中心，需要引导他们更好地与他人交流和合作，培养其合作意识和同理心。

（5）尽责性较高的学生具有较强的自律性和责任心，注重计划和目标的实现，可以鼓励他们在学习和生活中保持积极的态度，提高自我效能感。而尽责性较低的学生可能比较随性和不遵守规则，需要引导他们建立良好的学习和生活习惯，培养其责任感和自律性。

总的来说，了解和利用发展性障碍学生的性格特点，可以帮助他们更好地适应环境和进行社交，以取得更好的学习成果和生活成就。

## 二、赋能发展性障碍学生有效学习

发展性障碍学生由于在生理、心理等方面的发展异常，面临着在学习方面的诸多挑战。为了帮助这些学生取得更好的学习成果，我们基于不同的学习理论视角，深入了解学习的发生机制，找出优化学习的策略，使学生在学习过程中能够取得更好的效果。

### （一）发展性障碍学生在学习方面的挑战

学习是生命中重要的内容之一，对于发展性障碍学生来说，他们可能需要更多的时间和支持才能描绘出属于自己的独特篇章。由于认知理解、注意力和记忆力等方面存在发展差异，他们可能在学习上面临着多方面的挑战：

（1）学习动机不足。发展性障碍学生的学习动机不足是学习过程中的一个重要问题。可能是因为他们在以往的学习过程中频繁遭遇挫折或得到负面评价，让他们对学习产生了恐惧心理；或者对学习成果产生了较低的预期，觉得自己无论怎么努力都很难取得好的成绩。例如，小明之前在学习拍球时遇到过困难，之后就拒绝参加拍球活动。

（2）缺乏学习动力。发展性障碍学生对学习的兴趣和热情较低，很难主动积极地投入到学习中，且过度依赖他人的态度会削弱他们的学习动力，影响学习效果。例如，涵涵遇到学习难题时，不愿意自己想办法，而是期待他人帮助来解决问题。

（3）学习负荷能力有限。他们在学习过程中对刺激接受的能力不足，接受刺激的速度较慢，同时能接受的刺激的数量也有限。例如，小军无法接收和处理垃圾分类的相关信息，导致他在投放垃圾时感到困惑和不适应。

（4）辨认学习能力薄弱。在复杂环境的刺激下，或者说刺激的数量、种类和呈现方式过于复杂，又或者有其他环境因素干扰时，他们难以准确地辨认应该学习什么内容，使得他们在学习过程中容易迷失方向，不知道从何处着手学习。

（5）思考理解及抽象化能力较弱。在概念的归纳、整合、推理、分类、应用和评价等方面存在困难。例如，小威在理解数学概念时，需要更多的时间和具体的物品支持才能逐步领会其含义。

（6）缺乏有效的学习策略。不懂得如何运用较复杂的学习方法，也不善于组织学习材料。例如，小森在遇到复杂的劳动任务时，不知道应该如何分步骤进行操作，也无法运用不同的学习方法去解决问题。

（7）难以从偶发学习中获取知识或技能。如果学生只是被动地观察别人的行为而没有接受直接有计划的教学，或者不能主动去学习某项技能，他们将很难获得较好的学习成果。例如，青青看到其他同学进行班干部竞选演讲，但她没有接受过系统的学习，无法进行这样的演讲。

（8）学习迁移或类化能力较弱。难以举一反三，触类旁通，很难将学到的知识应用到其他情境中。例如，小俊在课间能进行休闲娱乐活动，但在家里却又无所事事。

（9）自我认知不足。这些学生对自己的优势和劣势缺乏清晰的认识，也难以稳定地展示自己的技能。例如，轩轩唱歌优美动听，是学校合唱队的"台柱子"，平时训练时大声歌唱，但是在舞台上表演时却不敢开口，难以自信地展现初自己的才华。

总而言之，虽然发展性障碍学生在学习上面临着诸多挑战，但是我们坚信每个学生都有独特的潜力和价值。因此，我们应该共同努力，为他们提供适当的帮助和支持，帮助他们更好地克服学习上的困难，取得更好的学习成果。

### （二）行为主义在发展性障碍学生有效学习中的应用

行为主义认为学习是通过刺激和反馈来形成和增强学习者的行为，通过奖励可以激发学生的学习动机，并强调学习环境对学习行为的影响[①]。具体应用行为主义的方法赋能发展性障碍学生有效学习，可以从以下五个方面着手：

（1）善用强化原理。采用赞扬、奖励或其他鼓励方式，对学生积极的学习行为和努力进行积极强化，提高他们参与学习的积极性。例如，当小龙按时完成活动任务时，及时给予鼓励和赞扬，让他感受到自己的努力得到了认可和支持。

（2）进行及时反馈和纠正。及时向学生提供反馈，帮助他们了解自己的学习进度和错误，并及时进行纠正和改进。这样可以让学生清楚地知道自己的学习情况，激励他们持续努力。

（3）制定明确的、具体的、可量化的学习目标，并将其分解成小步骤。帮

---

① 广州市教育研究院编《中国特殊教育的广州模式》，华南理工大学出版社，2019，第188—194页。

助学生逐步完成学习任务，实现学习目标。可以让他们感受到学习的成就感和进步，增强学习的动力。

（4）通过训练和重复巩固学习成果。这为发展性障碍学生提供更多的练习机会，巩固所学知识和技能。例如，训练小帆自己穿鞋子时，让他多做一些练习，增加对穿鞋子动作的熟练度。

（5）为学生创造一个支持性的学习环境。提供适当的学习材料和资源，帮助学生更好地学习和发展。

行为主义的应用可以有效地激发发展性障碍学生的学习动机，提升他们的学习效果，并帮助他们取得更好的学习成果。

### （三）社会认知理论在发展性障碍学生有效学习中的应用

班杜拉的社会认知理论认为学习是一个社会化过程，学习者通过观察和模仿他人的行为，以及与社会环境的交互作用来获取新知识和新技能。该理论还强调学习者在学习过程中对自己的行为进行观察、监控和调节，并认识到自信心对学习的重要性[①]。在帮助发展性障碍学生克服学习挑战时，我们可以从以下六个方面运用该理论：

（1）为学生提供观察他人学习过程的机会。展示优秀同学的学习方法和技巧，鼓励其他学生模仿并应用到自己的学习中。例如，在班会活动中，邀请小毅上台展示如何用贴纸装饰制作纪念册的花边，其他学生通过观察和模仿也学会了这个方法。

（2）培养学生自我监控的能力。教导学生如何设定学习目标，制订学习计划，并进行自我评估。通过反思和调整学习策略，帮助他们了解自己的学习进

---

① 陈琦、刘儒德主编《当代教育心理学（第2版）》，北京师范大学出版社，2007，第145页。

展和改进方向[①]。例如，方方写作能力较弱，协助她设定写作目标，制订写作计划，并在写作过程中时刻监控自己的进展。通过及时反馈和调整，有效地提高了她的写作水平。

（3）帮助学生克服学习障碍并取得成功。不仅要帮助学生在学习中克服困难、获得成就感的同时，还要通过积极的言语和行为鼓励学生，使其更加自信，从而激发学习动力。例如，温仔识字量少，在阅读理解方面较为困难。通过增加阅读材料中的文字配图和在完成阅读后及时给予肯定和奖励，激发他对阅读的兴趣和自信心，进而提高阅读能力。

（4）为学生提供积极的社会支持。鼓励学生参与学习活动，促进同伴之间的合作和互助。通过共同学习和分享，学生能够获得更多的支持和指导。

（5）关注学生的个体差异。根据发展性障碍学生的实际情况，制订相应的教学策略和支持措施，提供更具体、更细致的学习指导，帮助他们逐步掌握知识和技能。对于有特殊学习需求的学生，提供个性化辅导和资源支持。

（6）通过提问、探究式学习和讨论等方式，引导学生主动与新知识进行对话和整合。让学生积极参与认知重构，深入理解所学的知识和技能。

我们运用社会认知理论的各个方面，帮助发展性障碍学生进行观察学习和参与协作学习，获得更多成功体验，增强学习自信心。

## （四）建构主义在发展性障碍学生有效学习中的应用

建构主义认为学习是一个积极主动的建构过程，学习者不能被动地接收外在信息，而应根据先前的认知结构主动地、有选择地接收外在信息，建构当前事物的意义。建构主义还认为学习是建立在学生先前知识和经验的基础上，通过将新信息与已有知识和经验相结合，主动构建自己的知识和理解的过程，更

---

① 钮文英:《身心障碍者的正向行为支持（第2版）》，心理出版社，2016，第440页。

加强调学习的主观性、社会性和情景性[①]。为了在班主任实践中应用建构主义的原则，我们可以从以下七个方面进行思考：

（1）建立意义导向的学习环境。在班级管理实践中，我们要重视学生已有的知识背景在学习中的重要作用，强调创设真实情境，将学生的学习内容与他们的实际经验和兴趣联系起来，促进学生获取直接经验。通过引入实际案例、应用场景或个人经历等，帮助学生将抽象的知识与现实生活相连接，建构自己的理解，主动创造意义。

（2）促进学生之间社会性的互动，以学生互动参与为主要特征设计活动。组织合作学习活动，让学生们一起讨论、交流和合作，通过社会互动促进学习，共同构建知识。这样的学习环境能够培养学生的团队合作意识和交流能力。提供合作学习机会，学生在活动之中协作学习，分享交流，并能够合理坚持个人的独特看法。也可以在日常班级管理过程中，采用一些喜闻乐见、短小精悍、愉悦身心的社交活动。

（3）鼓励学生积极参与学习过程。提供探究式学习和问题解决的机会，激发学生的主动性和学习兴趣，鼓励他们主动思考、自主探索来深化对知识的理解，使学生成为学习的主体。班主任在实践中要做到，每一个同学都有具体的学习任务，避免游离于班级管理之外。例如，可以在学生的日常生活作息之中融入学习任务，并通过教导、练习与应用来辅助学生在语言、认知、行为、逻辑思维与社会交往等领域的发展。鼓励学生学会表达和分享。

（4）提供学生完成任务的情境，让学生在真实的或类似于真实的情境中探究事件、解决问题，并自主地理解事件、建构意义，进行知识的深度建构。需要注意的是：要根据学生的发展需求，提供与真实情况基本一致或类似的情境，并从情境中选择出与当前学习主题密切相关的真实事件或问题。也要尽可

---

① 陈琦、刘儒德主编《当代教育心理学（第 2 版）》，北京师范大学出版社，2007，第 186 页。

能让学生独立地解决问题，我们通过向学生提供解决该问题的有关线索等方式为学生提供支持。

（5）鼓励发展性障碍学生通过口语或其他形式分享自己的学习经验和心得。同时，教导他们从中提取有用的信息，促进知识的内化和建构。

（6）引导学生进行元认知。鼓励学生对自己的学习过程进行反思和自我评估。帮助学生学会监控和调整自己的学习策略和学习方法，提高学习效率和质量。

（7）融入故事或具体情境。将知识融入故事或具体情境中，帮助学生更好地理解和应用学习内容。通过情境化的教学，可以增强学生对知识的吸收和理解能力。

通过对建构主义的有效应用，培养发展性障碍学生主动学习和自主思考的能力，使学生能够在掌握知识的同时，将其应用于实际生活中。

### （五）具身认知理论在发展性障碍学生有效学习中的应用

具身认知理论认为学习是通过身体与环境的互动和身体经验来实现的，通过感知、思考和行动的综合过程来提升学习效果，涵盖了认知（思维）、意志（决策）、行为和情感等各个方面。它把身体放在认知实践的核心位置，强调了感觉运动系统与周围环境之间的紧密互动[①]。可以从以下六个方面考虑如何应用这一理论：

（1）营造丰富多样的感官刺激学习环境。运用视觉、听觉、触觉等多种感官方式来呈现学习内容，鼓励学生通过多感官体验、探索、实践、感悟和迁移来促进真正有意义的学习。例如，在学习"魅力广州"的内容时，运用地图、图片、视频、美食等多种方式呈现，让学生不再被动地接收信息，而是主动地

---

① 殷明、刘电芝：《身心融合学习：具身认知及其教育意蕴》，《课程·教材·教法》2015年第7期。

感知和探索。

（2）将学习内容融入真实且情境感强的背景中。让学生在真实的生活情境或实践活动中学习，强调体验性、参与性、情境性和生成性。例如，学生在学习交通安全知识时，可以组织外出研学活动，让他们亲自参与其中，从而让学生更好地理解和应用所学的知识。

（3）基于学生的个体差异和学习风格采用个性化的教学方式。结合学生的身体感知和运动特点设计教学，以满足他们的学习需求。例如，小毅喜欢通过绘画的形式来学习，东东则更喜欢通过动手操作来加深理解。

（4）注重融入情感体验的目标。情感是学习的重要因素，如果学生在学习过程中产生了积极的情感体验，那么他们对知识的记忆和应用将更为深刻。因此，要关注发展性障碍学生的情感和意志领域，触及他们的精神需求，重视情感和体验在学习中的作用。

（5）提供更多的动手实践机会。让学生通过身体活动与学习内容互动，使用操作学习的方式，使学习更加生动有趣，能帮助学生加深对知识的理解和记忆，从而更好地掌握所学的内容。

（6）为学生设定具有挑战性的问题，激发他们的好奇心和求知欲。通过提供有趣且具有一定难度的问题，增强学生的学习动力和自主学习能力。挑战能够激发学生积极探索和解决问题的欲望，从而提高学习的效果。

综上所述，学习理论在学习和认知研究中提供了不同的视角和解释，并相互融合和交叉。因此，在赋能发展性障碍学生有效学习的班主任实践中，要根据发展性障碍学生的需求和背景，解释发展性障碍学生特定的学习现象和认知过程，并充分运用这些理论的精髓来制定更有效的管理策略和支持措施，让学生的学习增值，即让学生更想学、更会学、学得更多知识技能，取得更好的学习成果。

## 三、赋能发展性障碍学生的核心能力

培养发展性障碍学生的核心能力对于他们的全面发展具有重要意义。在班主任实践中，将培养发展性障碍学生的核心能力作为聚焦点和着力点，有针对性地培养他们所需的核心能力，可以促进他们更好地参与学习和社会生活，增强学生在学校和社会中的成功感和幸福感。

### （一）培养发展性障碍学生核心能力的重要性

培养发展性障碍学生的核心能力是一个综合性的目标。其中，自主学习能力、自我调节能力、自我决定能力和社会与情感能力在发展性障碍学生的学习和社交发展中都具有重要地位，互为支撑，共同促进学生的全面成长和成功。

（1）这四种核心能力对发展性障碍学生产生了深远影响：首先，培养这些能力有助于学生在学习和社会生活中不断进步，提高学习成绩，更好地处理情绪和应对压力，减少问题行为，并增加社会交往和改善人际关系。其次，培养这些能力能增强学生的自信心和自尊心，促进自我认同和自我控制，提高其生活掌控感和自主生活能力，从而提升生活品质。最重要的是，赋能发展性障碍学生的精髓就是要协助他们发展出未来独立生活的能力。核心能力是他们实现融合教育和社区整合的必需能力，是实现其顺利转衔到成功的成年人的关键要素。既为他们的未来职业发展和社会融入打下了坚实基础，也为他们的未来成年生活做好准备。

（2）为何选择这四种能力进行深入探讨呢？主要基于以下理论依据：生态系统理论强调个体与环境的相互作用，培养这些核心能力有助于学生更好地适应环境，增强与他人的互动，并更好地融入学校和社会生活[1]。自我决定理

---

[1] 戴维·谢弗、凯瑟琳·基普：《发展心理学：儿童与青少年（第九版）》，邹泓等译，中国轻工业出版社，2016，第536页。

论认为个体对自己的行为和目标设定具有决定权，而培养自我决定能力可以让学生在学习中更有动力，更能控制自己的行为，并更好地规划和执行学习任务[①]。情绪智力理论强调情绪和情感管理对于个体的成功和适应的重要性，培养自我调节能力可以帮助学生更好地应对挫折、焦虑和挑战，提高其情绪适应能力。社会认知理论关注个体如何理解和适应社会交往，而培养社会与情感能力可以帮助学生更好地理解他人的情感和需求，改善与他人的关系，并更好地参与社会互动[②]。

综上所述，这些核心能力的相互作用，将塑造综合性的人格和提高综合能力，通过不断优化这些能力的培养方式，我们能更好地支持和帮助发展性障碍学生，增强他们在学校和社会中的成功感和幸福感。

### （二）培养发展性障碍学生的自主学习能力

培养发展性障碍学生的自主学习能力对于他们的学习和成长至关重要。自主学习能力指的是学生在学习过程中能够自己设定学习目标，选择适合自己的学习方法，掌握学习进度，并在遇到困难时找到解决问题的策略[③]。由于发展性障碍学生可能具有智力落后、学习动机不足、学习参与度低和缺乏自信等特点，我们需要采取相应的方法来帮助他们发展自主学习能力。

（1）赋能发展性障碍学生成为积极主动的学习者。培养发展性障碍学生成为积极主动的学习者而不是简单的被动信息接收者至关重要。虽然他们可能要面临认知能力的挑战，但通过激发积极主动学习的态度和提供适当的支持，他

---

① 钮文英：《身心障碍者的正向行为支持（第 2 版）》，心理出版社，2016，第 393 页。

② 杜媛：《融合教育环境下特殊需要学生社会情感能力的培养路径》，《现代特殊教育》2023 年第 3 期。

③ 熊翠琴：《浅谈如何在班主任工作中培养小学生的自主管理能力》，《甘肃教育研究》2023 年第 8 期。

们可以克服困难，取得进步。通过教授学习策略，培养他们制定学习目标和自我评估的能力，以及提供反馈和引导，可以帮助发展性障碍学生建立自主学习的技能①。例如，教授记忆技巧、学习组织和时间管理的策略，可以增强他们的学习效果和学习自信。

（2）平衡成功经验与挑战性活动能够促进发展性障碍学生的学习。发展性障碍学生有着固定思维模式、学习困难和自信心不足等学习特点。当他们取得成功时，自信心得以增强，这样的成功经验能够激发学生的学习兴趣和学习动力。挑战性活动为学生提供了学习新知识和新技能的机会，且在挑战性活动中，可以鼓励学生提出问题、寻找解决方案、思考不同的观点和途径，提高他们解决问题的能力②。

（3）积极、主动的反应和实践是有效学习的基础。对于发展性障碍学生来说，仅仅是听老师讲解或看别人做，并不能让他们真正理解和掌握学习内容。只有当他们亲自参与学习，主动地去实践所学的知识和技能，并且能够体验到学习的过程，面对问题和挑战时积极思考并寻找解决方法，才能建立起自信心和解决问题的能力，才能真正理解并将知识转化为实际能力。例如，小轩是一名发展性障碍学生，他想学习有关清洁的劳动技能。在课堂上，老师可以向他介绍有关清洁的基本知识和技巧，但这并不足以让他真正掌握这些技能。为了有效学习，小轩主动参与并实践这些清洁技能。当他开始清洁房间时，他会面临如何收拾杂乱的东西、如何清洁不同物品等问题。在他清洁房间的过程中，可能会弄乱东西、弄脏已经擦干净的地板，但这并不要紧，通过不断地应对失误，使他能够逐渐掌握正确的动作和技巧，并发展出适应不同情况的解决问题的能力，变得更加熟练和自信。除了实践，小轩还需要积极参与学习，当他不

---

① 朱莉娅·斯蒂德、鲁奇·萨瓦哈尔：《教会学生自主学习》，白洁译，中国青年出版社，2021，第92页。

② 简妮·爱丽丝·奥姆罗德：《学习心理学》，汪玲等译，中国人民大学出版社，2015，第257页。

确定如何清洗特定物品时，他需要主动向老师和其他人请教，以获得更多的实用技巧和技能，进一步提高自己的学习效果。

### （三）培养发展性障碍学生的自我调节能力

自我调节能力是指个体能够自我管理和控制自己的情绪、行为和动机。拥有良好的自我调节能力的人能够更好地应对挑战和压力，稳定情绪，保持冷静，并且能够集中注意力和专注于目标。

（1）认知调节能力是发展性障碍学生的自我调节能力的重要组成部分，涉及如注意力、记忆、思维和情绪等控制和管理认知过程，以适应特定的情境和任务[1]。对于发展性障碍学生来说，认知调节能力对于提高学习效率、提高任务完成质量以及改善注意力等问题至关重要。通过集中注意力、忽略干扰、保持专注以及自我监控和自我评估，他们可以更好地适应不同的学习环境和情境，实现自我成长和发展。班主任在这一过程中的及时反馈和支持起着重要的作用，可以帮助学生不断进步并建立自我调节的良好习惯。

（2）培养发展性障碍学生在情绪方面的自我调节能力十分重要。发展性障碍学生可能会因为学习压力或人际交往困难而感到沮丧和焦虑。通过培养他们的自我调节能力，学生们可以学会应对压力，维持情绪的稳定，建立积极的情感和人际关系。具体而言，培养学生的情绪自我调节能力应包括以下四个方面：一是提高学生的情绪抗干扰能力，使得他们在面对挫折、压力、冲突等情绪激动的因素时，能保持冷静和积极的心态，减少因情绪波动导致的冲动和不当行为。二是提高学生的情绪调节能力，使其能更加适度地表达和调节情绪。通过改变情绪的强度和表达方式，以适应特定的情境。三是提高学生情绪的转移能力，将注意力从引发负面情绪的事物或情境中转移到更积极和有益的方

---

① 董艳、吴佳明、赵晓敏等：《学习者内部反馈的内涵、机理与干预策略》，《现代远程教育研究》2023 年第 3 期。

面，从而减轻负面情绪的影响，改善情绪状态，以更好地应对压力和挑战。四是提高他们情绪表达的适度性，使得他们在不同情境中，采用适当的方式有效地表达自己的情绪，不给他人带来困扰或伤害，同时也能够让他人更好地理解自己的情感状态。

（3）自我激励是培养发展性障碍学生内在动力和目标设定能力的关键。通过自我激励，学生能够坚持努力实现目标，并在面对挑战时保持积极态度和坚毅决心。特别是在提高学生对学习的内在价值的认知方面，我们可以对学生的努力给予积极的反馈，让他们明白努力是一种被肯定和表扬的行为。为了引导学生重视自己的努力，教育者可以表扬学生的努力并鼓励他们再次尝试。通过积极的反馈，逐步让学生建立起对行为的衡量标准。这有助于促进学生进行自我评估、自我反馈、自我激励和自我引导[1]。例如，小宁在备考职中升学考试的过程中，会记录自己的学习进度和成绩，并与设定的目标进行对比。通过这种自我反馈，他可以了解到自己的优势和不足，并对自己的努力给予积极的肯定或提供必要的改进建议，从而不断提高学习效果。

（4）发展性障碍学生在社交方面的自我调节能力非常重要。它能够使得学生在社交场合中更加自如地与他人交往，增进人际关系，提升社会适应能力。①发展性障碍学生有时容易因受外界刺激而产生冲动行为，可能会在社会交往中出现不当或令人困扰的反应，自我调节能力可以帮助学生控制冲动情绪，学会延迟满足；②自我调节能力的训练有助于发展性障碍学生适度表达情感，学生可以通过冷静思考，确定如何适宜地表达自己的想法或情感，从而避免社会交往中的冲突和尴尬，增加社交互动的积极效果，建立积极的社交形象；③在社会交往中，学生需要注意他人的反应和表达，同时对自己的行为和表现进行自我评估。通过自我调节能力的训练，学生可以更准确地感知和理解自己在社

---

[1]　袁利平、温双、姜嘉伟：《基于整体学习能力的核心素养生成》，《教育理论与实践》2019年第31期。

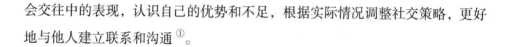

会交往中的表现，认识自己的优势和不足，根据实际情况调整社交策略，更好地与他人建立联系和沟通[1]。

### （四）培养发展性障碍学生的自我决定能力

培养发展性障碍学生的自我决定能力，是让他们认识自身优势和弱势，制定并达成目标，解决问题，并拥有独立掌控生活的信念、知识和能力，获得尊重和认可，为未来的自主生活打下基础。对发展性障碍学生来说，他们常常缺乏自我认知，自尊心较低，反应的灵活性差，并且缺乏计划、行动以及解决问题的能力。因此，我们应该针对这些特点，帮助他们建立自我认知，提高自尊心和自我效能感，并重点培养目标设置和问题解决的能力[2]。

（1）发展性障碍学生获得自我意识是学习所有自我决定技能的基础。这意味着他们能够认识自己，并理解与周围世界的关系。这包括正确认识自己的优势和不足，了解自己的兴趣和需求，以及合理地控制和表达情绪。

（2）自我拥护对于发展性障碍学生在社会生活中获得平等地位和尊重至关重要。他们必须知道自己拥有的权利，并能够坚持为自己发声或辩护，维护自己的利益。

（3）他们可以根据自己的兴趣、爱好和需求，在多个选项中做出选择，并权衡不同选择的利弊，评估结果，然后做出反应。这让他们在生活中感到更有掌控感和幸福感。

（4）培养发展性障碍学生的目标设定和问题解决能力对于他们在学业成绩和功能性技能方面的发展非常有益。通过这两项能力，使他们能够为解决问题而设定目标，理解和分析问题，并选择合适的解决方法，然后制定详细步骤并

---

① 钮文英:《身心障碍者的正向行为支持（第 2 版）》，心理出版社，2016，第 369 页。

② 汪斯斯、邓猛:《智力残疾学生自我决定课程实践模式及启示》，《中国特殊教育》2015 年第 5 期。

通过行动来实现目标。例如，花花根据自己的优势和兴趣爱好设定了制作蛋挞的目标，并通过分析解决问题的步骤来解决问题，在不断达成目标的过程中促进了自我决定能力的发展。

（5）自我效能和积极归因是发展性障碍学生进行自我决定的信念和动力。由于智力低下和社会适应等问题，他们可能会产生自卑心理和低自我期待。教授他们运用积极的归因的方式可以增强个体的自我效能，激发行为动机。当他们能够采用积极的归因方式，将成功归因于内在稳定因素，将失败归因于外部不稳定因素时，他们的自我效能感就会提升，对自己能否成功地完成某项任务有了更积极的主观判断[①]。

（6）培养生活管理能力有助于发展性障碍学生减少问题行为，促进能力建设，提升自主生活的能力和自信心。生活管理能力包括生活自理能力和独立生活能力。生活自理能力指学生学会独立完成如个人卫生、穿衣梳洗、饮食习惯等日常生活中的基本任务，使得他们能够更好地照顾自己，增加自主性，减轻对他人的依赖。独立生活能力指学生学会在社会中独立生活，包括购物、使用公共交通、时间管理、处理财务等方面的技能，生活管理能力的培养使得他们能够更好地适应社会环境，拥有更多的独立选择和发展机会。

总体而言，发展性障碍儿童培养自我决定能力，不仅在学习中表现出更深入广泛的投入和学习持续性，还促进了其他领域学习策略的习得。同时，也有助于增强他们的独立性和适应力，更好地掌控生活。

### （五）培养发展性障碍学生的社会与情感能力

对于发展性障碍学生来说，提升社交与情感能力尤为重要。提升社交与情感能力有助于他们与同伴和老师建立更良好的关系，更好地适应校园生活，所

---

① 钮文英:《身心障碍者的正向行为支持（第 2 版）》，心理出版社，2016，第 547—550 页。

包含的维度有交往能力、协作能力、任务能力、情绪调节能力和开放能力[1]。

（1）发展性障碍学生的社会与情感能力中，交往能力是核心的一环。发展性障碍学生在交往能力方面存在不足，缺乏社交技巧。通过有趣、互动性强的社交活动激发他们的兴趣，并锻炼他们的交往技巧，让他们感到愉快和充实。同时，与他人的合作和互动将逐渐培养他们与人相处、理解他人感受和培养共情的能力，学习与他人相处的技巧，包括倾听、表达观点和解决冲突等[2]。这些技能在日常生活中也非常重要，能帮助他们更好地处理人际关系，提升独立生活的能力，具体表现为：①有助于发展性障碍学生在学校和社交场合更好地融入，也将为他们的情感健康、学习能力、独立生活技能以及自信心和幸福感的培养带来巨大的推动力；②这种积极的社交体验有助于提高他们的情感健康，感受到他人的接纳和尊重，从而提升自己的自尊心，减少焦虑和抑郁等负面情绪；③有助于发展性障碍学生更好地与老师和同学合作，增进彼此间的理解和信任；④促使他们在课堂上更愿意参与讨论和分享观点，从而获得更多的学习机会和资源；⑤良好的社交关系也能提供学业上的支持，鼓励他们在学习中更加努力和专注；⑥这种积极的自我感知将推动他们更积极地尝试新事物，勇敢面对困难，并逐渐克服他们可能面临的心理障碍；⑦带来更多成功的社交互动和积极的社交经历，这为发展性障碍学生带来了成就感和幸福感。他们能够感受到自己在社交上的进步和成长，从而增强对未来生活的乐观态度，并更有信心迎接挑战。

（2）提高发展性障碍学生的协作能力对他们来说具有重要意义。发展性障碍学生在协作方面可能缺乏理解他人的能力，容易产生误解和冲突。通过培养

---

[1]　南希·弗雷、道格拉斯·费希尔、多米尼克·史密斯：《社会交往和情感教育》，冯建超、李爽、洪梅译，华东师范大学出版社，2022，第13—26页。

[2]　Kathleen Ann Quill（凯思琳·安·奎尔）：《做·看·听·说：孤独症儿童社会与沟通技能介入手册》，杨宗仁、王盈璎、杨丽娟译，心理出版社，2010，第155—167页。

共情、信任和合作等技能，帮助他们理解他人，增进社交联系，减少误解和冲突，从而更好地融入社交群体，实现全面的个人成长[①]。因此，培养共情、信任和合作等技能对他们的社交关系至关重要。通过角色扮演、情境模拟等方式，让他们学会倾听和理解他人的需求，培养有效的沟通和合作能力。提高发展性障碍学生的协作能力有许多好处：①培养共情、信任和合作等技能可以帮助他们更好地理解他人的需求和感受，增进与他人之间的情感联系。通过角色扮演、情境模拟等方式，他们可以学会倾听和理解他人的观点，培养尊重他人的意识，从而减少误解和冲突，形成良好的协作关系。②他们在团队合作和社交互动中更容易融入群体，增进与同伴之间的友谊和信任。③培养有效的沟通和合作能力将为发展性障碍学生在学校生活中提供更多的学习和发展机会。在团队合作和集体学习中，他们可以共同解决问题，相互学习，促进个人的学习成长。通过与他人的合作，他们还可以发现自己的优势和不足，培养自信心，提高学习动力[②]。

（3）提高发展性障碍学生的任务能力对他们的学业和社交发展具有重要意义。发展性障碍学生在完成任务时可能缺乏坚持性和自控力，这可能会导致他们在完成学习任务或日常活动时出现困难，容易中途放弃，影响他们的学习成绩和学业发展[③]。此外，任务能力的不足也可能影响到他们的社交关系，因为他们可能会无法按时履行承诺或完成团队合作的任务，导致其他人的不信任和不满，使得他们在社交环境中难以与他人建立积极的互动关系，感到被孤立和被排斥。因此，需要从以下几个方面来提高发展性障碍学生的任务能力。

---

① 王梅等：《孤独症儿童课程与教学设计：兼论特殊教育的课程》，北京大学出版社，2014，第142页。

② 欧阳叶：《融合教育环境中孤独症儿童同伴关系现状及其干预建议》，《西北成人教育学院学报》2018年第6期。

③ 俞林亚：《近十年发展性障碍学生职业教育研究综述》，《现代特殊教育》2022年第1期。

①培养责任感和毅力对于他们的学习成绩至关重要。教导他们设立小目标,并逐步完成任务,可以帮助他们逐渐建立起对学习的兴趣,从而提高学习动力和学习持续性。当他们成功完成了一个个小目标时,会感受到成就感和喜悦,从而增强自信心和自律性,更有动力去面对更复杂的学习任务。②提高任务能力对于发展性障碍学生的社交关系也非常重要。通过增强自控力,他们可以更好地履行承诺,按时完成任务,赢得他人的信任和尊重。在团队合作中,他们也将更具有执行力,能够承担责任,提高与他人的合作效率,从而促进良好的社交关系。③培养任务能力还有助于发展性障碍学生在生活中更好地面对挑战和压力。当他们学会坚持和自律时,即使面对困难和挑战,也能够保持积极的态度和行动,不轻易放弃。增强他们的心理韧性,使他们更具有应对生活变化的能力,从而更好地适应社会和生活中的各种场景。

(4)发展性障碍学生可能更容易感受到挫折和消极情绪,培养乐观的心态对于他们的心理健康和社交适应非常重要。让他们学会寻找解决问题的方法,以更积极的心态面对困难。为了提高发展性障碍学生的心理韧性、自信心和积极应对挑战的能力,班主任可以采取以下方法:①鼓励积极思考,及时赞扬学生的努力和成就,让他们相信自己的能力和潜力;②提供支持和安全感,创造一个支持和包容的学习环境,让学生感受到安全和信任,从而更愿意积极面对挑战;③培养解决问题的技能,教授学生有效解决问题的方法,鼓励他们寻找多种解决途径,培养他们的灵活性和创造性思维;④鼓励学生培养积极的自我对话,用积极的语言激励自己,增强自我调节能力。

(5)培养发展性障碍学生的开放能力非常重要。发展性障碍学生常常会对新事物表现出抵触情绪,缺乏好奇心和创造力,这会限制他们的学习和社交发展,使他们较难适应不同的学习和社交场合。提高发展性障碍学生的开放能力需要做到:①培养学生的好奇心,帮助他们拓展视野,引发他们对新事物的兴趣,主动探索世界;②通过提供各类丰富多彩的学习体验和社交场合,鼓励他们积极尝试，促进他们主动学习和深度学习；③提高发展性障碍学生的社交包容度，使得他们可以接纳不同的观点、文化和背景，增进与他人之间的理解和尊重，避免冲突和隔阂，使得他们在社交场合中更好地融入，并建立良好的人际关系。

## 第三节　赋能发展性障碍学生的班主任实践路径

赋能发展性障碍学生的班主任实践既应该关注每一位学生的差异和需求，也要面向全班学生的共性需求，在注重实证和开展充分研究的基础上，整合资源、策略、结构和循证，形成具有资源整合能力和持续性的实践路径。

### 一、班主任实践中教研思维的多视角运用

教研思维是指班主任在实践过程中运用系统性、批判性和成长型的思维方式，对班级管理进行反思、总结和改进的过程。教研思维是班主任专业发展和提高教学质量的关键因素之一。

#### （一）系统性思维在班主任实践中的运用

在班主任实践中，面对发展性障碍学生的高异质性、个体差异性和特殊教育需求，以及整个班级学生的共同需要，班主任需要运用系统化思维来解决学生在学习过程中的问题，有针对性地进行班级管理规划和改进。

（1）组织优化班级管理。通过系统化思维，班主任能够更好地理解班级管理中如班级常规管理、班级环境管理、亲师关系经营等方面各个要素之间的关系，优化这些要素之间的协调与衔接，有助于提高班级管理效率和学生

发展水平。

（2）将支持与管理相结合。班主任可以制订个性化的学习计划和发展路径，为发展性障碍学生提供量身定制的学习支持和指导，尤其对个别学生的行为问题和能力缺陷进行系统化训练，促进学生良好行为习惯的形成。同时，引导全班学生积极参与班级活动和积极的社交互动，采用民主方式促使学生通过自我检视和自我反思建立班级规则，通过自我监督和相互监督的机制共同遵守班规，使得学生们的规则意识内化于心，外化于行。还要设计有利于学生身心健康、自主管理、个性发展的班会活动，有计划地、系统地打造班集体。需要特别指出的是，发展性障碍学生的发展需要符合事物变化发展的规律，个体支持与班级管理相结合的方式需要保持灵活性，随着学生的发展和变化，调整班级管理策略，不断地达到新的平衡状态。

（3）遵循整体性原则。班主任要将班级视为一个相对微观但完整的生态系统，为学生的发展提供可能空间。班级要成为让学生个体生命得以展开和生成的生命空间，成为促进全班学生更好发展的成长空间，成为让每位学生与他人、与环境充分互动的交流空间。班主任要形成班级团体稳定的运行系统，鼓励学生之间相互服务和支持，形成班级团体动力，满足学生个体与班级集体的共生共进。

（4）发展性原则。班主任根据学生现有的状态，采取正确的教育方法教育学生，以更好地指导学生发展。这一原则包括三个层面：一是了解学生时，以发展的眼光去看学生，研究每个学生的特点，能力现状、优劣势等。二是发展性障碍学生是独特的个体，只是在某些方面存在障碍，而不是全面的限制，尊重学生的学习起点、学习能力，找到适合学生的学习速度和学习方法等。三是从学生生涯发展的角度思考学生的未来发展。

### （二）批判性思维在班主任实践中的运用

在班主任实践中，批判性思维的应用涵盖了多个方面，旨在促进班级管理优化和发展性障碍学生的个体支持。以下是批判性思维在班主任实践中的主要应用方面：

（1）对策略和技巧的审慎态度。批判性思维鼓励班主任思考新的教学理念、方法和策略，以满足学生的多样化学习需求。班主任可以尝试不同的教学方式和管理策略，并根据实际效果进行反思和改进，推动教育教学的不断发展。但是，班主任也需要对使用的策略或技巧抱有哲学存疑的态度。因为针对发展性障碍学生的个体差异性，没有一种万能的模板，每一种被验证的行之有效的策略或技巧都有相对应的使用条件。班级管理本身的综合性、统整性非常强，盲目照搬策略可能会适得其反。因此，班主任要深入了解策略的执行程序和要求，善于在不同情境中判断使用哪些策略或技巧更为合适。这样的批判性思维将帮助班主任更准确地选择适用于发展性障碍学生的个性化方法，以提升班级管理的有效性。

（2）针对不同问题的管理策略。班主任需要灵活运用批判性思维来应对不同类型的问题，在班级管理中制定相应的管理策略和技巧，以提高班级管理的有效性，促进学生的全面发展。①班级管理涉及许多常规问题，有些问题会在班级中持续存在，并且不容易解决，因此，班主任要及时发现并设法解决它们，消除潜在的隐患。②在班主任实践中进行深度问题的探索，以满足发展性障碍学生的需求和促进他们的全面发展为中心，探讨如何赋能发展性障碍学生。③针对发展性障碍学生在某一特定时期出现的阶段性问题，班主任可以通过预判、个体支持、家校合作、专业支持和培养学生自主解决问题的能力，有效地帮助学生克服阶段性问题，促进他们的全面发展。④突发问题因其突发性而需要迅速应对。在处理这类问题时，班主任必须在最短的时间内调查出事情的真相，了解事情的本质。根据突发问题的严重程度不同，采取相应的处理方式，可以通知相关领导及家长、紧急送医。⑤每个班级在长期的学习、生活中会形成不同的特质，并表现出一些共性问题。班主任需要采取综合性的管理和教育措施，培养学生的积极品质和解决问题的能力，同时加强家校合作，共同维护班级的稳定与和谐。

（3）培养发展性障碍学生批判性思维能力。通过提出问题、挑战学生的思维模式，鼓励他们分析、评估和推理，提高他们解决问题的能力和学习成就感。

（4）班主任可以反思和审视自己的班级管理理念和策略。了解自己的教育理念是否与发展性障碍学生的需求和特点相契合，是否有助于他们全面发展和融入班级集体。持续关注全班学生的表现和进步，并不断探索适合发展性障碍学生的班级管理策略和支持方法，让他们能够获得更好的学习成果和成长体验。

### （三）成长型思维在班主任实践中的运用

在现代教育实践中，成长型思维，这一以通过努力每个人都可以进步和成长为核心的教育理念，为班主任在面对发展性障碍学生时，提供了一种新的视角。班主任的角色已经超越了传统的管理与组织职责，并转变为引领学生个体成长的向导。它强调每个学生，无论他们是否有障碍，都拥有学习能力和发展潜能，只要得到适当的支持和引导，他们都可以超越自我，发掘自己的潜力。

（1）发挥学生的优势能力。我们要从宽广而多元的角度来看学生的能力，从积极的角度来看学生在某些领域具有的优势。①要遵从学生的兴趣，挖掘他们在艺术感知和创作中的潜能，丰富其美感体验，培养他们对事物分辨、建构与分析的能力。例如，小达同学作为一个"唐宝宝"（唐氏综合症患者），他认知理解能力相对较好，有一定的语言表达能力，乐群性高，乐于助人，有集体荣誉感。因此，班主任在班级举行的"青春帐篷节"活动的不同时段，都会赋予他相应的角色，充分发挥他的优势和特长。例如，在准备阶段，需要准备活动中的美食，班主任会请他帮助同学一起洗水果、榨果汁、做水果拼盘。而在邀请其他老师参与活动时，班主任也请他担任礼仪天使，派送邀请卡并介绍活动内容；在正式开展活动时，班主任又请他担任活动主持人。②利用优势能力提升学生的学习动机。了解学生的优势能力，并提供给学生表现的机会，以建立学生的成就感和信心。善用学生的优势能力来激发学生的学习动机，培养学生正向积极的学习态度。

（2）补救与替代学生的劣势能力。作为班主任，我们可以换一种思维方式，不再纠结于学生的障碍和缺陷，而应将学生的劣势能力看作一种"放错地方的资源"。具体策略包括：①通过转换情境将学生的劣势能力转化为特长。以小畅为例，他是一名孤独症谱系障碍学生，有严重的刻板行为，一定要把物品摆放到原位。如果我们从另外一个角度看，小畅的刻板行为恰恰是非常严谨和认真的体现。因此，当班主任在班级管理实践中，请小畅作为班级的"内务总管"，通过对小畅进行"职务训练"后，小畅开始负责班级的整洁卫生和物品摆放等工作，班级内务一直备受好评。②给学生合理逃避的方式。一些发展性障碍学生的自我控制能力较弱，在一节课的时间内发生多次未经允许离座的行为。而他们的自我控制能力和对课堂常规的遵守需要逐步培养，因此，要在初始阶段满足学生"动一动"的需求，可以提供合理的逃避方式和实践机会。例如，华华刚来到班级时，总是在上课时跑出去，在处理该问题行为初期，班主任将上课所用的教具故意放在办公室，请华华帮忙取来。③保护学生的自尊心，重设活动方式。例如，温温是一名患有唐氏综合征的学生，并伴有先天性心脏病，不宜进行长时间或较大强度的运动，而且他的肌肉比较松弛、下肢肌耐力不足，很容易感到疲惫。但是，他有着很强的语言能力和集体、同伴意识，所以在设计运动类活动时，就会为他专门设计一些参与活动的角色。

（3）成长型思维在学习态度和方法上的应用。①重视学习过程。对于发展性障碍学生来说，他们可能需要更长的时间来吸收和掌握新知识。成长型思维鼓励教师注重学习的过程，而不仅仅是看结果。这意味着，无论学习进程有多缓慢，班主任和家长都应该关注学生的努力和进步，鼓励他们发现学习的乐趣和成就感。②正面对待失败。失败是每个人学习和成长的必经之路。班主任应该教导学生看到失败背后的价值，从中吸取教训，并鼓励他们继续尝试。

（4）针对性的支持与策略。①了解发展阶段和特点。班主任需要对发展性障碍学生在不同阶段的需求和特点有深入的了解。例如，青春期的学生可能更加冲动，这需要班主任提供更多的指导和支持，帮助他们培养社交技巧和情绪调节能力。②应用特殊教育策略。对于有特定需求的学生，例如孤独症谱系障碍学生，班主任可以采取特定的方法（如使用视觉化作息时间表）来减少他们的焦虑和帮助他们更好地适应学习环境。③促进班级内的合作和相互支持。例如，班主任可以借鉴同伴介入法策略，建立班级内"学习伙伴"制度，引导学生相互协作，共同完成任务，这种方式不仅能帮助学生获得更多的学习支持，还可以培养他们的同情心和责任感。另外，班主任还可以组织如班级运动会、班级文艺演出等班级集体活动，让学生展示才能的同时，强化团队意识，在班集体中得到更多的关心和支持。

## 二、构建班级管理的多层次支持团队

班主任作为对班级负主要责任的教师，要以学生成长和班级发展为逻辑起点，调动和整合各方资源与力量，为赋能发展性障碍学生提供保障。

### （一）强调学生在班级管理中的主体地位

学生是构成班集体的核心成员，是班级的"小主人"。班主任应以学生成长和班集体建设为目的，将班级视为学生发展的平台，基于班级内每位学生的能力水平、学习风格、优势和弱势，制定班级发展方略，有针对性地引导和促进学生在班级管理中发挥积极的作用。

## （二）构建不同教师之间的协同育人机制

班主任作为班级教师集体的核心，是班级育人工作的领导者，是班级各项事务的管理者，更是班级各方面工作的协调者。要特别注意加强与其他教师的沟通协作，为教师之间搭建交流与合作的平台，通过集体教研、集体会诊、个案分析等方式，多角度了解学生成长的需要，分析学生成长的问题，科学有效地助力学生的全面发展。

## （三）形成家校育人共同体

班主任需要与学生的家长建立良好的合作关系，与家长共同关注学生的学习和成长。能够及时与家长沟通学生的学习进展和表现，听取家长对学生的意见和建议，共同为学生的发展提供支持。与家长进行积极的沟通和反馈，了解他们的需求、期望和反馈；倾听他们对班级管理的看法，以便更好地调整和改进自己的班主任实践；鼓励家长积极参与学生的教育和发展过程，提供家庭支持和延伸学习的机会。家庭支持有一个共同的理念，即采取一切可能的措施来维持和提升家庭照料学生的能力。而家庭支持系统包括家庭的态度支持、家长情绪、家长行为、经济支持以及家长的期望这五个方面。针对家长的教养态度和教养方式做一些调整，和家长讨论并建议家长学习一些有效的行为管理方法，建立强化制度；根据家长对学生的期望调整干预目标和内容，要求家长支持和协助学生完成。

## 三、班主任实践中有效策略的多重应用

班主任实践中，有效策略的多重应用至关重要，涵盖了从个体支持到班级管理的各个方面。

### （一）在班级文化建设方面运用有效策略

班级文化建设包括班级精神文化建设、班级物质文化建设、班级制度文化建设、班级活动文化建设等诸多方面。在不同的班级文化建设方面，班主任需要灵活运用相应的有效策略，才能引导发展性障碍学生参与、理解、完成班级文化建设。例如，班主任可以运用结构化教学法和视觉提示等有效策略，提高教室物理环境的教育功能，使得"每一面墙都能说话"；在班级社会环境建设方面，创造积极、支持性的班级团体氛围，让学生在班级团体中有安全感和归属感；还可以通过功能性沟通训练、代币制等策略，教导学生正向行为，促进班级制度文化的形成与发展；运用同伴介入法、任务分析法、自然情境教学法等策略，促进班级成员之间的合作与沟通，引导学生更主动地、深入地参与班级活动。

### （二）有效策略的多重应用要具有科学性

应用有效策略需要结合相关理论和实际策略或技巧的共同研习。因为很多策略的使用有一定的条件限制，或在某些情境下有效，而在另一些情境中可能不适用。为此，班主任需充分运用专业知识和判断力，深入探究有效策略的教育理论依据，理解其背后的原理和适用情境。只有如此，在实践中才能准确判断何时采用哪种策略，并及时调整教育方案以取得最佳效果。另外，班主任实践需要对有效策略进行实践验证。通过探索不同的教育理论和方法，逐步验证哪种策略对学生的发展最为有效。这个验证过程是持续不断的，需要不断总结

实践经验和教训，不断改进策略。

### （三）根据具体情况综合运用多种策略

学生和班级都是复杂的系统，班主任需要对学生的行为和学习进行观察和分析，根据实际情况调整和适应不同的策略。采用多元化的教学策略，结合视觉、听觉、动手等多种方式，以满足学生不同的学习风格和需求。通过多样化的支持策略，可以激发学生学习兴趣，提高学习效果。

## 四、班主任实践中的多元评估

班主任实践要在科学地带班育人和实证研究的背景下，注重以多层持续的证据为基础，对班级管理所涉及的方方面面进行评估，充分发挥评估的多重功能，能够对班级管理进行诊断、激励、调控和指导。

### （一）班主任实践中评估的多个主体

在班主任实践中，评估涵盖学生个人评估、班级整体班情评估和班级活动评估，三者相结合形成全面的评估体系，助力班主任了解学生全貌，把握班级整体情况，并更好地指导班级管理和为学生提供个体支持。学生个人评估针对每个学生，了解其学习能力、学业水平、特点和需求。通过个人评估，班主任可以更好地了解学生的优势和面临的挑战，并为他们制订个性化的教学计划和支持方案。班级整体班情评估则需要综合评估整个班级，包括学生整体表现、班级氛围、集体合作等。通过班情评估，班主任可以掌控班级学习氛围，发现潜在问题，并采取集体建设措施。班级活动评估关注班级组织的各类教学活动效果。通过活动评估，班主任可以了解实际效果是否符合预期，进而调整和改进。

### （二）班主任实践中评估的多个时段

赋能发展性障碍学生的班主任实践评估是一个动态的过程，涵盖初始评估、过程性评估和总结性评估，三者共同构成一个有机的评估体系。初始评估是评估的第一阶段，旨在获取学生的起点信息，了解其个体特点、学习能力、学业水平、社交情绪等方面的情况。这为后续评估提供了基准线，帮助其制订个体支持策略和个性化的班级管理计划。过程性评估是在学生接受教学或支持服务的过程中进行的多次持续性评估，在这一评估阶段，班主任能够灵活调整班级管理和支持策略，帮助学生克服困难。总结性评估是评估的最后阶段，在学期结束或某一学习阶段完成时进行，目的是对整个学习过程进行回顾和总结，评估学生的学习成果和发展情况。通过总结性评估，班主任了解学生在一段时间内的学习情况，评估教学和支持的有效性，并为后续班级管理提供参考。

### （三）班主任实践中评估的多个功能

班主任实践中的评估在支持发展性障碍学生方面具有多重功能。这些功能共同构成了一个有机的评估体系，全面支持学生的学习和发展，促进其整体成长。

（1）个性化支持功能。评估学生的学习能力、特殊需求和个体差异，评估的维度包括认知和学习困难、学习风格、兴趣爱好、社会交往问题等。根据评估结果制订个性化的教学和支持计划，促进学生的学习和发展。

（2）反馈激励功能。通过积极的反馈和鼓励激发学生的学习动力和自信心。设定明确的学习目标，激励学生朝着目标努力，给予学生积极的反馈和肯定。营造支持性的班级氛围，让学生感受到温暖和归属，促进学生的社会交往能力。在各项班级活动中，通过评估对学生的参与度和参与质量予以鼓励或改进。

（3）合作支持功能。班主任与学校的专业评估师、辅导员等合作，为学生提供多维度的支持和辅导。同时，与家长合作，鼓励家长积极参与评估过程，帮助家长或其他教师了解学生的优势，共同探讨学生的成长路径。

（4）监测和调整功能。班主任能够更好地满足发展性障碍学生的个体需求，为他们提供恰到好处的支持与关怀，帮助他们在学习和生活中持续成长和进步。为了确保支持措施的有效性，帮助学生保持积极态度并不断前进；定期监测学生的学习和行为，持续评估学生的进步和改变。班主任通过评估学生的进展和反馈，加深对发展性障碍学生的了解和认识，逐步提升支持策略的专业化水平。同时，对学生进行分层指导，根据不同层次和不同需求的学生，有针对性地分析存在的问题。

# 第二章
# 赋能发展性障碍学生的个体支持策略

## 案例导学

小力是一名孤独症谱系障碍学生，新转入四年级1班。他在学校内展现出认知、语言和适应等方面的困难，需要特殊的关注和支持。小力对新环境适应困难，每天来到学校后一直在校门口黏着妈妈，上课铃声响后才依依不舍地和妈妈告别。来到班级里，他显得无所适从，眼睛不断扫视周围，一边不停地摆弄衣角，嘴巴持续发出"嗯嗯"的声音，有几次他突然跑到教室角落蹲下来低声哭泣。他缺乏安全感，到陌生环境的时候，要用衣服或者帽子，紧紧地盖住自己的头。在课堂活动中，小力对课堂活动和老师的关注较弱，难以保持静坐超过5分钟。作为他的班主任，通过分析现有的相关资料，结合日常的观察，对他的状况进行了归纳：在认知能力与学业方面，小力不认字，需要针对他的学业水平设计合适的学习计划；语言沟通能力匮乏，缺乏口语表达能力，对语言的理解也有限，常规的沟通交流方式无效；他对音乐、电子游戏、磁力片积木和运动感兴趣，喜欢听音乐、玩电脑游戏、打球、骑脚踏车等活动。

针对小力的情况，班主任为其制定了个性化支持方案，该支持方案的主要内容包括：①创造具有安全感与包容性的班级环境。为小力创造一个安全、稳定的学习空间，在他的座位旁边摆放上他熟悉的物品或玩具，帮助他减少焦虑感。②课堂上采取合理逃避的方式，让他有正当理由离开教室一段时间，然后再慢慢延长他在课堂上的持续时间，逐渐习惯遵守课堂活动规则，未经允许不随意离开座位。③整合其兴趣爱好，融入日常班级活动中或课堂学习中，引起他的注意，激发他的学习兴趣，提高参与活动的主动性。④提供并教导他使用辅助沟通方式，包括和他一起制作沟通图卡和常用的手势语等。⑤为他安排了两名助学伙伴，提升他与同学的互动能力。⑥与其他科任教师和家长密切合作，分享他的日常表现、进步和困难，共同制定并实施有效的支持策略。以上这些方法旨在帮助小力在学校环境中获得更好的适应和发展，需要班主任持续的关注和专业的设计，以确保他获得最适合的支持。

## 本章导读

不同发展性障碍学生有不同特点，班主任在实践中需要提供不同类型的支持。间歇的支持是关键时段的短期辅助；有限的支持是经常性的、有时间限制的；广泛的支持是持续的、针对多方面的需求；全面的支持需要在各种环境中持续投入，可能涉及融入式学习或系统化训练。支持类型应根据学生个体差异和需求灵活选择，以确保他们获得最合适的帮助和支持[1]。本章将就学习、行为管理、沟通与社交三个方面探讨赋能发展性障碍学生的支持策略。

---

[1] 钮文英：《启智教育课程与教学设计》，心理出版社，2003，第18页。

# 第一节　赋能发展性障碍学生学习的支持策略

认知神经科学理论认为，大脑有三个学习区域，包括识别系统、策略系统和情感系统。由于发展性障碍学生认知缺陷，导致他们在学习上面临诸多挑战，班主任在实践中可以提供系统性支持和指引以赋能他们的学习。

## 一、基于发展性障碍学生学习风格的支持策略

基于发展性障碍学生学习风格的支持策略，主要体现在赋能学生的识别系统。识别系统是个体通过视、听、触、嗅等感官，对物体颜色、声音、形状等各方面的特征做出辨别和反应，帮助学生感知事物或理解信息的过程。每个人通过听觉、视觉、触觉或动手操作等不同的感觉或渠道进行学习时，都有各自的优势和偏好[①]。班主任在实践中，可以根据发展性障碍学生的感觉偏好，提供具有针对性的更有效的支持策略。

### （一）听觉型学习者的支持策略

对于属于听觉型学习者的发展性障碍学生来说，充分利用他们的听觉学习优势，有助于提升学生的学习效果和学习体验。

（1）提供多种听觉资源。具体操作包括：①制订个性化的学习计划，根据学生的听觉学习特点和需求，为他们选择适合的听觉学习资源和方法。例如，为那些通过口语指导、朗读和复述等方式能更有效学习的学生，我们以口语的方式进行讲解或提问，帮助他们更好地理解学习内容。②提供多样化的音频资

---

① 桑德拉·里夫、朱莉·享伯格：《全纳课堂的有效教学：满足不同需求的方案、课程及活动》，牛芳菊译，中国轻工业出版社，2005，第1页。

源，例如，录音、音频讲解等可以让学生通过听觉感知来学习和掌握知识。为学生提供有声读物、课堂录音和讲解等资源，帮助他们更好地理解学习材料，并提高学习效果。③可以利用语音识别技术，让学生通过口述方式输入文字，增强他们的写作和表达能力。例如，小哲属于听觉型学习者，为了支持小哲的学习，班主任针对他的听觉特点制订了个性化学习计划。在班级活动中，会以口语方式结合音频进行讲解。这样的个性化支持策略使得小哲在学习过程中充分发挥他的听觉优势，获得积极的学习体验。

（2）运用听觉学习的支持策略。主要方法包括：①帮助发展性障碍学生运用音乐和节奏进行学习。例如使用歌曲、音乐节奏，激发学生的学习兴趣和积极性，帮助学生记忆新的知识和技能，以更加轻松地理解和吸收学习内容。小芳是一名听觉型学习者，在学习如何叠衣服时，班主任为了提高她的学习兴趣和记忆能力，使用了叠衣服儿歌和节奏练习，让小芳对叠衣服产生了浓厚的兴趣，能够轻松地记住并进行运用。②为学生提供听觉提示。特定的音频标记或提示音，有助于他们更好地关注重要信息和转换学习任务。这样的提示可以提高学生的注意力和集中精力，从而更有效地学习。浩浩是一名注意力缺陷学生，容易分散注意力，班主任通过引入特定的提示音，来提醒浩浩开始注意听讲或转换学习任务。

（3）进行听力训练。听觉型学习者主要通过听觉来接收信息，通过持续的听力训练，学生可以提高听觉辨别和理解能力，更好地参与学习活动，获得更好的学习成果[1]。听力训练可以包括以下几个方面：①提供多样化的听力练习，让学生通过听力理解不同类型的声音、对话、讲解。可以逐渐增加听力材料的复杂性和难度，帮助学生逐步提高听觉接受能力。②教授学生有效的听力理解技巧，这类技巧包括提取关键信息、推断内容、注意听讲者的语调和表情等。

---

[1] 桑德拉·里夫、朱莉·亨伯格：《全纳课堂的有效教学：满足不同需求的方案、课程及活动》，牛芳菊译，中国轻工业出版社，2005，第2页。

这些技巧有助于学生更好地理解听到的内容。③进行声音识别练习，让学生学会区分不同的声音和音调，增强对不同声音的敏感性。④通过语音训练，帮助学生改善发音和语音表达，提高听众对他们讲话的理解度。⑤设计听力游戏和活动，让学生在轻松愉快的氛围中，提高听觉辨别和理解能力，增强在听课和听讲时的接受能力，以及增加学习的趣味性和积极性。

（4）加强发展性障碍学生的口语表达能力。我们可以采用多种方法来指导他们通过口语化的方式指挥行动、明确任务、解决问题等。以下是一些有效的口语表达支持策略：①鼓励学生通过口头重复、口头回答问题等方式进行学习，帮助学生巩固学习内容，提高口头表达的流利性和准确性。②采用口诀、学习口号等方式，将学习的关键信息呈现出来，帮助学生更好地记忆和理解知识点。这些简洁有趣的口号可以激发学生学习的兴趣和记忆能力。③鼓励学生参与小组讨论、演讲或口头报告等活动，或促进他们与同伴进行交谈，参与各种口语活动等。这样的互动可以增强学生的口头表达能力和自信心，让他们更加积极地参与学习和社交。④使用语音识别软件和设备，让学生通过口述方式来输入文字，增强他们的写作和表达能力。这种技术可以帮助学生在写作过程中更自如地表达自己的想法。例如，小海在口语表达方面遇到了一些困难，容易表述不清楚。为了加强他的口语表达能力，班主任鼓励小海每天早上进行一日课程的汇报，组织小组讨论和口头报告等活动，鼓励他做"小主持人"或"点评人"。

## （二）视觉型学习者的支持策略

视觉型学习者主要通过视觉进行学习，以下四种支持策略将有助于促进发展性障碍学生中的视觉型学习者在学校环境中的学习和发展，并强调通过视觉表达来提高学习效果和增强学习参与感。

（1）视觉辅助工具类支持策略。具体操作方法包括：①针对发展性障碍学生中的视觉型学习者，提供个性化的视觉辅助工具，运用色彩、加亮、粗线框、画线、圈画等视觉提示的手段，帮助视觉型学习者记忆信息或重要知识要点。②为了帮助发展性障碍学生更好地理解指令和任务，教师可以使用图像式指令。将指令以图示的方式展示给学生，有助于他们更快速地理解要求。③在教室环境中，保持视觉排列整齐，减少视觉干扰因素。简洁明了的教室布置有助于发展性障碍学生集中注意力，更好地专注学习。④提供图表、图像、图示和视觉化工具，帮助学生理解抽象的概念和关联知识，更好地理解和掌握学习内容。⑤采用多媒体教学方式，使用图像、视频和动画等视觉元素，有助于激发发展性障碍学生的学习兴趣。例如，在"报纸变变变"班会活动中，指导学生使用色彩明亮的彩笔将要剪下来做贴报的内容圈画出来，请学生沿着辅助线剪下相关内容。又如，在训练学生自己拿杯子打水时，在杯子上画上注水线，防止过多的水溢出来。

（2）视觉学习活动的支持策略。具体操作方法包括：①建立视觉学习小组，让发展性障碍学生在小组活动中共同学习，相互支持、相互交流、分享学习心得。小组合作有助于增强学生的学习动力和社交技能。②设计视觉学习任务，鼓励学生通过绘画、图表制作等方式，展现他们对学习内容的理解和想法。这样的任务可以激发学生的创造力，加深对知识的印象。③设计观察与探索活动，可采用实地考察、实验、实物展示等形式，帮助学生通过直接感知和视觉体验来学习知识。④设计趣味性的视觉学习游戏。利用希沃游戏等教育平台，让学生通过游戏方式来学习知识，激发学生的学习兴趣，增加学习的乐趣。⑤在学习活动中加入视觉学习评估，通过作品展示、图表等方式呈现学生的学习成果，使得学生了解自己的学习情况。

（3）学习组织结构清晰类支持策略。为了更好地支持发展性障碍学生的学习，我们可以将视觉提示技巧融入学习内容中，同时在组织学习材料和教学内容时保持结构清晰，避免信息过于复杂和混乱。具体操作方法包括：①指导学生以思维导图、概念图等视觉化形式呈现学习内容；②制订学习计划和时间表，用视觉方式展示学习进度和目标的完成情况；③教导学生整理和分类笔记，并结合张贴学习步骤、注意事项或学习目标的海报提供视觉提示和提醒。作为班主任，可以同时使用"学习地图"和"工作分析法"的方式来帮助发展性障碍学生更好地组织学习内容。通过图表、文字和图片结合的方式呈现学习内容和学习顺序，帮助学生更清晰地理解知识的结构和学习的步骤。例如，在"我的中国心"班会活动中，辅助学生绘制一个学习地图，聚焦阅兵式主题统整活动，列出一个月的四个学习阶段，并标出不同学习阶段的主要知识点和学习目标，图中可以使用不同颜色的箭头和图片，以及简洁的文字说明，让学生能够一目了然地了解整个学习过程的结构。

（4）视觉表达与积极反馈类支持策略。具体操作方法包括：①鼓励学生通过绘画和插画的形式来表达自己的想法和展示学习成果，展现他们对学习内容的理解和创意；②帮助学生学会用制作图表、图像或概念图的形式展示数据和关系；③引导学生使用图片、文字和颜色等元素，设计吸引人的海报，用以展示学习主题或重要概念；④鼓励学生通过手工制作，创作与学习内容相关的模型或三维作品；⑤鼓励学生用漫画的形式来表达故事情节或学习内容，串联知识点；⑥指导学生使用电脑软件制作视觉作品；⑦利用图像配对或排序游戏来巩固学习内容。通过这些具体的视觉表达技巧，发展性障碍学生可以更好地展现自己的学习成果和理解。这些视觉表达方式不仅能够激发学生的创造力，还可以帮助他们更直观地理解和记忆学习内容，提高学习效果。作为班主任，我们应该鼓励和支持学生使用适合他们的视觉表达方式，为他们提供更加多样化的学习途径。同时，在学生的反应中要提供积极的反馈和鼓励，以增强视觉型学习者的学习动力和信心，帮助他们更好地适应学习环境，取得更好的学习成绩。例如，班主任在班级里设置了"学生作品展示区"，邀请学生们将自己的绘画、海报、手工等作品进行展示。并在更新作品时，举行作品展示活动，让全班同学和其他老师参观学生们的作品，并鼓励同学们互相欣赏、交流和分享对展示作品的认可和赞赏。

### （三）触觉型和运动知觉型学习者的支持策略

触觉型和运动知觉型学习者属于亲自动手操作型学习者，他们通过做、触摸和直接参与来学习。在班主任实践中可以根据发展性障碍学生的个体差异和学习特点，有效地支持触觉型和运动知觉型学习者，让他们在学习过程中能够更全面地参与和探索，从而提高学习效果和学习满意度。

（1）提供实践机会。具体操作方法包括：①设计实验和探索活动，让学生亲身参与实际操作和触摸，以体验和理解知识。②引导学生制作模型和教具，用其来演示学习内容，让学生通过动手制作，更好地掌握知识。例如，通过制作时钟的方式，帮助他们更好地理解时间概念。③引导学生解决实际问题，让他们通过实际操作和动手实践，应用所学知识解决现实生活中的难题。④强调实践与应用导向，让学生通过实际应用和体验来巩固所学知识。例如，为了让学生理解饺子营养丰富，鼓励学生亲自和面、切肉、切菜、拌饺子馅等，将抽象的概念转化为具体的实物，帮助他们更好地理解和记忆。

（2）提供操作性学习空间。具体操作方法包括：①允许学生自由活动、触摸教室中的学习资源，满足他们在运动知觉和触觉上的学习需求。②组织实地考察和实习活动，让学生亲自前往实地进行观察和实践，加深对实际情况的理解。例如，春天到了，班主任组织了一次实地考察活动，让学生在校园内观察不同树木的叶子和树皮。学生们通过触摸和实际动作，了解了不同树木的特点。③创造体验式学习的机会，让学生通过亲身参与活动来感受学习内容。例如，在消防安全教育中，班主任可以组织角色扮演活动，让学生模拟喷火怪兽、被困学生、消防员，深入了解发生火灾时如何自救。

（3）设计参与性学习活动。具体操作方法包括：①给予发展性障碍学生更多参与的机会，进行科学小实验、表演节目、手工艺品制作、建筑等活动。这样的参与性学习活动能够激发他们的学习兴趣和动力，让他们通过亲身参与活动来深入学习。②设计与学习内容相关的游戏活动，增加学习者的参与度和学习兴趣。③组织拼图、手工制作等动手学习活动，让他们通过动手创作，深入理解和表达所学内容。

## 二、贯通发展性障碍学生学习历程的支持策略

学习的策略系统是个体计划和执行任务的一套综合性的方法和措施，帮助学生更有效地获取、组织和应用知识[①]。学习历程是基于学习者个体在学习中所经历的一系列学习阶段和过程，而接触与认知阶段、实践与体验阶段和反思与提高阶段则会形成一个循环的学习历程[②]。

### （一）情境化体验学习支持策略

在发展性障碍学生学习的过程中，通过创造特定的学习环境或情境，将学习内容与实际生活或实际应用场景相结合，学生更容易通过亲身体验和实践来获得知识和技能。在班主任实践中，主要采用故事化学习和戏剧化学习两种策略。

（1）故事化学习主要是指导发展性障碍学生将学习内容融入故事情节中，帮助学生更好地理解和吸收知识，激发情感共鸣[③]。首先，故事要贴近发展性

---

① 卢琳琳、田秋梅：《孤独症儿童学前融合教育教师支持策略研究》，《绥化学院学报》2023年第7期。

② 郭元祥、慕婷婷：《学习意志的发生机制及其优化策略》，《全球教育展望》2023年第5期。

③ 王广新、王悦：《支持智慧学习的语境化叙事游戏开发与学习效果验证》，《中国远程教育》2019年第10期。

障碍学生的兴趣和理解水平，同时可以包含简单的情节和角色，以避免学生在理解上出现困难。其次，通过图画、图片或多媒体资料来视觉化呈现故事情节，帮助学生更好地理解故事内容，同时也能吸引他们的注意力。最后，引导学生参与故事中的角色扮演，让他们在情境中感受故事中的人物角色，通过亲身经历来理解情节和问题。例如，为了教授学生防止受侵害的知识与技能，班主任结合学生的兴趣爱好设计了《我不和你走》的情境故事，通过"大坏蛋"提供给学生喜欢的物品，教导学生拒绝接受。在故事展示过程中，呈现相关图画和插图，增加视觉化元素，并让学生通过角色扮演来体验故事情节。让学生自愿参与其中，通过亲身经历来理解故事中的情节和角色之间的关系。班主任还通过问题引导的方式，鼓励学生们主动思考和表达，例如，班主任提问："为什么大坏蛋要变成叔叔，送给你美味的零食？"

（2）戏剧化学习是一种教学方法，通过戏剧表演和角色扮演，将学习内容与戏剧形式结合，让学生在模拟情境中参与互动，以达到更好地理解和学习知识的目的[1]。具体操作步骤包括：①选择与学习内容相关的故事或主题，确保其能够吸引学生的兴趣，同时贴近他们的认知水平。②根据故事情节，将不同的角色分配给学生。为发展性障碍学生选择适合他们的角色，让每个学生都能参与进来，感受角色的情感和经历。③在角色扮演过程中，教师可以提出问题，引导学生思考和探究故事情节、角色之间的关系以及解决问题的方法。学生通过扮演角色，深入理解故事的内容。④让学生进行多次戏剧表演，反复演练故事情节，增强记忆和理解。可以分成小组合作，也可以让学生轮流扮演不同角色。⑤在表演结束后，与学生一起回顾戏剧表演，讨论角色的动机、行为和教训，这有助于加深学生对知识的理解和思考。例如，教师为培养学生的环

---

[1] 王琳琳：《教育戏剧：推动培智学校课堂教学变革的有效途径》，《现代特殊教育》2021年第1期。

保意识，进行"垃圾桶的战争"的戏剧化学习活动。首先，为发展性障碍学生选择四种垃圾桶和不同垃圾等角色。其次，通过角色扮演，让学生参与到故事情节中，体验把不同类别的垃圾扔进相应垃圾桶的过程，明白垃圾分类的重要性。通过多次表演和讨论，学生增强了对垃圾分类知识的记忆和理解。戏剧化学习可以激发学生的学习兴趣，激发他们的学习动机，同时培养他们的表达和合作能力。

### （二）任务驱动式学习支持策略

任务驱动式学习支持策略以任务为核心，通过设计真实的任务情境，让学生解决实际问题并学习相关知识。这种学习策略将学习与实际问题紧密结合，强调了学生的主动参与、解决问题、综合运用知识以及自主学习的能力[1]。其中，以项目式学习活动为载体的任务驱动式学习，则侧重于让学生通过解决实际问题来学习相关知识和技能。以主题统整活动为载体的任务驱动式学习则侧重于让学生从跨学科角度去认识一个主题，形成综合性认识。

（1）项目式学习活动。在班主任实践中要着重辅助发展性障碍学生应用多种知识和技能解决实际问题。在项目式学习中，具体操作包括：①需要进行项目的设计和规划，帮助学生确定项目的主题、目标、范围和要求，以及需要达成的成果。在项目开始时，协助学生进行团队合作的培训，帮助他们理解合作的重要性和有效的沟通技巧，协助学生进行角色分配，确保每个成员都有明确的责任和任务。②指导学生有效地搜索和筛选信息，以确保学生获取可靠的资源。在项目进行时，要辅助学生解决实际问题。在项目结束后，帮助学生进行自我评估和同伴评估，以及提供有针对性的反馈。③班主任需要组织项目成果

---

① 李海龙、邓敏杰、梁存良：《基于任务的翻转课堂教学模式设计与应用》，《现代教育技术》2013 年第 9 期。

展示与分享活动，可以是口头报告、海报展示、视频演示、作品呈现等形式。④学生的学习成果往往具有实际作用，要鼓励学生将项目成果应用于现实生活中。例如，组织全班学生筹备元旦迎新会的项目式学习活动，由班主任和学生组成一个筹备团队，共同负责活动的策划和实施，将筹备团队成员根据各自的兴趣和技能进行任务分工，任务包括负责"隐形关心"元旦迎新会活动内容的设计、场地布置、宣传推广、节目表演等。并制定元旦迎新会详细的时间安排表，要求时间表涵盖每个环节的时间和顺序，确保整个活动有条不紊地进行。同时，制作宣传海报和宣传视频，通过校内广播、班级微信群等途径宣传活动，吸引更多的人参与。活动结束后，组织一个简单的庆祝活动，感谢所有参与者的辛勤付出和支持，并组织学生进行反思和总结。

（2）主题统整活动。主题统整活动是涉及跨学科知识和实际问题的综合学习，能够针对发展性障碍学生的学习迁移能力和整合能力不足的情况提供如下帮助：①帮助他们在不同学科领域形成更全面的认知结构，更好地理解知识的意义和用途，将所学知识和技能应用于新的情境，从而提高学习迁移能力。②在主题统整活动中，学生需要从不同学科和角度来认识一个主题，然后将各个方面的知识进行整合。这样的学习过程可以促进学生的综合思考和综合运用能力。③发展性障碍学生通常对传统学科的学习缺乏兴趣，但在主题统整活动中，将学习与实际问题紧密结合，通过实地考察、观察实验等方式，让学生亲身参与，提供了更具意义和价值的学习体验。主题统整活动通常鼓励学生在小组中合作学习，增进互动和交流。为了生成赋能发展性障碍学生学习的主题统整活动的实操技术，我们可以结合以上特点和学生的特殊需求，参考以下实际操作程序：参照学生的兴趣和关注点确定主题，在活动开始前，通过制定知识融合导图，清晰地将主题涉及的不同学科知识进行整合和归类，同时使用视觉教具和多媒体资源来呈现主题相关的内容。在活动过程中，班主任可以进行示范和引导，帮助学生理解问题、解决问题，培养学生的综合思考能力和综合运用能力。也可以适时组织小组活动，让学生在小组中共同探讨主题，分享彼此的理解和想法。也可以安排观察实验和实地考察，让学生亲身参与和主题相关的实践活动。

（3）任务驱动式学习策略还包括元认知策略。元认知是指对自己的学习过程进行思考和监控的能力，它涵盖了学习的规划、监控和调整[①]。在任务驱动式学习中，班主任不仅要帮助学生完成具体的任务，还需要指导他们反思和了解自己在学习过程中的认知和情感状态。在设定学习目标时，要让他们知道该目标要达成什么样的成果。还要指导他们定期检查自己的学习进展，以及根据任务的要求选择适合自己的学习策略。学生可以对自己的学习成果进行评估，看是否已经达到了预期的学习目标。通过运用元认知策略，学生可以更好地管理学习过程，提高学习效果，并逐渐成为更自主和自律的学习者。

### （三）多元参与式学习支持策略

多元参与式学习支持策略是为赋能发展性障碍学生的学习而设计的一系列科学、合理、具有逻辑性的方法。这些策略包括创造学习空间、个体取向学习、同伴取向学习等。

（1）为发展性障碍学生创造具有连续统一性的空间。首先，提供多样化的学习环境，既包括固定的作息和例行性活动空间，也提供通过游戏、运用虚拟现实技术、交互式模拟软件等创新技术学习的空间，提升学生的活动参与度。其次，通过将素材放置在学生可以自行拿到的地方，并利用流程图、图示或物品等帮助学生记忆和完成活动步骤，例如，教导学生在完成教室作息的生活自理技能时，逐步引导学生完成作息的各个步骤，并逐渐减少支持协助，对学生

---

① 简妮·爱丽丝·奥姆罗德：《学习心理学》，汪玲等译，中国人民大学出版社，2015，第272页。

独立的表现进行鼓励。最后，营造积极的学习氛围也很重要，在学习伊始时引发学生愉悦情绪，让学生在积极的氛围中学习，从而降低在学习过程中产生紧张、焦虑和无聊等不良情绪的可能性。

（2）在班主任实践中，个体取向学习策略涵盖多个方面。首先，班主任需要将学生置于学习的核心，关注每个学生的特点、需求和学习状况，并以此为基础制订个性化的学习计划和支持措施。其次，采用以成功为导向的学习方法，鼓励学生在学习过程中取得小的成功，以提高他们的自信心和学习动力。此外，班主任要鼓励学生独立学习，同时在需要时提供必要的支持和指导。最后，班主任还需要着重帮助学生塑造正确的自我概念，鼓励学生在学习中习得新技能，对其进行积极的鼓励和表扬，让他们正面看待自己的能力和价值，并鼓励学生进行积极的自我评价。

（3）同伴取向的学习策略能够为发展性障碍学生提供积极的学习支持，促进他们在学习中的积极参与和成长。首先，班主任应努力营造一个尊重差异、包容多样、鼓励学生学习和合作的学习环境，引导学生们尊重彼此的多样性和差异，理解每个学生的独特性，让发展性障碍学生在同伴中感到被接纳和被尊重。其次，班主任可以安排小组讨论和合作项目，让发展性障碍学生在小组中积极参与讨论、演示、分享和表达意见，促进他们之间的互动和互相帮助，从而增强他们之间的合作意识和团队精神。最后，班主任鼓励学生之间相互帮助，促进学生之间建立良好的互助关系，帮助彼此克服学习困难和挑战。例如，小威在阅读上常常感到困难，不会读时会伤心流泪。班主任运用同伴介入法，培训小俊和诗诗如何做小老师，在日常学习和生活中帮助小威，组建三人学习小组。通过与同伴合作，小威不仅在学习中获得了帮助，而且在学习小组中逐渐克服了学习时的紧张和焦虑情绪。

### 三、赋能发展性障碍学生情感系统的支持策略

情感系统是影响学生学习兴趣、注意、情绪、意志等的动力体系。其所包含的学习动机、学习动力和自我效能感等因素，共同影响着个体的学习行为和学习成果，是个体学习活动的驱动力[①]。

#### （一）激发学习动机的支持策略

发展性障碍学生是否愿意学习取决于他们对学习的准备状态和心理倾向。要想激发学生的学习动机，就需要提供符合个体能力、兴趣和需求的活动内容。让他们对学习能保持积极的态度和投入。

（1）创造支持学习的积极氛围。创造一个支持和鼓励学习的积极氛围，师生互动、尊重、支持和合作都起着关键作用。一是提供符合个体能力、兴趣和需求的学习内容和学习活动，提高学生的学习投入度和专注度。可以将学习任务设计成闯关游戏，或者将学生不喜欢的工作分散在他们喜欢的活动中。对于不愿意参加学习活动的学生，可以在设计的活动中，将要完成的内容变成具有节奏感的歌谣。二是充分发挥同伴的作用。同伴的支持和互动能够有效地促进发展性障碍学生学习和表现恰当的社会行为，我们既要通过小组活动、合作项目或互助任务，创造学生之间相互支持和合作的机会，也要结合奖励系统鼓励学生之间的合作和互助，使得同伴之间的积极互动成为强化发展性障碍学生正向行为的有效手段。同伴的榜样作用也能有效促进发展性障碍学生的正向行为，当有的同学展示出良好的行为时，我们要给予积极的认可，让他成为学生学习和模仿的榜样。三是鼓励学生相信自己能够克服学习困难，帮助学生克服自我怀疑和消极情绪，更有勇气和毅力去面对学习中的各种困难。

---

① 高先列：《学习内动力的构成与激发策略》，《教育科学论坛》2019 年第 1 期。

（2）个性化计划激发学习的热情。在实施个性化学习计划的过程中，发展性障碍学生更愿意参与学习，并且在学习过程中表现出更多的积极态度，具体的实践要则包括：①需要设定可实现的、具体的学习目标，让他们明确自己正在追求的目标，并将学习内容与他们的兴趣和实际应用联系起来，以便学生认识到学习的重要性和意义，激发他们的学习热情。例如，对于学生飞飞缺乏学习动机和自信心的情况，班主任通过教育诊断了解了他的学习兴趣和能力水平，然后根据这些信息制定了一份适合他的学习目标，帮助他将抽象的目标具体化。同时，结合飞飞对垒球感兴趣的情况，辅助他介绍自己喜欢的运动，从而增加他的学习投入度。②为了更好地支持发展性障碍学生，需要辅助他们量身定制个性化的学习计划，并根据他们的学习能力和节奏进行调整。学生在参与制订学习计划的过程中感受到了被尊重，使得他们逐渐建立起了对学习的自信心，更加愿意接受学习中的挑战。

（3）培养学习的掌控感和自主性。为增强发展性障碍学生的学习动机，我们应着重培养他们对学习的掌控感。为此，可以采取以下措施：①提供学习选择的范围，让学生从几个不同的学习项目中选择感兴趣的主题，自主决定学习的进度和顺序。例如，让学生洗碗，可以允许学生选择不同款式的洗碗布。②鼓励学生进行自我评估，提供学习反馈和评估，以帮助学生了解自己的学习进展和成就，使他们能够主动发现自己的学习需求和改进方向。③支持学生选择自己感兴趣的学习项目，并提供相应的支持和资源，以鼓励学生深入研究和探索自己感兴趣的领域，从而增加学习的自主性和投入度。④给学生提供能够控制变化的机会，例如在课间休息时，让学生选择三种不同的玩具，每款玩具玩多久由学生自己决定，只需遵守玩具收拾整理的规则即可。

## （二）维持学习动力的支持策略

根据强化原理，如果发展性障碍学生的行为伴随着积极的结果或奖励，那么这种正向行为就更有可能在将来重复出现。

（1）强化原理的应用策略包括正向强化和负向强化。正向强化是一种通过提供积极的激励来增加特定行为出现频率的方法[①]。对于发展性障碍学生来说，他们面临着许多行为方面的挑战，这些挑战可能影响他们的学习和发展。因此，当学生表现出积极的行为时，我们通过提供激励来增强这种行为，使其变得更加稳定和持久。例如，小轩在学习时常常分散注意力，导致学习效果不佳。为了提高他在学习环境中的专注度，当小轩在某些学习活动中表现出较好的专注力时，就给予他赞扬和奖励，以增强他的专注行为。同时，设计一些能让小轩表现出较好专注力的学习活动，从而增加他专注的频率。随着时间的推移，小轩开始将专注行为与积极的反馈联系起来，在学习中的专注力显著提升。

（2）负向强化是通过消除不适的刺激来增加特定行为的出现频率。对于发展性障碍学生来说，他们可能因为对学习任务感到困难或无趣而缺乏学习动机。以小明为例，他对完成作业缺乏动力，经常拖延。为了改善他的学习行为，班主任可以指导他设计一个学习时间表，并要求他在规定时间内完成作业。如果他按时完成了作业就允许他在课间玩喜欢的玩具；如果他没有在规定时间内完成作业就不能在课间玩喜欢的玩具。随着时间的推移，小明意识到按时完成作业可以获得奖励，而拖延会导致失去这个奖励。他逐渐形成了按时完成作业的良好习惯，并表现出更积极的学习行为。值得注意的是，发展性障碍学生通常对即时强化更为敏感。及时的肯定和赞扬会增强学生的自信心和积极性，促使他们更频繁地表现出良好的行为。

## （三）提高学习自我效能感的支持策略

班杜拉认为，个体对其实际活动过程中所取得的成就水平的感知称为个体

---

[①] 米尔腾伯格：《行为矫正：原理与方法（第5版）》，石林等译，中国轻工业出版社，2015，第60页。

成败经验，这种成败经验最具体和最主要的职能是帮助个体获得自我效能感，个体表现出的掌握与驾驭环境事件的能力是自我效能感的确立方式。因此，自我效能感作为个体评估自身能力的主观判断，直接影响着学生在活动选择、目标设定、努力程度和学习成就等方面的表现[1]。

（1）班主任在教育实践中，营造积极的学习环境、制定可实现的目标以及提供适当的支持和引导，都是促进发展性障碍学生个体自我效能感提升的关键因素：①设定可实现目标。发展性障碍学生的个体能力差异巨大，要帮助学生设定一个处于自身能力最近发展区内可达成的目标，使得他们能够成功，并逐步提高自我效能感。例如在一个班级团体活动中，学生们分工合作，各自完成分内之事。②班主任设计并引导发展性障碍学生选择各自能够成功完成的活动和任务，比如在艺术节戏剧表演中，能歌善舞的学生表演歌舞，而其他学生则表演节目中大树、花朵、彩虹等其他静态角色。③在班级活动中提供适当的指导和支持，例如特殊教育助理提供图片、步骤图等视觉提示，又例如助学伙伴提供帮助等。④鼓励学生自主探索和学习，培养他们解决问题的能力，从而增强他们对自己能力的信心。⑤通过积极反馈和赞扬，帮助学生建立对自己能力的信心，激发他们参与各种活动的意愿。

（2）集体自我效能感是指个体在集体中工作时相信集体能够共同取得成功的一种信念。与个体自我效能感类似，集体自我效能感涉及成员对集体能力的评价。特别是在集体取得成功的情况下，成员会更有信心地认为集体在未来的任务中也能够成功。这种信念不仅源于对自己和他人能力的知觉，还与分工协作的有效性相关[2]。在班主任实践中，提升发展性障碍学生的集体自我效能感可以采取以下策略：①创建一个积极的合作和协作班级环境，让学生体验到集

---

[1] 简妮·爱丽丝·奥姆罗德：《学习心理学》，汪玲等译，中国人民大学出版社，2015，第103页。
[2] 简妮·爱丽丝·奥姆罗德：《学习心理学》，汪玲等译，中国人民大学出版社，2015，第104页。

体合作带来的成功感和成就感。班主任可以设计小组项目，让学生在团队中共同努力，从而培养他们对集体能力的信心。②强调在班集体中每个人的贡献，确保每位学生都能感受到自己在集体中的重要作用，鼓励他们发挥各自的特长和能力，增强学生对集体的认同。③设计任务和活动，让整个班级在集体中取得成功。无论是文化节、体育比赛还是志愿活动，成功的经验都有助于增强学生对集体能力的信心。④培养团队精神，帮助学生了解团队合作的重要性以及如何有效地分工合作，提升学生对集体分工协作有效性的认知。⑤班主任在班集体取得成功时要及时给予肯定和鼓励，让学生感受到集体合作带来的成就感，巩固他们对集体自我效能感的信念。

（3）班主任要引导发展性障碍学生一起设立班级学习常规，以提高学习的自我效能感。在这个过程中，需要注意以下几点：①班主任需充分了解班级内每个学生的学习能力和学习风格，以更好地考虑他们的参与和贡献；②班主任可以提供基本框架，鼓励学生根据自己的理解和需求，共同制定适用于整个班级的学习规则，使每位学生都感受到自己在制定和执行学习常规中的重要作用，从而增强自信心；③在制定班级学习常规的过程中，班主任可以提供必要的支持和指导，及时给予学生积极的反馈，增强学生对自己学习能力的认知，促进他们在学习时制定符合自己能力水平的学习期望；④在班级学习常规的制定和执行中，鼓励学生相互支持，分享养成良好学习习惯的经验，共同解决学习过程中出现的问题。

通过以上策略，班主任能够提升发展性障碍学生的个人自我效能感和集体自我效能感，更有信心地学习和表现，为班级的整体发展做出积极贡献。

## 第二节　赋能发展性障碍学生行为的支持策略

在班主任的实践中，培养发展性障碍学生的正向行为以及预防和减少问题行为是重要的任务。要想有效地赋能发展性障碍学生行为，就不能将行为问题简单地归咎于学生的生理或心智能力特性，为此需要从行为功能的角度出发，采用预防性的、教导为主导的支持策略。行为功能的分类众多，适用于发展性障碍学生行为的功能分类集中表现为三种：正强化功能、负强化功能、感觉刺激与调整功能 [①]。

### 一、正强化功能行为的支持策略

#### （一）发展性障碍学生的正强化功能的行为

（1）正强化功能的行为是指学生通过某种行为来获得积极的反馈或奖励，表现出某行为是为了获得关注、物品等。对于发展性障碍学生来说，正强化功能的行为可能有以下几种类型：获得他人的赞扬或注意，这种行为的发生概率会随着他人的反馈而增强；获取物质奖励；获取一些权利，比如参加一项活动或自主选择工作任务。发展性障碍学生正强化功能的常见行为表现包括正向行为和问题行为两个方面 [②]。

（2）正强化功能的正向行为是指学生通过适当的行为来获取他们期待的社会反馈或奖励。以下是一些发展性障碍学生在班级中可能表现出的正向行为：主动参与班级活动或小组项目；分享自己的玩具或食物；在班级团体任务中展

---

[①] 昝飞：《积极行为支持：基于功能评估的问题行为干预》，中国轻工业出版社，2013，第46—47页。

[②] 利奈特·K.钱德勒、卡罗尔·M.达尔奎斯特：《学生挑战性行为的预防和矫正（第3版）》，昝飞译，上海人民出版社，2016，第114—132页。

示出良好的合作精神，会倾听他人的意见、尊重他人的想法、帮助他人等；学生可能会通过礼貌的言语和行为（如邀请、感谢、道歉、赞扬他人等），来获取他人的正面反馈；遵守教室规则和社会规则，如按时上交作业、遵守行为准则、尊重他人的权益等，以获得老师和同学的认可；通过主动帮助他人和良好的学习行为等方式来获得他人的赞扬和关注。在班主任实践中，需要有意识地鼓励和奖励这些正向行为，以增强他们正向行为的表现。

（3）发展性障碍学生的正强化功能的问题行为，通常是他们为了获取注意力、社会反馈、物品、活动等而采取的不适当行为。通常他们的这些问题行为是获取注意力的方式：频繁打断他人的对话或讨论；做出过度笑声、故意摔跤、夸大行为或者过度行为；违反班级规则或不服从指令；使用负面言语或行为；要赖或者无故哭闹等。在班主任实践中处理这类问题行为时，应注意提供适当的社会反馈，同时教授他们更健康、更适当的获取社会反馈的方式。此外，寻求支配和控制的学生也可能会因为"争风吃醋"或"争名逐利"而出现攻击行为。例如，小毅因为老师表扬了诗诗而将诗诗推倒。针对这种类型的问题行为，还要帮助他们改变现有的社会信息加工方式，从而使他们认识到攻击是无效且不正当的行为。

### （二）正强化功能行为的预防策略

（1）发展性障碍学生的很多问题行为源于行为发生前的环境设置不适当。因此，环境优化策略是非常重要且有效的支持策略，该策略的核心目标是创建一个支持积极行为、减少问题行为的环境，最大限度地减少可能触发问题行为的因素。①教室的布局应鼓励学生的参与和合作，同时减少可能引发问题行为的干扰。座位应排列得整齐且有序，易于监督；物品和资源应整齐地存放在固定的地方，学生能方便地取用。②为学生提供稳定且可预测的日程安排可以减少焦虑和混乱，特别是对于需要明确结构和程序的发展性障碍学生。这可以通过使用可视化的日程表、时间表或事物顺序卡来实现。③环境中应明确显示行为预期和规则，这样学生就知道他们应该做什么，什么是不被接受的。这些规则和预期应该以简单、肯定的语言表述，并可能需要配以图片或符号，以便学生理解。④为学生提供足够的个体化学习空间和时间，确保每位学生都能得到充分的关注和支持。同时，我们也应该运用视觉或听觉的提示等方式来设置提示，以增强积极行为的发生概率。例如，我们可以使用清晰的标志来指示行为预期，或者在合适的时间提供口头提示，以引导学生的行为。这种环境优化和提示设置，将有助于引导发展性障碍学生更积极地参与学习，并减少问题行为的发生。

（2）我们应明确告诉学生，如果他们希望获得特定的物品或参与某项活动时，应展现出怎样的适当行为。这些行为的描述应该清晰具体，以确保学生能够理解并执行。如果学生对适当的行为方式理解不清楚，我们可以通过演示、讨论或角色扮演等方式进行预先教授，引导他们学习和掌握这些行为。例如，小轩喜欢在班会活动中随意插话，班主任向他演示正确的举手方式，保持手臂伸直，手指闭合，不打断别人，并告知他"如果别人交流时你也想发言，你应该像这样先举手示意"。然后，向他解释这样做可以保持交流秩序，能够更清晰地、完整地表达自己的观点。

（3）在活动开始之前，与学生签订一份行为合同，明确规定当他们达到一定的行为目标时，可以获得的奖励。与学生共同确定奖励方式。奖励应当具有吸引力，同时能与学生所表现的良好行为或完成的任务相匹配。奖励可能是一次特殊活动、额外的游戏时间，或者是一种他们特别喜欢的物品。班主任向学生明确解释他们需要展现哪些行为或完成哪些任务才能获得奖励，这些条件应清晰具体，容易被学生理解和执行。一旦学生表现出预期的积极行为或完成了任务，应立即给予他们奖励，这种及时的反馈可以帮助学生明确理解他们的行为和奖励之间的直接联系。

（4）如果发展性障碍学生通过某种行为寻求关注，我们可以通过预防策略和提供合理关注来正向引导他们。若这种行为是问题行为，出现在他们没有得到足够关注的时候，那么在问题行为出现前，就事先给予他们必要的关注。这里要把握关注的质量，不但需要确保我们给予的关注是积极和鼓励性的，而且需要确保学生能够得到足够的关注，以满足他们的需求。

### （三）正强化功能行为的应对策略

当发展性障碍学生展现出正强化功能的行为时，我们需要采取一套系统化和针对性的策略来管理和支持。

（1）发展性障碍学生的问题行为如果具有正强化功能，即这些行为帮助他们获得了他们想要的东西（例如关注、物品或者活动等），那首先需要停止对这种问题行为的强化，在学生表现出问题行为后不给予他们关注或者不提供他们想要的物品，他们就会认为这种行为是无效的，从而不再执行这种行为[1]。因此，我们需要打断这个强化的过程，以减少问题行为的发生。具体操作流程包括：第一，明确哪些是想要减少的问题行为；第二，分析这些问题行为的强化因素，找出他们为何想要继续执行这些行为的原因；第三，制订并执行计划，计划要注明在何时何地，学生展现出问题行为时，我们应该如何回应，以确保不再强化这些行为。

（2）教导并强化学生使用替代性的功能行为来取代问题行为。先确定强化物，明确他们喜欢什么，表现出正向行为是为了获得什么，当学生展现出正向行为时，应立即给予强化，可以提供相应的物品或活动、给予关注、口头称赞或是肯定性的肢体语言[2]。

---

[1]　昝飞：《积极行为支持：基于功能评估的问题行为干预》，中国轻工业出版社，2013，第46—47页。

[2]　杨福义、李方璐：《美国学校层面积极行为支持的评介及启示》，《全球教育展望》2016年第7期。

（3）我们应遵循最小干预原则来应对学生的问题行为，采取忽视轻微问题行为、言语和非言语提示、提醒规则和给出警告等方式来进行有效管理。当学生违规时要用积极的语言提醒而不是负面的陈述，即积极地提醒改正行为而不是纠正学生的错误；在执行忽视策略时，必须确保被忽视的行为是轻微的、主要为了吸引关注，且不会对其他学生和班级纪律产生重大影响。在忽视行为的同时，需要避免与学生进行眼神接触和有关该行为的讨论，并保持适当的物理距离。一旦问题行为停止，立即恢复对学生的关注，以强化他们的积极行为。同时，尽量限制忽视行为的次数，以提高策略的有效性。

（4）在处理发展性障碍学生的问题行为时，我们应引导学生理解并承担他们行为的负面后果。这些后果应是直接和问题行为相关，有助于学生明白行为与结果之间的因果关系，从而有意识地调整他们的行为。具体措施包括暂时剥夺某些特权或他们所喜欢的事物，为行为后果进行弥补。例如，小华在午点课上抢夺班主任手中的点心，则暂停给他派发午点；安安为获得关注而推翻课桌，则让他将课桌扶起、摆好。然而，这种惩罚必须是适度的，不应过度，也不应长时间持续，避免引起学生过大的抵触情绪。并且，在执行这些措施的同时，我们还应积极引导学生理解这些负面后果的来源，并鼓励他们改正行为，以避免未来再次面临类似的惩罚。

（5）口头训诫作为一种管理行为的策略，在许多情况下有效地应用于正强化功能的行为，可以通过立即中断不适当的行为并引导学生进行更适当的行为。但在应用于为了获得关注的问题行为时，口头训诫可能会成为一种强化方式，要谨慎使用。

## （四）针对不同类型正强化功能行为的教导策略

对于发展性障碍学生来说，我们需要综合使用各种策略，以促进他们的社会行为发展，提高他们的独立性和自主性，为他们更好地适应社会生活做好准备。

（1）我们需要设定明确且可衡量的行为目标，以便更有效地引导和鼓励学生展示积极行为。这些目标必须明确、具体、清晰，并需要设定期望行为发生的频率、持续时间和强度。这样既可以帮助学生明白他们应该如何行为，也有利于他们形成稳定的行为模式。

（2）我们应教导学生以适当的方式寻求关注。例如，我们可以教导他们如何礼貌地提问，如何耐心等待说话的机会，以及如何平静地表达自己的需求。同时，我们还应教导他们根据社会情境的变化来调整行为，如何主动与他人交往或参与活动，并帮助他们建立社会行为规则。

（3）设立积极的角色模型是非常重要的。学生可以通过观察榜样的行为，学习适当的行为。当老师表扬一位学生举手回答问题时，其他同学可能会学习这一行为，从而减少随意插话的问题行为。

（4）教授发展性障碍学生一些恰当的替代行为。例如，有时发展性障碍学生可能会用攻击性行为来获取他们想要的东西。对于这样的学生，我们应该教导他们如何通过语言表达等更加恰当的方式，来获取他们想要的东西，同时还需要提升他们的自控力和合作能力。

（5）积极实践的矫枉过正，是让学生以正确的甚至夸张的方式重复某一行为。比如，东东喜欢在走廊来回奔跑，就让他在走廊的一头以正常的速度走到另一头，直到训练多次能独立做到才停止训练。

## 二、负强化功能行为的支持策略

### （一）发展性障碍学生的负强化功能行为

（1）负强化功能的行为是指个体通过这种行为来移除或避免某种不愉快的刺激或情境，从而增强了这种行为的发生概率。即表现某行为是为了拒绝或逃避某些人、任务、关注或事物等。对于发展性障碍学生来说，负强化功能的行为可能有以下几种类型：逃避完成困难或者他们不愿做的任务；避免面对他们觉得不舒服或压力过大的情境或人；逃避班级活动；不遵守班级规则；逃避或减少与他人的交往；表达自己的不满或抗议；逃避社交压力等。

（2）社会负强化功能的正向行为是指学生通过适当的方式避免或减轻某些不舒服的社会情境。以下是一些正向的社会负强化行为，一般需要通过学习和实践才能掌握。一是当面对不想参与的社交活动时，学生可能会礼貌地表达他们的想法或感受，通过适当的行为来逃避。二是如果学生觉得某个任务太难，他们可能会寻求帮助，或者将任务分解为几个更小、更易于管理的部分，而不是直接拒绝完成任务。三是学生可能会利用暂时休息等策略，来应对他们不愿意承担的或者觉得执行有困难的任务或者活动。四是学生可能会用言语表达他们的困扰或压力，以此来减轻不适感，而不是通过不适当的行为来逃避。五是当感到焦虑或压力时，学生学会如深呼吸、放松训练、积极自我暗示等自我安抚的策略，以此来减轻他们的不适感。

（3）社会负强化功能的问题行为是指学生通过某种行为来避免或逃避某种社会情境，从而增加这种行为的发生概率。对于发展性障碍学生来说，负强化功能的行为可能有以下几种类型：①哭闹、抗议甚至攻击他人，来避免完成某个他们不愿意执行或者认为执行有困难的任务。他们可能会通过磨蹭、发脾气、自我刺激等问题行为来逃避任务活动。②学生可能会选择不回应、转移话题或离开等方式，来避免参与他们觉得困难或不舒服的活动或对话。③学生可能会通过离开教室、走神、假装生病或者其他方式，来避免参加班级活动。④学生可能会选择不完成作业、不听讲、不参与集体活动等方式来逃避或反抗规则的约束。⑤学生可能会通过抱怨、争吵甚至肢体冲突、扔东西等负面的言语或行为，来避免参与社交活动或者互动，或以此来表达自己的不满或抗议。

### （二）负强化功能行为的预防策略

对于发展性障碍学生的负强化功能的问题行为，我们可以在行为发生前采取以下策略：

（1）改变环境因素。调整环境以减少问题行为的触发因素，减少学生想要逃避的行为，可以提供一个安静的学习环境，可以将具有挑战性的任务分解成易于管理的部分，还可以在学生开始任务之前，提供清晰的步骤指导，或将容易走神的学生置于教师易于控制的位置。

（2）有效沟通。确保学生了解并理解任务要求或者规定，以减少他们因为不理解而产生反抗的行为。我们也可以提前告诉他们什么时候会发生什么事情，以降低他们的不安感；规范活动流程，让学生对活动有清晰的预测。

（3）提供选择权。可以让学生有机会选择他们更愿意完成的任务或者活动，这样可以降低他们逃避或者拒绝的可能。

（4）教授替代行为。如果学生有某些他们不擅长或者不喜欢的任务，我们可以教他们通过更积极的方式来表达他们的需求，而不是采用负面的行为。

（5）增强预防技能。培养学生的自我管理和预防技能，教他们识别并预防可能导致问题行为的情况。

以上策略的应用需要根据每个学生的具体情况和需求进行调整。

### （三）负强化功能行为的应对策略

对于发展性障碍学生的负强化功能的问题行为，我们可以在行为发生后采取以下策略：

（1）避免负强化。对于问题行为，我们应避免给予负强化。这种方式可能会让学生认为他们的问题行为是有效的，从而增加这种行为在未来发生的概率。

（2）强化替代行为。如果学生展现出我们教授过的替代行为，或者他们自己找到了其他恰当的方式来应对情境，我们应该及时并积极地给予强化，以鼓励这些正向的行为。

（3）教授新的应对策略。通过正面的指导和示范，教育学生在遇到困难或挑战时如何以更积极、更健康的方式进行应对。例如，学生在遇到困难的任务时会表现出逃避行为，这时我们可以教导他们如何将任务分解成更易管理的部分，或者如何寻求帮助。

（4）创造学习机会。将问题行为的发生视为教育的机会。例如，学生因为不愿做作业而表现出逃避行为，我们可以利用这个机会教育他们学习是一个不断努力和尝试的过程，鼓励他们积极面对而不是逃避困难。

（5）采取合适的惩罚。在某些情况下，可能需要使用合适的惩罚来应对问题行为。但是要注意，惩罚并非首选策略，且应在保证学生身心安全的前提下，合理、公正地使用。

（6）补偿性过度矫正。要求被罚的个体必须做些事情，并且要比问题行为发生之前做得更多。例如，小风发脾气，将部分教具扔到地上，就要求他必须把所有的教具都摆放整齐。

（7）采用暂停的策略。让行为不当的个体处于一个枯燥无趣的情境中。在暂停的过程中，个体不能进行社会互动，也不能获得行为强化。暂停策略能有效地减少各种抗拒行为、破坏行为和攻击行为。在教室情境中，这种不给学生逃避学习任务的机会，也不会干扰学生学习的短暂的暂停策略，非常有效。有效使用暂停策略的关键在于，个体必须停止不当行为之后，才能离开暂停的情境；当恰当行为发生之后，则立即解除暂停。

同样，实施这些策略时需要考虑到每个学生的具体情况和需求，并尽可能在专业人士的指导下进行。

### （四）针对不同类型负强化功能行为的支持策略

针对发展性障碍学生表现的负强化功能行为，班主任应理解其背后的需求和困难，尽量提供支持和理解，并通过适当的教导和引导，帮助他们学会更适当的应对方式。

（1）对于发展性障碍学生逃避班级日常活动的问题行为，应当以为学生提供稳定和一致的日常生活环境为前提。首先，了解学生逃避班级活动的原因，可能是他们感到压力过大，不喜欢群体活动或者感到困难。其次，明确告诉学生哪些行为是可以接受的，哪些是不可以接受的。如果学生感到困难，可以通过适应性参与的方式来帮助他们。比如，修改活动规则或提供额外的支持，使学生可以按照自己的能力参与活动。在预计学生可能会做出不适应行为的情况下，适时提醒和引导他们以预期的方式行事。

（2）对于发展性障碍学生逃避班会活动的问题行为，可以通过观察、访谈等方式了解具体原因。再根据这些信息，调整班级活动的方式和规则，使之更符合学生的需要和能力，如果学生对竞争性的活动感到压力过大，可以尝试组织一些合作性的活动；如果学生在活动中遇到困难，教师可以在旁边指导他们，或者给他们提供一些解决问题的提示，以确保学生能够参与活动；当学生成功参与活动或者做出正向行为时，应及时给予奖励和积极的反馈，强化他们的积极行为。例如，小佳总是逃避参加班级的集体游戏，可能是因为她对竞争性的游戏感到压力过大，或者不喜欢太吵闹的环境。在这种情况下，则需要尝试组织一些非竞争性的趣味游戏。在击鼓传花的游戏中，班主任在她身边指导她理解游戏规则，每当她成功参与游戏时则及时赞扬。通过这种方式，小佳逐渐主动参与到游戏之中。

（3）对于发展性障碍学生逃避任务的问题行为，原因包括不感兴趣、任务太难或是压力过大等。如果是对任务不感兴趣，可以将任务设计得更有吸引力，可以尝试通过游戏化的方法让学生更愿意参与活动；如果任务对学生来说过于复杂，可以尝试将大任务分解为一系列小任务，让学生一步步来完成，并在学生开始尝试完成任务时，提供必要的支持和引导，以确保他们不会在面对困难时立即放弃。当学生完成了任务的一部分时，及时给予正向的反馈和奖励，强化他们的积极行为。不断迭代和调整这个过程，直至找到一种有效的方法让学生愿意参与和完成任务。如果任务过难，要做好预警并帮助学生进行详细的规划，确保学生了解这个规划。

（4）对于发展性障碍学生逃避某些情境或人的问题行为，建立正向的班级内人际关系，班主任要与学生积极沟通，让他们感到被理解和被接纳。如果学生对某种情境或人产生强烈的逃避反应，可以尝试采取渐进式暴露的方法，即让学生逐步接触和适应这种情境或人。①观察学生逃避的具体情境或人，尝试了解他们逃避的原因，可能是感到害怕、不舒服或者有压力等。②为学生设计一个渐进式的暴露计划，让他们逐渐接触和适应这种情境或人。如果学生对大群体感到恐惧，可以首先让他们在小群体中交往，然后逐渐增大群体的规模。同时，在学生尝试新的情境或人际交往时，可以提供必要的支持和帮助，让他们感到安全。可以陪伴他们一起参加活动，或者提供一些处理困难情况的策略。③每当学生成功接受新的玩伴或成功处理冲突时，都要给予积极的反馈和奖励，以增强他们的自信心和应对能力。例如，小哲总是逃避与其他学生一起玩，可以先让他和一个人玩，然后逐渐增加玩伴的数量，直到他能够接受和一组学生一起玩。在这个过程中可以提供必要的支持，可以陪伴他们一起玩，或者教导他们如何处理可能出现的冲突。

（5）对于发展性障碍学生归因错误，对他人充满敌意，导致出现攻击行为的情况。例如，小轩在踢足球时，被小峰踢的球砸到了，他很生气地冲过去打了小峰。阿华幼儿时在康复机构被老师殴打产生了心理阴影，偶尔老师靠近他时，他会抓老师的头发。像小轩、阿华这样的学生通常存在敌意归因偏见，认为其他人试图伤害自己或威胁到自己。班主任可以尝试以下策略：①情绪管理教育，帮助学生理解和识别他们的情绪。当他们感到生气或者充满敌意时，教导他们用平静的方式来表达他们的情绪。②提供解决冲突的策略，可以通过角色扮演的方式，让学生模拟处理冲突的情境，从而学习和实践如何平静、有效地处理冲突和矛盾，而不是通过攻击或者敌意来应对。③教导学生如何正确地理解和解释他人的行为，提高他们的社会技能，可以通过讨论和解析一些常见的社会情境，帮助学生了解他人的感受和动机，从而改变他们错误的归因方式。④每当学生成功地管理了自己的情绪，或者有效地处理了冲突，教师都要及时给予积极的反馈和奖励，以强化他们的积极行为。

（6）学生的行为不仅受外界行为结果的影响，更重要的是受自我引发的行为结果的影响。一个人对自己应对各种情境能力的自信程度，在人的能动作用中起着重要作用。如果一个人对自己的能力有较高的预期，在面临困难时往往会勇往直前，愿意付出较大的努力，坚持较久的时间；如果一个人对自己的能力缺乏自信，往往会产生焦虑、不安的情绪和逃避行为。对于发展性障碍学生来说，改变他们的退缩、回避行为，帮助学生建立较高的自信心是十分有必要的。

## 三、感觉刺激与调整功能行为的支持策略

### （一）发展性障碍学生的感觉刺激与调整功能行为

（1）感觉刺激与调整功能指学生表现某行为可以为其身体带来生理或感官方面的舒服和愉悦的刺激，达到生理方面的最佳兴奋水平，或帮助个体减轻、消除或延缓身体的不舒服状态。分为以下几种类型：①对某些或所有类型的感觉输入表现出过度的反应，可能对触摸、噪声、光线、气味等表现出过度的反应；②对感觉输入的反应迟钝或缺乏，可能对疼痛、声音或触摸等感觉输入缺

乏反应，有时可能会无视这些刺激，似乎对它们没有感觉；③有一种强烈的需求去寻找或创建更多的感觉经验，可能会经常运动、跳跃、旋转、触摸物体，或者喜欢大声说话，以此获得更多的感觉输入；④会在过于嘈杂、繁忙或过于刺激的环境中感到不安，可能会因此变得易怒或焦虑。这些行为类型并不是互斥的，一个发展性障碍学生可能会在不同的时间、环境或情境中表现出不同的类型。

（2）发展性障碍学生可能会通过适当的方式来满足自己的感觉需求或调整自己的感觉状态。具体表现为：①学生可能会利用特定的感觉玩具（如压力球、发泡塑料或重力毯）来满足自己的触觉或前庭感觉需求。②学生可能会选择适当的自我刺激行为（自我刺激行为是指适应后果不会立即显现的高度一致和重复运动的行为），并通过加强该行为产生的感觉刺激得以维持，来满足自我刺激需求。③如果学生对声音敏感，他们可能会选择使用降噪耳机来减少噪声的影响。④当学生对食物的口感、味道、温度等有特别的要求时，他们可能会选择适合自己的食物，或者寻求帮助来调整食物的口感、味道、温度等。⑤学生可能会使用深压力、重力毯、轻触、握紧拳头等感觉调整技巧，来帮助自己调整感觉状态。这些正向的感觉刺激与调整功能的行为需要通过学习和实践才能掌握，因此，在班主任实践中，要有意识地教导和鼓励学生的这些行为。

（3）对于发展性障碍学生来说，感觉刺激与调整功能的问题行为主要是由于他们的感觉处理能力受到了影响，导致他们在寻求感觉刺激或试图调整自己的感觉状态时表现出的不适当行为。以下是一些可能会出现的表现：①学生可能无法静坐，经常在座位上移动，或在课堂上奔跑和跳跃，这可能是他们在寻求触觉或前庭感觉刺激；②学生可能会出现自我刺激行为，会频繁地摇摆身体、扭动手指，或者做出其他重复的动作等；③学生可能会过度地触摸他人或物体，这可能是他们在寻求触觉刺激；④学生可能会对某些声音或光线反应过度，例如，他们可能会因为教室里的噪声而焦躁不安，或者对强光反应过强。

（4）当发展性障碍学生的问题行为具有感觉刺激与调整功能，我们首先要从生理和病理的角度来看待学生的行为，比如是否受到牙齿痛、抑郁等生理疾病的影响。行为支持的策略要尝试理解学生的感觉需求，然后提供适当的感觉刺激，同时教导他们如何以适当的方式寻求和调整感觉刺激，并根据学生的实际情况，求助于药物的使用、营养和饮食的控制、心理辅导等。

### （二）感觉刺激与调整功能行为的预防策略

发展性障碍学生的感觉刺激与调整功能的问题行为发生前，我们可以通过一些支持策略来预防或减轻这些问题行为。

（1）通过观察和沟通，了解学生对于声音、光线、触摸等方面的感觉需求和敏感点。尽可能避免可能引发问题行为的情境。例如，知道某种特定的声音或光线会让学生感到不适，就要尽可能避免这些刺激。

（2）基于学生的个体情况，制订一套个人化的感觉支持计划。在设计行为干预计划时，应考虑如何通过活动或任务的合理安排，帮助学生在日常活动中获得所需的感觉刺激或调整。例如，有学生需要触觉刺激，可以让他们参与一些需要动手的活动，如手工艺、绘画或烹饪等。如果学生对噪声敏感，可以设计一些安静的活动。

（3）调整教室环境，减少可能引发不适的感觉刺激。例如采取调整灯光、减少噪声、制定清晰可预见的日程安排，以减少由于突然的变化或不确定性引起的焦虑。在教室里设立一个安静的角落或区域，可以让学生在感到压力或情绪高涨时有个地方能安静下来。使用多感觉通道的刺激物，帮助学生通过接触多种感觉通道的刺激物以及参与相关活动来满足感觉需求。

### （三）感觉刺激与调整功能行为的应对策略

发展性障碍学生可能会对各种感觉刺激有不同的反应，表现出行为问题或情绪问题。以下是一些应对的策略：

（1）为学生提供让他们感受舒适和平静的刺激，例如听安静的音乐、玩软质的玩具，或者享有独处的时间。

（2）引导学生进行自我调整，如做深呼吸、冥想，进行他们喜欢的活动等。

（3）事后谈话和指导性陈述，提示学生用恰当的方式表达自己的感觉。

（4）处理恐惧和不适应的感觉刺激时，通过建立信任、担保安全、系统脱敏法和诱导技术帮助学生克服恐惧，并处理他们过度反应的感觉刺激。

### （四）感觉刺激与调整功能行为的教导策略

（1）教导学生自我调节技能。教导学生如何深呼吸、使用压力球等技能，提供适当的感觉材料和工具，帮助他们自我调节感觉状态。

（2）训练学生在需要感觉刺激或调整时，能够自我控制行为，以适当的方式获取满足。

（3）采用消退法和对抗条件反射等行为支持策略，使学生逐步适应和接纳各种感觉刺激，建立积极、健康的反应方式。

（4）通过改变环境、进行感觉调节活动（如深压力活动、口腔刺激活动和运动活动），逐渐让学生接触过度反应的刺激，以帮助他们调节过度反应。

（5）通过各种感觉输入的活动（如艺术和体育活动），以提高学生处理和适应各种感觉刺激的能力。运用游戏运动等形式，以及特定的器材和设计，给予学生大量的感觉刺激，促进大脑感觉中枢的兴奋，从而提升大脑的感觉统合能力。

（6）应对压力和焦虑的技能，教授学生如何通过深呼吸、绘画、写日记、角色扮演等方式表达情绪，以及在感到焦虑或压力时如何自我安慰。

（7）感觉消退策略，假设自我刺激行为带来特定的感觉刺激。通过屏蔽这种感觉刺激，来观察自我刺激行为是否会因此改变，以理解学生的感觉需求。

## 第三节　赋能发展性障碍学生情绪管理能力的支持策略

情绪管理能力是指个体有效地识别、调节和表达自己的情绪，以及恰当地应对情绪变化和情境变化的能力。在班主任实践中，赋能发展性障碍学生情绪管理能力，主要采用情绪认知、调节与表达等支持策略，如下所示。

### 一、提高情绪认知能力的支持策略

情绪认知包括能够准确地识别自己所感受的情绪，包括高兴、难过、害怕和生气等，以及了解这些情绪产生的原因[①]。在班主任实践中，提升发展性障碍学生的情绪认知能力必不可少。

#### （一）情绪表情的认知训练

使用真人照片、卡通图片或简笔画表情图来展示不同的情绪表情，其目的是让发展性障碍学生能够正确地识别出高兴、难过、害怕和生气四种表情[②]。

---

① 李金花、姚瑞、王和平：《孤独症儿童青少年情绪认知的神经电生理及影像学研究进展》，《现代特殊教育》2020 年第 10 期。

② 徐云、柴浩：《孤独症儿童心智解读能力训练》，科学出版社，2015，第 25—37 页。

（1）写实照片的辨识训练为第一阶段训练，所采用的训练材料最好使用学生日常接触的成年人、未成年人的四种表情（高兴、难过、害怕和生气）的真人图片，后期可以灵活加入其他人的表情图片。卡通图片的辨识训练为第二阶段训练，所采用的训练材料包含高兴、难过、害怕和生气四种表情的卡通图案，有时也可以使用美图类的 App 将真人照片生成卡通图片。简笔画表情图案的辨识训练为第三阶段的训练，所采用的训练材料包含由简单的线条绘制的高兴、难过、害怕和生气四种表情图。

（2）无论是真人照片、卡通图片还是简笔画表情图，都要设计成有趣的、学生喜欢的学具。比如，将这些真人照片、卡通图片或简笔画表情图进行再加工，做成贴纸、表情配对板、表情举手牌等。

（3）设计教导学生认识并区分不同情绪的活动，也可以通过设计诸如自制情绪表情杯、情绪表情识别类绘本、情绪表情飞行棋、情绪表情连连看、情绪表情对对碰等活动方式，活动中要使用简单的词汇描述每种情绪，让学生学会不同表情的名称。

### （二）情绪认知的渐进式训练

情绪认知的渐进式训练指逐渐增加情绪表情的复杂程度，是一种帮助发展性障碍学生提高情绪辨识能力的有效方法。

（1）情绪识别训练。开始时，让学生学习最基本的情绪表情（喜、怒、哀、乐等）。使用图片、视频或绘画等多种媒介来展示这些表情。在班主任实践中，常用的两种方式包括：①情绪卡片游戏。首先准备一组卡片，每张卡片上写着一种情绪词汇或情绪表情。其次让学生随机抽取一张卡片，描述或模仿卡片上的情绪。最后鼓励其他学生猜测所描述的情绪，并分享他们对应的情感经历。②情绪表情训练。班主任展示不同的情绪表情图片或视频，引导学生讨论不同情绪表情的特征（如眉毛、嘴角等的变化）。并让学生在镜子前模仿这些表情，以加强他们辨识和表达情绪的能力。

（2）情境模拟训练。情境模拟训练能够帮助学生将情绪与具体情境联系起来。具体包括：①简单的情境模拟训练。例如，进行情绪图表练习时，班主任可以先准备一份包含喜悦、愤怒、悲伤、害怕等情绪的图表，再与学生一起逐个讨论每种情绪的发生情境，例如展示一个学生玩积木时的笑脸，提问这名学生可能是因为什么事情而笑，进而解释情绪的特征和可能的原因。最后请学生自己标记图表中的情绪，并分享他们在不同情境中可能会有的情绪反应。②复杂的情境模拟练习。创建各种情境模拟，让学生角色扮演在不同情境下的情绪反应并观察他们的表现。班主任提供反馈和指导，帮助学生更好地理解自己的情绪和他人的情绪。

（3）高阶情绪认知训练。如果班级内部分发展性障碍学生能够学会更复杂的情绪，则要通过个体指导的方式，对他们进行高阶的情绪认知训练。具体包括：①复杂情绪训练。可以通过实际案例、角色扮演或故事情节，帮助学生理解和辨认在不同情境中的情绪状态。②逐步引入更复杂的情绪状态，如害羞、惊讶、焦虑等。③进行情绪组合训练，引导学生理解情绪可以同时存在，通过组合不同的表情来表达复杂的情感状态。例如，一个人上台领奖时，可以同时感到兴奋和紧张。④引导学生每天记录自己的情绪和情感体验。班主任要提供一张简单的情绪记录表，表中要包括日期、情绪名称、情绪触发因素等栏目，并引导学生发现自己情绪的模式和变化，填写每日的情绪记录表。班主任还要定期或根据学生的情绪状态，与学生一起回顾他们的情绪日志。

## 二、提高情绪调节能力的支持策略

情绪调节是指个体在面对激发情绪的事件和压力时，能够有效地处理自己

的情绪反应 ①。对发展性障碍学生减轻负面情绪、增强心理韧性、提升适应能力十分重要。

### （一）自我情绪识别训练

当涉及自我情绪识别训练时，引导发展性障碍学生深入了解自己身体的信号和情绪体验是至关重要的。以下是在班主任实践中，关于学生自我情绪识别训练的实践探讨，主要是训练学生在感受自己心跳加快、肌肉紧张、面部表情异常等状态时如何觉察自己的紧张情绪。

（1）心跳加快的识别。引导学生注意自己的心跳，可以通过轻轻放置手指在脖子或手腕上来感受脉搏的跳动。教导他们关注心跳的速度和强度，从而更好地认识到自己是否感到紧张或激动。通过这种觉察，学生可以意识到情绪与生理反应之间的关系。

（2）肌肉紧张的识别。教导学生放松身体，然后逐一收紧和松开不同部位的肌肉（如握紧拳头、收紧脸部表情等）。在放松时感受肌肉的松弛，在收紧时注意肌肉的紧张感。这样的练习有助于学生更好地感知自己体内的紧张情绪。

（3）面部表情异常的识别。教导发展性障碍学生通过自己面部表情的异常来觉察不良的情绪状态。首先，教导学生了解不同情绪状态下可能出现的身体反应（如面色潮红、咬紧牙关、双目圆睁）。其次，使用简单的情感词汇描述与每种身体反应相关联的情绪，例如，面色潮红可能与愤怒有关，咬紧牙关可能与紧张有关，双目圆睁可能与惊讶有关。最后，通过图像或视频展示学生本人在不同情绪状态下可能出现的面部特征，引导学生描述自己的情绪和身体反应，从而更好地理解自己的情感状态。

---

① 熊紫玉：《情绪调节过程的研究与展望》，《心理月刊》2023 年第 3 期。

（4）班主任还要在他们感受到心跳加快或肌肉紧张时，询问他们当时的情绪是什么。这有助于学生建立情绪和生理反应之间的联系，从而更准确地识别自己的情绪状态。

（5）班主任还可以组织小组讨论或分享会，让学生可以分享自己在不同情绪状态下的面部表情异常的经验。通过听取他人的经历，他们可以更好地理解和认知不同情绪状态下的身体反应。

### （二）情绪自我安抚训练

发展性障碍学生的情绪自我安抚训练非常重要。这种训练可以帮助他们在过度紧张、焦虑、害怕或兴奋的状态下，学会自我调节和缓解情绪。

（1）深呼吸有助于降低紧张和焦虑感。班主任可以先示范深呼吸的正确方法，慢慢吸气到腹部，然后缓慢地呼气，让学生跟着示范进行深呼吸练习，并在他们情绪不良时，引导他们深呼吸，让呼吸变得更加深长和有节奏，从而减轻负面情绪。

（2）肌肉松弛训练。①播放舒缓、轻柔的音乐，进行渐进性肌肉松弛训练，引导他们逐一关注身体不同部位的肌肉，从头部开始，逐渐向下，让他们有意识地将肌肉紧张然后松弛。这种渐进性肌肉松弛可以有助于放松全身，减轻身体的紧张感。②引导学生进行如慢慢地伸展双臂、旋转肩膀等简单的伸展运动，帮助学生释放肌肉紧张，促进身体的松弛。

（3）进行积极的自我暗示。教导学生使用积极、安抚性的自我对话来减轻紧张情绪。鼓励他们告诉自己，一切都会好起来，他们有能力面对挑战。例如，班主任可以设计一个简短的口诀或肯定语句，引导学生在情绪不良时默念。例如："我可以冷静下来"或"一二三四五六七，大口大口深呼吸，聪明的孩子不生气，我要每天笑嘻嘻"。

这些放松技巧需要发展性障碍学生反复练习，以便在需要时能够更有效地运用。班主任在日常生活中要找到适合的时机，引导学生们练习这些技巧。

### （三）不良情绪转移训练

在班主任实践中，对发展性障碍学生进行不良情绪转移训练，需要进行系统化的设计和教导。

（1）首先要培养学生的兴趣和爱好。这些活动可以成为他们转移注意力的有效方式，帮助他们将注意力从负面情绪转移到积极和愉快的活动上。

（2）利用视觉提示，提醒学生调整注意力。班主任与学生一起制作提醒学生关注积极事物的图片或标语。在学生有负面情绪时，出示这些视觉提示工具提醒他们调整注意力。

（3）制定情绪应对策略。对于经常感到焦虑和抑郁的学生，帮助学生制定积极的情绪应对策略。例如，与朋友交流、进行户外散步、参与体育活动。这些策略可以帮助他们在情绪低落时能够积极地应对。

## 三、提高情绪表达能力的支持策略

情绪的表达能力是指在人际交往互动情境中能正确地表达自己情绪、情感的能力。情绪无所谓好与坏，但是可以分成积极情绪和消极情绪两种。发展性障碍学生如果有了负面情绪，可能会采取攻击等不恰当的方式来表达情绪。因此，班主任要引导学生使用适当的情绪表达。

### （一）提供情绪发泄的渠道

对发展性障碍的学生来说，为他们提供情绪发泄的渠道，能够更有效地促进他们进行情绪的自我管理。发展性障碍学生的情绪发泄方式存在显著的差异，班主任要先观察学生并与学生及其家长沟通，了解学生在情绪波动时的习惯和需要。

（1）在教室内设立"宁绪区"。在这里可以摆放一些软垫、枕头和毛绒玩具。当学生情绪激动时，可以允许他们短时间内前往这个地方，与玩具互动以宣泄情绪。但是，"宁绪区"要慎用，如果学生的情绪行为问题具有负强化功能，是为了逃避学习任务，则不要让他到"宁绪区"，避免对其问题行为负强化。

（2）定期进行一些体育活动。体育活动是一个很好的宣泄情绪的方法，可以设定每日的活动时间。

（3）规定宣泄的时长和方式。对于某些宣泄方法（如大哭或撕报纸）可以给学生设定一个时长，例如"你可以在安静的角落哭 5 分钟"或"你可以撕这张报纸，但之后需要收拾干净"。

### （二）恰当的情绪表达方式

除了提供宣泄的渠道外，还需要对学生进行情绪教育，教导他们认识、理解和管理自己的情绪，学习并使用恰当的情绪表达方式。

（1）借助艺术的方式进行情绪表达。班主任在提供绘画材料的基础上，还可以考虑引入艺术治疗师或者经验丰富的艺术教师，通过他们的专业指导帮助学生深化情感表达。也可以尝试不同的艺术形式（如水彩、拼贴、速写等）使活动更加丰富。音乐活动也是常用的情绪表达方式，除了引导学生创作和选择与情绪相匹配的歌曲外，还可以引导学生利用音乐的节奏和旋律帮助他们表达自己的情绪。

（2）通过口语和非口语的方式进行情绪表达。可以引入情感卡片，卡片上有各种情感的描述和图片，帮助学生更准确地识别和表达自己的感受。此外，故事绘本也是很好的方式，通过故事中的角色，帮助学生更好地理解和表达情绪；还可以利用语言表达工具（如沟通板、手机等）教授学生使用这些工具进行情绪的表达。

（3）班级内设置情绪表达的空间。例如，可以设立一个"情绪表达墙"或班级留言簿，学生可以在上面匿名分享自己的情绪状态，其他同学和老师也可以给予正面反馈和支持。

最后，作为班主任，不仅要关心学生的情绪表达方式，还要密切观察其情绪变化，及时发现潜在问题，并采取相应措施。确保每个学生都能在一个充满爱和支持的班级环境中健康成长。

## 第四节　赋能发展性障碍学生社会交往能力的支持策略

发展性障碍学生社会交往能力普遍较弱，具体表现为语言沟通能力不佳、非语言沟通形式单一、将问题行为作为沟通方式、缺乏社交技巧以及无法与他人建立社会关系等。因此，在班主任实践中，要基于发展性障碍学生的沟通特点和社交发展需求提供相应的支持，以提高他们的沟通技能、社交技能和合作能力，为他们参与社会活动、发展社交、独立生活、适应社会做好准备。

### 一、自然情境教学法在班主任实践中的应用

自然情境教学法是以动机操作为核心技术，强调了解、跟随、增强和利用学生的动机，促进个体产生自发性与迁移性沟通行为的一种教学策略。运用自然情境教学法提高发展性障碍学生的沟通能力，主要指在日常生活及社会沟通

互动的情境中，强调功能性语言、沟通和社交技能的习得到表现，从单一技能到复杂技能的形成[①]。聚焦在班主任实践中，主要操作程序和方式包括以下几个方面。

### （一）班主任实践中运用自然情境教学法的阶段设置

运用自然情境教学法并不是任其自由发展。在班主任实践中，在短期的班级发展规划和个别化教育计划的范围内，未达到相应的教育目标，一般分为三个阶段。

（1）在第一阶段，班主任要成为促进学生学习的强化物。这一阶段包括四个操作步骤：第一步，班主任与学生建立信任关系。开始阶段，班主任要完全从学生的动机出发，先无条件地满足其动机和需求。第二步，班主任将自身与学生的强化物进行配对，将自己变成强化物，比如，当小昊遇到困难而发脾气时，董老师对他说"我会帮助你"，他知道董老师会帮助他解决问题，焦躁不安的情绪马上平复。第三步，开发各种互动游戏、身体接触互动、人为操作的玩具等，提供大量的社交沟通与人际互动的机会。第四步，进行提要求训练，班主任作为强化物，与学生沟通互动时，对学生的沟通行为提出要求，当学生达到要求后获得自然强化，比如，午点课上，班主任要求学生坐好，并说出"我要吃薯片"，学生做到后班主任就会给他薯片。

（2）在第二阶段，班主任要利用发展性障碍学生的动机教授他们各种语言行为[②]。有两个有效的常用策略：①刺激功能转移是一个重要策略。首先，可以在提出要求时，灵活地转换词汇和表达方式，以丰富他们的词汇量和表达能力。例如，将"男同学"转换为"男生"，或者将"你真好看啊！"转换为

---

① 魏寿洪、张文京：《自然情境教学在孤独症儿童沟通教学中的应用》，《现代特殊教育》2007年第10期。

② 玛丽·林奇·巴伯拉、特蕾西·拉斯穆森：《语言行为方法：如何教育孤独症和相关障碍儿童》，美国展望教育中心译，华夏出版社，2013，第5—12、113—121页。

"你可真漂亮呀！"这样能够帮助学生更好地表达自己。其次，转换对话方式也是一个有效的方法。可以将直接的问题转换为更为友好和亲近的表达方式，例如将"你口渴吗？"转换为"你要不要喝点水？"这有助于减少学生可能感受到的压力，从而使其更自信地参与交流。另外，增加沟通交流的对象也是一个重要策略。原本只有班主任例行询问，引入其他老师和同学之间询问，可以让学生面对更多的沟通情境，从而提高他们在不同情境下的表达能力和应对能力。最后，鼓励学生模仿周围人的沟通方式和内容也是一个有效的方法。让学生观察和模仿其他同伴之间的交流，有助于他们更好地理解适当的沟通方式和内容，从而在实际交流中更加流利自如。②在沟通交流的过程中，融入其他方面的知识与技能，比如一起探讨如何将图书角的图书分类摆放，包含了识字、分类、整理等；再比如讨论班级内需要准备哪些午点，讨论食品的名称、类别、营养价值、购买方式和金额等；讨论班级如何参与学校组织的艺术节活动，将书法、绘画、手工等内容融入其中；探讨班级内如何结交朋友，则融入自我介绍、了解他人、打招呼、求助与助人等技能。

（3）在第三阶段，班主任要教导学生识别多重前事刺激，并在复杂的环境下表现出恰当的语言行为。比如，当学生口渴了，在家里或在学校可以直接打水喝，但是在超市，要在购物区拿起一瓶水，结账后才可以喝。这时，超市、收银台、水共同形成了多重前事刺激，引发了相应的行为。在班主任实践中，教导学生识别和区分各种环境刺激，并根据这些刺激做出相应的行为是最关键的环节，我们可以通过制定和遵循规则来影响行为；通过命名来识别、区分和关联各种刺激；通过将教学内容分解成不同的组件，并在不同的情境中进行教学，以提高学生的学习效果；或对部分个体实施个性化支持策略，以确保学生掌握所学内容。

## （二）班主任实践中运用自然情境教学法的操作要领

针对发展性障碍学生的班级管理，在教导学生的语言沟通技巧和社会交往技巧方面，自然情境教学法展现了其独特的作用和优势。为确保效果，我们在实操中提炼出以下几点要领：

（1）观察和发掘学生的兴趣。班主任需借助于日常生活中的情境或精心设计的环境，有目的地观察学生的兴趣和需求。深入了解学生的兴趣、爱好和关注点，进而根据学生的兴趣设计活动以激发学习动机。例如，很多学生对动物很感兴趣，班主任则带着学生们扮演自己喜欢的动物形象，在活动中学习和结交朋友，并和朋友共同进行游戏和互动，逐步形成"动物王国的交友派对"场景。事实上，进行自然情境教学时，不必过于刻意制定每日的教学内容，当学生有了兴趣或者有需求时再进行教学，兴趣可以支撑他们持续学习。

（2）顺势拓展活动形式和加入目标。课间活动是运用自然情境教学法的良机，班主任应引导学生在课间进行有意义的休闲娱乐活动。通常与游戏互动相结合，使用学生熟悉的玩具、游戏和各种材料来最大限度地激发学生活动的动机，让学生能一边玩一边学习技能。有的学生可能对绘画手工、棋牌游戏、拼图、积木等活动感兴趣，班主任要尝试引导学生在已有玩法的基础上，创新更多的活动方式和玩法。并且根据学生的活动内容和方式，拓展学习目标。比如，很多学生喜欢海洋生物和绘画手工，班主任则提供贴纸、纸笔、轻黏土等综合媒材，引导学生们一起创作"海洋生日会"的故事作品；学生喜欢玩多米诺骨牌，班主任则引导学生按照颜色分类摆放，或按照不同排序规则进行摆放。

（3）自然情境下展示和加强语言沟通。在各种情境下，尽可能让学生自然地展示语言行为，尤其是在人际互动过程中，有需求表达、交流互动式时，有口语能力的学生则让他们明确地说出自己的意图，没有口语能力的学生，则教会他们使用手势语、图片等辅助沟通方式进行表达。

（4）针对某些需要发展性障碍学生系统地、反复地学习的内容，可以对自然情境教学法进行一种变形应用。即创设一些活动场景，通过自然互动的方式进行学习。比如，班主任请人扮演"人贩子"，使用各种学生们喜欢的物品来"拐骗"学生，引导学生进行自我保护等。再比如，为了建立学生之间的伙伴关系，引导乐于交往的学生主动引起话题或采取合适的互动方式和表现出社会退缩的学生进行互动。

（5）反馈的多元性和自然强化的运用，在自然情境中的社交互动，强化物是活动本身，这包括来自互动双方的直接反馈或者活动完成后有自然的强化物。除此之外，也要嵌入社会性的强化物，班主任要根据学生的表现进行表扬和鼓励，帮助学生确定自己的行为是正向的，以及更好地了解自己的进步。

（6）透过提示来促进学生的沟通反应。在自然情境中，为了让师生之间、学生之间进行持续不断的互动和交流，班主任要引导学生对他人的沟通内容进行积极的、迅速的及有意义的回应。如果学生没有做出回应，则提供适当的提示。

### （三）班主任实践中运用自然情境教学法采取的主要策略

（1）示范策略。适用于教学活动的初始阶段。①观察并挖掘学生的兴趣，利用学生感兴趣的事物进行口语或非口语示范。若学生模仿正确，即时给予表扬、鼓励或提供他们喜欢的东西。若学生模仿有误或无回应，重新示范，并要求学生再次模仿，直至学生反应正确后再鼓励。②示范策略可以由班主任或能力较好的学生进行，目的是教导沟通技巧，可通过建立轮流交谈的技巧、训练模仿技能、构建基本句型，以及提供参与特定情境的会话来实现。③在学生模仿的过程中，可以适当使用提示策略，促进学生进行适当反应[1]。

（2）"指令—示范"策略。根据发展性障碍学生的特点，通过提供"指令—示范"策略，以物品作为载体进行互动，来加强学生们的沟通技能。在班主任实践中，班主任可以提供各种物品和创设情境，建立学生的共享注意力，为语言发展提供线索。一般来说，涉及的教育目标包括学生习得轮流的技能、在给定的语言指令下执行相应的动作、根据不同的语言线索进行反应以及能在多种情境中应用习得的沟通技能等。具体的实施步骤包括：①为学生准备多种玩具或活动用品，确保它们能引起学生的兴趣。②当学生对某个物品产生兴趣时，班主任要给出与该物品相关的指令。③提供示范和反馈。当学生正确回应时，立即给予称赞、对其语言进行扩充，并将其关注的物品作为奖励提供给他。若学生回应不当或没有任何反应，依据学生的实际情况进行处理：若他仍对物品保持兴趣并可能知道应如何回应，那么就提供更为明确的指令。若上述情况不成立，则进行示范。经过矫正指导后，如果学生能够正确回应，再次给予称赞、进行语言扩充，并提供奖励；如果回应依然不正确，则重新考虑使用示范策略[2]。

（3）时间延宕策略。指学生对某项事物产生兴趣后，先不给学生提示，等待他们自发性的互动行为，通过逐渐延长提示和学生响应之间的时间间隔，帮助学生逐渐减少对提示的依赖，从而提高他们的独立响应和执行任务的能力，产生自然的沟通技能。具体操作方式包括：①即时提示。开始时立即给予提示，帮助学生完成任务或正确响应。②逐渐增加延迟。随着学生逐渐习惯和学会任务，逐渐增加在提出问题和给予提示之间的时间间隔。例如，首先延长2秒，然后4秒，再然后6秒，以此类推。③独立响应。学生在没有任何提示

---

[1]　钮文英：《身心障碍者的正向行为支持（第2版）》，心理出版社，2016，第456页。

[2]　钮文英：《身心障碍者的正向行为支持（第2版）》，心理出版社，2016，第456页。

下，能独立地给出正确响应[1]。

（4）随机训练策略。自然情境教学法主要运用于班级的自然情境中，在日常生活和学习中随时可以进行。具体实施方式包括：①班主任可以向学生展示如何恰当地提出请求或寻求帮助；②当学生提出不恰当的请求时，班主任可以稍微延迟满足其需求，促使学生尝试更恰当的沟通方式；③针对学生的具体行为，班主任可以给予具体的指导和建议，帮助他们改进。通过这种策略，学生不仅可以学习到恰当的沟通方式，而且还能增强其与他人交往的自信[2]。

（5）环境诱导策略。班主任常采用环境诱导策略，因其易于实践且效果显著。其目的是创建一个能吸引发展性障碍学生兴趣和注意的环境，鼓励学生主动参与沟通，从而提供充足的语言使用机会[3]。在实施该策略前，我们需了解学生的当前能力和其通常的交流方式。只要该交流方式不构成问题行为，都应得到认可。然后，我们可以逐渐引导学生采用更常规的交流方式。以下是一些具体方法：①创设沟通机会。利用自然情境，例如将学生喜欢的物品放在不易拿到的地方，鼓励学生主动提出请求和求助。②设计生活中的互动场景，例如提供学生感兴趣的游戏或活动，在他兴致正浓时突然中断，让其主动询问缘由或提出请求。③提供学生个体感兴趣的教材或活动，要求这些教材或活动具有可变性，这样可以持续吸引学生的兴趣，并在他们参与活动时，与他们进行互动。④如果学生已具有察觉差异的能力，则提供物品或材料的一部分（如故意藏起一块拼图，促使学生要求获得其他部分）；或只提供部分物品或材料（如画图时只提供图画纸，学生则会主动要画笔；吃饭时只提供碗，学生则会主动要勺子等）。需要提醒的是，运用此策略时应小心避免造成学生

---

① 钮文英：《身心障碍者的正向行为支持（第2版）》，心理出版社，2016，第408页。

② 钮文英：《身心障碍者的正向行为支持（第2版）》，心理出版社，2016，第456页。

③ 钮文英：《身心障碍者的正向行为支持（第2版）》，心理出版社，2016，第457页。

个体太大的挫折感。⑤教导学生恰当的拒绝方式。通过创设学生可能拒绝或逃避的情境，引导他们学习使用适当的语言拒绝，例如，在小毅已经很累的时候，邀请他一起做运动，教他说"我太累了，不想玩"。也可以在学生面前故意做他不喜欢的事情，让他用恰当的方式提出抗议。⑥制造意外的生活场景。当学生对日常物品或活动有一定了解后，班主任可以在日常互动中故意打破常规。例如在他们换衣服时建议他们将上衣穿在腿上、邀请他们尝试食物模型等，这样不仅可以增加互动机会，增加趣味性，还能培养学生的认知能力①。

（6）沉浸式社交训练策略。沉浸式社交训练是在班主任实践中，使用自然情境教学法形成的一种活动策略。具体实施步骤如下：①班主任要评估全班学生们在班级中的相互沟通的方式和社会关系的整体情况，以及各学生的社交方式、朋友圈、生活习惯、兴趣爱好及综合能力等。②基于班级生态环境和学生沟通能力的评估，制定班级社交活动的目标，涵盖团体与个体的社会交互目标。③重点选择与日常生活紧密相关的功能性内容，如穿衣、吃饭、购物和娱乐等。确保所选内容与学生的起始沟通能力相匹配，与目标相一致，适用于对学生来说既实际又有互惠性的互动模式。④创建不同的沉浸式社交场景，并设计围绕这些情境的社交活动。例如，设定"到朋友家做客"为主题的沉浸式社交训练。一部分学生扮演主人，另一部分学生扮演客人。在这样的设置下，他们可以展示社交礼仪，分享生活趣事，共同讨论和准备午餐，或一起参与打牌、下棋和唱歌等休闲活动。

---

① 钮文英:《身心障碍者的正向行为支持（第2版）》，心理出版社，2016，第457页。

## 二、功能性沟通训练在班主任实践中的应用

功能性沟通训练（Functional Communication Training，简称 FCT）是一种有效减少不恰当社会行为发生的干预方法。通过判断发展性障碍学生不恰当社会行为的功能，建立与不恰当社会行为功能相同的替代行为，使得学生学会使用恰当的、有效的沟通方式来表达需求和意愿[①]。在班主任实践中，当个别学生表现出来的不恰当的社会行为具备过于频繁、持续时间长、强度大等特征，严重影响了班级管理的实效性和学生个体发展，则需要进行个别化行为干预。功能性沟通训练是非常有效的干预策略。

### （一）不适当社会行为的功能评估

行为功能评估（Functional Behavior Assessment，简称 FBA），是一种基于行为功能的行为评估方法，收集用于确定行为功能的资料，识别其不恰当社会行为的沟通功能，找到维持问题行为的强化物[②]。为什么一定要进行行为功能评估？这是因为当个体的某一问题行为的功能不止一种时，只有功能相同的替代性沟通行为干预才有效。例如，在集体教学情境中，当老师上课时，学生出现频繁离开座位、拍桌子或者其他问题行为，这些问题行为的功能可能是为了获得老师的注意，也可能是觉得上课太无聊了，不愿意继续上课了，逃避当前的环境。在一对一教学中，学生若出现一些拍头、哭闹或者是攻击行为，这些行为的功能可能是为了逃避当前的任务。在自然情境中，学生也会出现一些问题行为，会出现哭闹、躺在地上或者其他攻击行为和破坏行为，这些行为的功能可能是为了获得想要的玩具、零食等，也可能是不愿意见到某些人或进行某些活动。

---

① 钮文英：《身心障碍者的正向行为支持（第 2 版）》，心理出版社，2016，第 443 页。

② 贺荟中、左娟娟：《功能性行为评估的实施方法述评》，《中国特殊教育》2012 年第 11 期。

（1）确定并描述要干预的目标行为。选择并确定哪个或哪些不恰当的社会行为作为目标行为，描述目标行为。描述须采用概念性定义和操作性定义，概念性定义陈述障碍类型；操作性定义要遵循客观、清晰、可复制、可操作、可评量的原则，具体描述行为的形态。

（2）设计和实施资料的收集程序。按照时间线，收集的数据包括：①基准线数据，收集目标行为表现的行为时间、频率、强度等资料；②过程性数据，这一步与收集基线数据的步骤是相同的，目的是监控学生问题行为是否减少、替代行为是否增多，主要收集发生替代行为的原因、使用的辅助次数、替代行为发生的频率、持续时间、替代行为的效果等资料；③效果评鉴数据，收集干预后的目标行为表现的行为时间、频率、强度等资料。

（3）在班主任实践中，行为功能评估主要包括五个步骤。①拟定行为功能评估计划，说明评估对象、目标的行为、评估时间、评估地点或情境、评估人员、评估方式、评估工具等。②收集行为功能评估信息，主要有三大策略：收集学生已有与目标行为相关的资料、运用直接观察法观察学生个体目标行为的实际情况、通过系统操作情境进行行为功能分析，一般而言通过资料收集法和观察记录法就能满足绝大多数功能评估的资料要求。③分析行为功能评估信息，包括对目标行为进行相关性分析，主要分析的内容有：识别和预测问题发生与否的日常生活情境中的事件、时间和情境；识别维持问题行为发生的后果，行为发生后个案自己和周遭的反应等，进而解释行为产生的前因和目的，明确可人为控制的影响学生行为的因素。④形成一个或多个行为功能假设。对行为发生的规律或原因作出推测性论断和假定性解释，以描述特定的行为、行为发生的特定情境以及维持这些行为的后果或强化物。先进行描述性假设，通过对行为发生的事件脉络进行大致的描述，对行为发生与否的相关事物联系进行推测。再进行解释性假设，揭示个体背景、行为ABC、情境之间的内部联系，深层次阐述行为发生的原因。最后进行预测性假设，在对现实事物进行更深入、更全面了解的基础上，预测行为发生的可能性。好的假设具有科学性、推测性、表述的明确性、可检验性的特点。⑤形成、验证、修改、确定结论性陈述。例如，小哲发生目标行为主要是具有获得外在刺激的正强化功能，其想要获得喜欢的食物、玩具时会出现目标行为，得到满足后目标行为会停止。发生目标行为还具有逃避或抗拒外在刺激的负强化功能，主要表现为：集体课堂上不参与学习活动、抓身边辅助老师的头发等。发生目标行为偶尔具有感觉刺激与调整功能，发展性障碍学生在睡眠不足、身体不适、皮肤瘙痒以及大脑出现的特殊生理状态时会出现目标行为。

### （二）选择与目标行为功能相同的合适的替代行为

明确学生不恰当社会行为的功能之后，班主任要通过系统化的设计，促使学生个体用更加恰当、有效的沟通行为替代不恰当的沟通行为。即教导并鼓励学生使用适当语言、手势、图片及非语言等方式进行沟通交流。具体要求包括：①根据学生当前的能力水平，在最开始可以选择简单的替代行为，替代行为的耗力程度要小于或等于问题行为，保证学生可以在短时间内学会。②当学生能够独立做出简单的替代行为后，可以逐步引入较复杂的、更合适的功能沟通反应。如果学生具有一定的口语能力，可以先用简单的字、词，然后过渡到复杂的短句。③在选择替代行为时可以根据学生的能力来确定沟通的反应。如果学生无口语能力，则可以选用手势语、图片沟通、沟通板、电子产品等表达工具。最好将学生已有的有效沟通方式作为突破口和着手点。④其他方面，要求适用于大部分目标行为发生的情境；易携带，易操作；易于被外人所接受、察觉和理解，且不会造成对他人的干扰；在个案所处的环境中进行，注重沟通训练的情境性和简明性，让家属也能参与其中。

### （三）促进发展性障碍学生习得与应用替代行为

（1）区别强化是功能性沟通训练策略的核心技术，指的是当某一组行为反应发生时给予强化，但对其他行为反应则不给予强化并被消退，主要用于减少问题行为。区别强化主要包括三种主要形式：①对替代行为的区别强化（Differential Reinforcement of Alternative Behavior，简称 DRA），是对期望行为给予强化，对不期望行为以及可能会妨碍期望行为的行为进行消退。积极行为至少要偶尔出现过，这样它才有可能被强化。②对其他行为的区别强化（Differential Reinforcement of Other Behavior，简称 DRO），是在一定时间内对问题行为的不出现给予强化；当问题行为在一个时间段内没有出现过时，就给予强化，当问题行为出现时则重新计时。③低反应率的区别强化（Differential Reinforcement of Low Rates of Behavior，简称 DRL）是对问题行为的较低频率进行强化。在 DRL 中，当问题行为减少到规定水平时才呈现强化物。这一程序不需要像 DRO 那样强化目标行为不出现，而是强化目标行为较低的频率。这一程序应用于某问题行为低频率发生时，但是高频率发生则不采用[①]。

（2）建立强化时间表。根据发展性障碍学生个体替代行为的习得阶段，采取不同的强化策略，但最终强化的频率要和自然状态下是一样的。①在最开始的阶段常使用密集性强化，即对于学生的每个替代行为都要给予强化。不管是独立做出的反应还是在辅助下完成的反应。②当学生初步学会替代行为或功能性沟通技能之后，在巩固训练时，采取间歇性强化。③增加替代行为与强化之间的间隔时间，一般先从实际出发，设置合理的等待时间，再慢慢增加间隔时间。在执行时，可以引入一些语言提示。例如，当天天举手时，老师可以说：

---

① 米尔腾伯格：《行为矫正：原理与方法（第 5 版）》，石林等译，中国轻工业出版社，2015，第 239—253 页。

"天天等一下，这个小朋友说完轮到你。"

（3）操纵环境诱发替代行为。进行功能沟通训练之前，要设计一个与实际环境相似的训练情境，在这个情境中学生可能会表现出问题行为，可以辅助学生做出替代行为，当替代行为出现以后，呈现出之前问题行为出现后的强化物。在训练的过程中，如果出现问题行为，应该一贯地不给予强化物。

（4）逐渐减少辅助。在训练学生掌握替代行为过程中，采用从最多到最少的辅助策略逐步降低辅助的等级，最终让学生能够独立表现出替代行为。

（5）替代性行为的泛化。在训练过程中进行泛化，改变不同的训练人员或不同的情境，保证学生在不同情境中能做出替代行为。

## 三、提升社会技巧策略在班主任实践中的应用

社会技巧是指在社会生活中展示出的能力和技能，以适应不同的社会情境和环境。这包括在公共场合表现得体、遵循社会礼仪和规范等。帮助发展性障碍学生在各种社会情境中更好地融入和交往。

### （一）增强社会认知能力的支持策略

社会认知能力是指个体在社会交往和互动中所表现出的认知过程和能力。这包括如何理解自己与他人的想法、意图、动机和行为的能力，以及自己与他人在群体中的关系，对于有效地与他人进行交流、建立友好关系以及理解社会规则和文化背景非常重要。在班主任实践中提升发展性障碍学生的社会认知能力要注意以下几点。①我们要让他们认识到自己和他人是不同的，每个人在活动中或事件中都有自己的想法和观点。可以在班会活动中，鼓励学生讨论自己的兴趣爱好和特长，帮助他们认识到每个人都有自己的优点和特点。②培养学生理解自己和他人的差异，同时鼓励他们尊重他人的个性和特点是至关重要

的。③班主任和班级内其他同学的理解和支持也是至关重要的，尊重并包容发展性障碍学生在社交方式上的差异，鼓励他们勇敢表达自己，让他们感受到被理解和被接纳。例如，小昊在班级内常常是独来独往，但是他会弹钢琴、唱歌好听、在绘画方面也有天赋。班主任鼓励他参加学校的艺术活动，并在班级里表演弹琴和展示自己的绘画作品，得到了同学们的认可和赞赏。随着时间的推移，小昊开始主动与同学们交流他感兴趣的话题。

### （二）提高自我觉察能力的支持策略

自我觉察是指个体对自己内心、感受、想法和行为的认知和理解，使人能够关注和意识到自己的内在体验和外在表现。在班主任实践中的自我觉察训练，主要是帮助他们觉察自己的生理反应和行为反应。首先，进行身体感知练习，培养学生觉察自己生理反应的能力，帮助他们认识自己生理或心理上的反应，可以让他们闭上眼睛，专注地感受自己的呼吸、心跳、肌肉紧张等生理变化，帮助他们认识身体在不同情绪下的反应（比如心跳加快、手心冒汗、咬紧牙关、无法专注等）。其次，鼓励学生记录每天的情绪和对应的生理反应，学生可以更清楚地认识自己在不同情况下的生理体验。最后，设置一些情景，让学生在其中感受特定的情绪，然后让他们描述自己的生理反应。这有助于学生更好地了解情绪与生理反应之间的联系。例如，轩轩在社交场合常常感到不安和紧张，经过一段时间的自我觉察练习，他逐渐意识到之所以感到不安和紧张，是因为担心自己的言行会受到他人的评判。针对这种情况，轩轩学会了采用深呼吸和积极自我暗示的方式使自己变得轻松，并尝试勇敢地与同伴展开对话。

### （三）提高换位思考能力的支持策略

换位思考和同理心在发展性障碍学生的社交认知能力的培养中起着重要

作用。在班主任实践中，通过教授相关技巧和鼓励实践，我们能够帮助这些学生更好地理解他人，构建积极的人际关系，从而提高他们在社交环境中的适应性和互动能力。首先，换位思考强调从认知层面出发，以理解和推测他人的想法和行为。通过换位思考，人们可以更全面地看待问题，增进对他人行为和动机的理解，促进积极的社会交往。例如，通过社交情景解释，教授学生解读他人的行为和情感的方法，帮助他们理解他人的意图和感受，培养其换位思考的能力。这样学生就能够推测他人的动机、期望和信念，理解他们行为背后的意图，从而提升对社交情境的适应性。同理心则强调从情感层面出发，以共情和理解他人的情感体验，促使学生产生善意和关怀，从而更好地支持他们并构建积极的人际关系。例如，鼓励学生参与情景模拟和角色扮演活动，学生可以更好地感受他人的情感体验，帮助他们理解他人的情绪和意图，从而在社交互动中更加敏感和支持他人。

提高换位思考能力和同理心是一个长期而持续的过程，以下是一些可以尝试的策略：①帮助学生识别和理解自己的情绪，这样他们才能理解他人的情绪。②通过角色扮演，让学生站在他人的立场上思考问题。这不仅能帮助他们理解他人的感受，也能帮助他们学习如何在社交情境中更好地应对。③选取一些包含不同角色感情和处境的故事书，读给学生听，让他们理解角色的感受，学习站在他人的立场上看问题。④教导学生如何理解他人的行为和动机，教导他们读懂他人的面部表情和身体语言。例如，瑞瑞抢走了其他学生的玩具，班主任首先帮助他理解他自己的情绪，然后通过角色扮演，让瑞瑞站在被抢走玩具的学生的立场上，理解他的感受。同时，也可以读一些相关的故事，让他进一步理解和体验他人的感受。在日常生活中，也要时刻在班级中树立好的榜样，展示如何理解和尊重他人的感受。

## 四、建立社会关系策略在班主任实践中的应用

发展性障碍学生在建立社会关系方面的不足，主要影响因素包括社交回避、社交规则不理解、兴趣狭隘、社交焦虑和社交倾向单一等。

### （一）组织互惠性互动活动

通过互动活动和会话游戏，激发学生积极参与社交互动，帮助学生掌握良好的沟通技巧，提高解决问题的能力。

（1）明确目标，例如提高学生的表达能力、理解他人的观点、解决冲突等。选择适当的主题，可以是日常生活中的问题、班级建设的热点话题或班级活动等相关内容。

（2）将学生分成小组，在每个小组中，分配不同的角色（如发言者、记录员、观察员等），引导学生在不同角色下进行表现，以便进行有效的互动和讨论。

（3）制定沟通的规则，如尊重他人观点、积极参与、互相倾听等。在制定规则的过程中，组织学生进行模拟对话或辩论等，让学生理解在特定场景中的沟通规则。

（4）设计学生乐于参与的班级活动，并在活动过程中融入一些实用的沟通技巧和策略，帮助学生不断改进沟通技巧。例如，在每天的晨间活动中，根据学生的年龄、兴趣和能力水平，组织五分钟的会话游戏，通过击鼓传花、真心话大转盘、焦点访谈等形式确保活动内容的趣味性及易于理解和表达。

（5）班主任提供及时反馈，并鼓励学生相互评价和自我评估。同时，让每个小组分享他们的训练经验和心得，以促进班级之间的交流与合作。例如，小哲经常因为缺乏恰当的沟通方式而发脾气，为了让小哲能够保持冷静并以合适的方式进行表达。每当他使用语言、手势或图片等恰当的方式进行沟通交流

时，就给予他肯定或满足其需求。这种积极的反馈将成为小哲继续保持冷静的动力，并促使他学会恰当的沟通方式和建立更好的情绪调节能力。

### （二）角色扮演和行为演练

角色扮演和行为演练是一种有效的社交技能获得手段，能够帮助发展性障碍学生在一个安全和结构化的环境中学习和练习社交技能，并在日常生活中逐步应用这些技能。

（1）通过角色扮演和行为演练，在模拟情境中实践社交技能，班主任可以有效地帮助学生逐步掌握有效的社交行为。操作流程如下：①选择学生在实际生活中可能遇到的社交情境（比如交谈、合作、分享或解决冲突等），并向学生解释角色扮演的目的和意义。②将学生分为不同的小组，每组设置扮演者和观察者。扮演者负责在情境中实践特定的社交技能，而观察者将专注于观察扮演者的表现，注意他们的社交技能运用情况。③学生在班主任的引导下扮演特定的社交角色，运用所学的技能和策略进行互动。班主任或同伴可以提供必要的指导和提示，帮助学生正确运用社交技巧。学生需要反复在不同情境下进行角色扮演和行为演练，逐渐提升社交技能，确保他们能够在真实环境中有效地表现出所学的行为和技巧。④角色扮演结束后，观察者给予扮演者及时的反馈，包括表现良好之处和有待改进的方面。通过总结提炼，帮助学生更好地理解自己的表现和学到的社交技能。

（2）教导发展性障碍学生社会规则的行为演练，可以采取以下方法：①使用学生能够理解的语言，简明清晰地向学生讲解社会规则，并将规则与学生的日常经验相连接，以便他们更容易接受。例如，对于班级常规，可以使用学生熟悉的例子（如礼貌地问好、排队等），使学生容易接受并运用。②创设各种社会情境，让学生在实际操作中学习遵守社会规则。例如，模拟校外社会实践活动，班主任可以扮演引导者，指导学生如何礼貌地与陌生人交流，遵守交通规则等。③班主任可以演示妥当的社交行为，让学生更好地理解社会规则的应用。④确保实操演练涵盖各种社交情境和场合。这样的实践多样性有助于学生培养更全面的适应能力。例如，除了学校内的角色扮演，也可以进行社区活动参与，让学生在不同环境下应用社会规则。⑤每次行为演练后，组织学生进行反思和讨论，让学生分享他们的经验，提出他们遇到的挑战以及如何克服的方法。通过反思和讨论，学生可以加深对社会规则的理解，并更好地运用到实际社交互动中。

### （三）结合影片示范和自我示范的方法

对于发展性障碍学生的社会技能发展，可以结合影片示范和自我示范的方法来提高学生的社交能力。

（1）班主任可以录制一系列不同社交情景的视频，确保情景有明确的目标和角色扮演的情况。这些视频应涵盖学生在日常生活中可能会遇到的情境。

（2）在班主任的引导下，学生观看这些录制的社交情景视频，帮助他们分析和理解不同行为的影响和结果。

（3）班主任可以针对学生观看的视频，指导学生在类似的情境中，如何选择适当的社交行为和回应，并鼓励他们提出改进意见。

（4）在学生观看社交情景视频的同时，鼓励他们模仿和自我示范积极的社交模式。可以通过角色扮演或小组活动来加强自我示范，让学生在模拟情境中实践社交技能。例如，描述一个学生在学校中遇到某个社交挑战，然后通过录制的视频示范和自我示范的方法来指导学生如何应对类似的情况。

### （四）逐步分析社会情境

在班主任实践中，帮助学生逐步分析社会情境来解决社交问题和冲突，是非常重要的策略。分析社会情境的六个步骤包括：第一步，描述社会场景、环境配置、行为或问题，指导学生清晰地描述正在发生的社交情境，包括背景、地点、参与者等。第二步，帮助学生理解社交场景中正在发生的问题或冲突，分析冲突的原因和可能产生的影响。第三步，引导学生思考不同参与者的感受和想法，促进他们换位思考，理解不同角色的立场和情绪。第四步，引导学生探索为什么参与者会有特定的感受和想法，要求他们提供证据支持自己的观点。第五步，让学生思考社交行为的可能后果，了解不同行为的影响和结果。第六步，引导学生提出替代行为的可能方案，让他们探索不同的解决方式和行为选择。例如，在班级里开展"班级法庭"班会活动，当学生之间发生矛盾或社交冲突时，为学生提供一个模拟真实社交场景的班级法庭，让他们在复盘冲突事件的过程中，一方面通过模拟情境来解决冲突和问题，另一方面扮演不同角色，以锻炼应对技巧。

## 五、多渠道促进沟通的策略在班主任实践中的应用

在班主任实践中，针对发展性障碍学生由于认知和沟通障碍，无法用恰当的方式表达个人需求而出现的问题行为，班主任可以基于辅助沟通系统的原理，为学生设计符合其能力和表达需求的方法与方式，以促进他们与其他人的互动，提升沟通效果。

### （一）扩大沟通方式

语言沟通能力主要关注其口语表达能力，而非语言沟通能力则涉及他们使用手机、沟通板、手势、动作和图卡等方式进行信息交流的能力[1]。在运用

---

[1] David R. Beukelmen、Pat Mirenda（大卫·R. 比克尔曼、帕特·米伦达）：《辅助沟通系统之原理与运用：支持复杂沟通需求之儿童与成人》，蓝玮琛、王华沛、杨炽康等译，华腾文化股份有限公司，2014，第6—8页。

多渠道沟通策略时，需要考虑学生的日常生活需求、活动环境和内容，制订相应的沟通训练计划，帮助学生灵活运用辅助沟通于日常生活中，真正发挥其功能。例如，小滨无法用口语表达需求，常常以哭闹和攻击他人的方式来获取自己想要的物品或发泄不愉快的情绪。针对他的情况，班主任设计了适合他沟通需求的手势语和图片沟通方式，小滨因此可以更有效地与他人进行交流，减少不必要的冲突和挫折。

### （二）训练具有功能性的沟通技能

在班主任实践中，支持有沟通障碍的学生选择他们感兴趣的活动或日常生活中的活动，并将沟通训练的长期或短期目标融入设计好的或例行的活动中，引发学生在自然活动中练习具有功能性的沟通技能。具体步骤如下：第一步，通过实物、图片和词汇短语的配对、指认和仿说等方式进行词汇短语的学习。在学习词汇、短语前，最好按照不同类别将词汇短语划分为不同的单元，逐个单元进行训练。班主任首先示范配对，例如可以从学生日常接触的物品入手，将实物与名称进行配对。其次，创设沟通活动，当学生自行说出物品的名称或按照指令拿出相应的物品时，给予鼓励。如果学生演练错误或有困难，班主任应再次做出教学示范，帮助学生熟悉物品所对应的词汇短语。第二步，连词成句，班主任先指着排列好的句子图卡，依次读句子进行示范，或者边演练句子内容边口述句子。再次，学生根据班主任依次呈现的图卡或表演的情境，独立或在提示下说出对应的句子。当学生出现错误时，班主任应再次示范，学生继续演练直至熟练掌握。第三步，在学生习得沟通技能后，班主任指导学生在现实情境中进行泛化练习。例如，在每天的午点时间使用代币兑换零食，则在课间休闲娱乐方面进行泛化练习。通过这样的练习，学生能更好地运用所学的沟通技能，与他人进行交流。这样的综合训练能够提升学生在不同情境下的沟通能力，促进他们更好地融入社交环境中。

### （三）扩展沟通功能

某些发展性障碍学生的沟通能力有限，沟通主要是为了满足基本需求。因此，我们需要积极扩展学生的沟通能力，促进其发展更多的沟通技能。可以根据学生的能力，有针对性地、适度地训练他们的描述语言、评价、寻求信息、表达意见等日常社交用语，使得学生逐渐掌握更多的语言表达方式，从而在日常社交中更加自如地与他人交流。例如，正正之前的沟通能力较为有限，仅能用简单的句子表达基本需求。经过扩展沟通功能训练，正正开始学会用更复杂的句子描述事物、回答问题，并学会了更多的社交用语。他现在可以主动跟同学们打招呼，询问别人的情况，并且在某些班级活动中积极参与讨论。这些进步不仅提高了正正的自信心，也使他更好地融入班集体。

## 第五节　个别化积极行为支持的案例分享

问题行为在发展性障碍学生群体中普遍存在，较为常见的问题行为包括攻击性行为、自伤行为、发脾气行为、刻板行为等，这些问题行为可能会在日常班级管理中产生严重干扰。因此，班主任需要具备处理学生问题行为的专业能力，在学生的问题行为处理中扮演着关键角色。综合实践强调班主任在处理发展性障碍学生问题行为中的复杂角色和多重任务，这是一个动态的过程，不仅要同时面向学生个体和整个班级，还需要与家长、多个专业领域的专业人员合作，确保提供全方位、连贯、长期的支持。

积极行为支持是行为支持的方法之一，包括持续的以研究为基础的评估与介入、以资料为基础的决策，主要是在建立社会性和其他功能性方面的能力，以创造支持的环境、预防行为问题的发生。班主任在个别化积极行为支持中的实践，通过在行为干预的过程中综合使用各种策略。发脾气行为是儿童期易出现的一类问题行为，这类行为通常指在个体需求未能得到满足时所表现出的一类问题行为（如尖叫、哭闹、扔东西、打人等）。在班主任实践中，时常需要处理不同类型的发展性障碍学生问题行为。本节内容从班主任的视角，探讨运用积极行为支持干预学生个体问题行为的综合实践，主要内容包括：个案的确立及基本信息的分析；行为功能评估；评鉴行为干预成效；存在的问题及实施建议。

执行发展性障碍学生个别化积极行为支持的行为功能评估，如果班主任具备行为处理的专业技能，就可以同时扮演行为康复训练师的角色。即使不能独立操作个别化的积极行为支持，也要成为最得力的辅助者和合作者。

## 一、确定个别化积极行为支持的个案

作为班主任，面对班级内的众多发展性障碍学生的诸多问题行为，个别化问题行为干预的选择应基于学生的具体情况和需求，考虑多方面的因素：第一，问题行为的严重程度。如果学生的问题行为严重影响了他们的学习或者与人相处，那么应该考虑进行个别干预。第二，通用干预无效，有些学生的问题行为，如果尝试过通用方法但未见成效，可以考虑个别干预。第三，征求专业的行为康复训练师或行为分析师的评估和建议，以确保个别化干预方案的科学性和有效性。第四，考虑学校和班级的资源，确保个别化干预的可行性。例如，重度孤独症谱系障碍学生小哲就读于某培智类学校三年级，该生入校时情绪起伏较大，存在吮吸手指、大声哭、躲在角落里不参与教学活动等多种行为问题。二年级时患上皮肤病，全身长满疥疮，之后出现严重且持续的发脾气行为和多种行为形态，主要表现为边大哭边用力跺脚，同时或快速交替发生打头、咬手甚至双手互抓手背导致出血。其行为严重干扰其自身及其他同学的学习，阻碍其在学校环境中社会关系的建立，具有极高危害自身及他人安全的可能性。班主任采取了积极的行为干预措施一段时间后，小哲的发脾气行为发生次数并未减少，且干预过程中多次扔东西，抓、咬教师手臂。鉴于上述情况，班主任向学校提交个别化积极支持申请表（见表 2-1），申请寻求行为康复训练师的支持，将该生的"发脾气行为"作为标的行为，转化为个别化积极行为支持模式，进行密集性的行为干预。

表 2-1

| 个别化积极行为支持申请表 | | |
|---|---|---|
| 学生姓名：小哲 | 性别：男 | 出生日期：****.*.* |
| 障碍类型及程度：重度孤独症、重度智障 | | 所在班级：三年级 1 班 |
| 填表人：董文平（班主任） | | 填表日期：2015 年 5 月 27 日 |
| 问题行为描述：<br>发脾气行为：边大哭边用力跺脚，同时或快速交替打头、咬手、双手互抓手背至出血；扔东西；抓、咬教师手臂 | | |
| 申请理由：<br>1. 行为频率高，持续时间长：一周内每天发生频率 4—10 次，每次持续时间 6—30 分钟不等<br>2. 行为强度大：具有极高的危害，其自己会自伤出血，也会伤害到老师和同学。而且其行为严重干扰其自身及其他同学的学习<br>3. 次级预防无效：班主任在班级内进行干预，其发脾气行为并未得到改善，且呈现越来越严重的趋势 | | |
| 申请诉求：<br>请求学校行为处理教研组给予支援，派遣行为康复训练师对小哲进行个别化积极行为支持 | | |

## 二、实施行为功能评估

### （一）行为功能评估的作用

研究发现，人的行为发生不管恰当与否，它的产生都会满足行为发出者的某种渴望的需求，因此，其行为具有某种功能。在行为功能评估的基础上，制订干预计划已在发展性障碍学生的行为干预中被证明是行之有效的。行为功能评估是一种基于行为功能的行为评估方法，对与问题行为有关的一系列前奏事件、行为、行为结果方面的资料进行的收集与分析，并在此基础上确定问题行为产生的原因，预测未来行为发生的事件，制定干预措施和指导个体适当的积极行为。行为功能评估所关注的核心不是问题行为本身，而是问题行为与个体和环境变量之间的功能关系。通过行为功能评估了解行为的结构和功能，不仅要分析造成问题行为的个体因素，更要分析问题行为与环境之间的关系，预测问题行为发生与否的情境或条件。通过系统的行为功能评估，可以发现引起其问题行为发生的环境因素和学生个体内在因素的原因，清楚地认识并理解混乱和困惑情境。

### （二）行为功能评估的流程

行为功能评估是一个系统的操作步骤和实施办法，本部分将以行为功能评估的流程为行文脉络，结合理论与实践案例进行阐述。

第一步，界定问题行为。对发展性障碍学生的问题行为实施行为功能评估，首先要清晰界定被评估的行为。评估者需综合分析在之前用来确定个案所收集的信息，确定问题行为的具体形态，并用准确简练的语言对该问题行为进行清晰可测量的描述。例如，针对小哲的发脾气行为，描述为"发脾气行为：边大哭边用力跺脚，同时快速交替发生打头、咬手甚至双手互抓手背导致出血，并多次出现向上扔东西，抓、咬他人手臂等多种行为形态"。

第二步，拟定行为功能评估计划。针对发展性障碍学生的严重问题行为的行为功能评估，需要班主任、行为康复训练师、家长等多人协调合作，行为功能评估计划则为各方的协同合作提供了方向和依据。行为功能评估计划中要对评估对象、标的行为、评估时间、评估地点或情境、评估人员、评估方式、评估工具等进行具体说明。要明确各方的角色和职责，使各方工作一致，以确保评估工作的有序进行和评估的准确性（见表 2-2）。

表 2-2

| 行为功能评估计划 | |
| --- | --- |
| 评估对象：小哲 | 评估人员：董文平、陈艳丹 |
| 评估地点：校内 | 评估日期：2015 年 6 月 8 日—2015 年 6 月 12 日<br>（全时段观察记录） |
| 标的行为：同时发生或交替发生打头、咬手甚至双手互抓导致出血的行为 | |
| 评估方式 | 评估工具和具体说明 |
| 访谈 | 陈老师使用邓拉普编制的初步功能评估调查访谈任课教师、生活辅导员和副班主任；董老师使用凤华编制的功能行为访谈表访谈其家长 |
| 观察 | 陈老师使用 ABC 行为观察记录表做全时段观察记录；董老师联合其他科任老师，使用自编的行为等级记录表或行为问题散布图进行辅助观察和行为记录 |
| 评量表 | 董老师和陈老师都填写行为动机量表、行为沟通分析检核表和行为问题主观评量表并做对比分析 |

第三步，收集相关信息。行为功能评估是持续不断收集资料的过程，评估者依据行为功能评估计划。通过查阅个案已有资料、访谈、观察等方式，获

取发展性障碍学生问题行为的出现频率、强度、持续时间等相关信息，还要收集与问题行为的出现可能有预测和强化作用的相关事件的信息。其中，以访谈为主要方式收集信息，通过访谈个案的重要他人（即父母、教师及其他亲密的教养人员），了解问题行为的形态、表现、可能的功能形态，及过往问题行为的处理情况。以观察法为主要方式收集信息，对发展性障碍学生问题行为发生的过程进行观察，弄清问题行为发生之前，引发和维持问题行为的环境因素有哪些。评估者常采用 ABC 行为观察法收集用来识别和确认维持问题行为的各个变量，主要需要识别三类变量——前奏事件、情境事件和行为结果事件，明晰行为发生前后的情境及事件发展脉络。在小哲的案例中，班主任和行为康复训练师协作，结合访谈、观察、评量表收集他的发脾气行为相关资料。

第四步，分析行为功能评估信息。通过分析行为资料，了解行为产生的原因和目的，并明确可人为控制的因素，包括预测和调控影响学生行为的因素，以提升学生的技能和改善问题行为。一是问题行为相关性分析，主要分析与问题行为同时频繁发生的各种行为。二是识别和预测问题行为发生与否的前奏事件。三是识别和预测问题发生与否的日常生活情境中的事件、时间和情境。四是识别维持问题行为发生的后果，行为发生后个案自己和周遭的反应。以小哲为例，下面是对行为功能评估内容的梳理和优化，以便更清晰、连贯地传达信息：在集体课堂上（音乐律动课和运动与保健课除外），小哲多数时间会蹲在教室的角落里，安静地玩他的"宝贝"（一个车轮、一条绳和一本书）。如果要求他回到座位上或尝试拿走他的"宝贝"，小哲则会大哭并用力跺脚，甚至快速交替打头、咬手、互抓手背至出血。如果教师不理会他，小哲就会维持自娱自乐的状态。小哲存在严重的挑食、睡眠不良、易生汗疹而皮肤瘙痒、焦虑等症状以及其他可能出现的大脑特殊生理状态。他为了获得喜欢的食物或玩具时会出现此行为，一旦得到满足，这些问题行为便会停止。小哲的认知理解能力较弱，语言沟通能力不足，缺乏恰当的沟通方式。

第五步，形成行为功能假设。对问题行为发生的规律或原因作出推测性论断和假定性解释，以描述特定的行为、行为发生的特定情境以及维持这些行为的后果或强化物。以收集到的问题行为的多样化数据信息为依据，评估者对行为与前奏事件、行为表现和结果之间所存在的关系进行分析，确定问题行为和相关变量之间的因果关系，建立问题行为功能的假设。具体程序为：首先进行描述性的假设，通过对行为发生事件脉络的大致描述，推测行为发生与否的相关事物联系和大致数量关系；其次进行解释性假设，综合研判个体背景因素、行为 ABC 序列、行为发生情境、个案所处生态环境等影响因素，深层次剖析行为发生的原因；最后进行预测性假设，在对现实事物更深入、更全面了解的基础上，作出对行为发生可能性的预测。如上面小哲的例子，我们根据收集到的信息可以假设：小哲发脾气的行为是为了逃避参与集体学习，这属于负强化功能。

第六步，验证行为功能假设。评估者在此步骤中要通过直接处理与发展性障碍学生问题行为有关的因素，来检测假设的真实性，需要评定哪些因素与行为有关，哪些因素能有效改善问题行为。评估者可以在自然情境中或特定情境中开展测试，或者通过对比分析有关问题行为的资料来核对假设的可信度。即通过呈现或去除不同的先前事件和结果事件来评估不同的先前事件和结果事件对问题行为是否产生影响和产生什么样的影响。例如，教师任由小哲在角落里玩自己喜欢的玩具，小哲就不会产生问题行为，这证明该事件与问题行为之间的关联是确实存在的，其负强化功能的假设是成立的。

第七步，撰写结论性陈述。清晰地描述问题行为，以及与问题行为同时频繁发生的各种行为。行为发生的特定情境以及维持这些行为的后果或强化物。案例中小哲发脾气行为的结论性陈述如下：小哲的发脾气行为具有多种功能，其主要是负强化功能,为了逃避集体学习或班级活动;也具有感觉刺激与调整功能,当他身体不适时,会通过发脾气行为来缓解不适感;偶尔也具有正强化功能,主要是为了获得某些喜欢的东西。

## 三、实施行为支持策略

通过行为功能评估深入理解了发展性障碍学生问题行为背后的功能和原因之后,将对评估的理解和分析转化为实际的支持和干预措施,为学生量身定制行为支持策略。在本书第二章第二节"赋能发展性障碍学生行为的支持策略"部分,已经详细介绍了正强化功能、负强化功能、感觉刺激与调整功能的常见支持策略。本部分则突出班主任综合实践,通过实际案例展示每个步骤的关键点和技巧,有助于班主任掌握操作的精髓。

### (一)基于标的行为负强化功能的干预策略

小哲是重度孤独症伴随重度智力障碍学生,其拒绝参与课堂教学活动、逃避学习任务或受到批评和拒绝时产生标的行为,以及忍耐性不足和缺乏规则意识。故需先扩大其活动范围,增强其忍耐力和规则意识,减少标的行为的发生。

(1)小哲拒绝参与课堂教学活动,主要运用逐减敏感及替代行为模式,促使小哲从趴跪在教室角落转变为坐回座位。干预要先从改变活动位置上切入,再逐步增加其他刻板行为相关要素的弹性。干预开始时,提前将小哲的玩具组合中的车轮、绳和书分别放在距离较远的三个位置,当小哲去寻找其中的一种物品时,主动帮其把其他两种玩具拿给他以建立信任感。班主任在得到应允后从旁观到陪同小哲玩,再逐步将玩玩具的地方从角落转移到座位区域。同时,调整小哲的座位,先安排其坐在靠边的位置,方便其走动,避免其产生焦虑，当其建立了一定的常规意识和忍耐力后，再调整其坐到中间位置，增加外出的阻力，逐步延长坐在座位上的持续时间，最终达到上课时间内都在座位区。

（2）小哲兴趣狭隘，拒绝参与其他活动，是其注意力具有过度选择性的典型表现，需拓展小哲的兴趣爱好，增加情境线索，引导其注意环境中的多重属性。班主任主要以游戏干预方式促进学生个体完成"自我调适—自我构建—形成游戏模式—建立社会关系"的过程。先观察其自由时间在做什么，再提供大量相关素材，鼓励其选择自己喜欢的活动，不限选择次数和活动时长，过程中若小哲能够主动触碰新的玩具，立即给予鼓励。在小哲适应活动情境的前提下，让其参与喜欢或感兴趣的活动，引起小哲关注，再依据小哲的能力，通过引导、辅助和强化开启其对新游戏规则的练习，继而以现有游戏活动的状况作为起点，增加难度、复杂度和广度。

（3）建立小哲的常规意识，使其理解并遵守基本的课堂常规。班主任先列出课堂常规项目序列清单。首先建立小哲对上课、下课的时间线索与相应活动的联结，区别出上课与下课情境的不同要求。例如，小哲听到上课铃声，告知已上课，教导其做好上课准备；听到下课铃声，告知其下课，可以做自己喜欢的活动。当小哲建立了课堂常规意识之后，若在课堂上小哲不能控制自己的行为跑去拿玩具，则给予语言上的提示，如："小哲，现在是上课时间，把玩具放回去，下课再玩。"然后，建立课前准备、起立、问好、坐端正、不随意离座、物品归位等基本的常规，并使用工作分析法将每项常规行为进行任务分解，通过示范、教导、动作协助等教学程序教导。在课堂常规上，将小哲喜欢的玩具作为强化物，以强化物来改变行为，并将增强方式由连续增强改为不固定比例的增强方式，逐渐延长等待的时间。

（4）下达小哲能配合的活动任务，开展符合其能力、兴趣与需求的课程或活动，如使用其喜欢的音乐律动、运动等活动进行导课，激发其参与课堂活动的动机。再者，提供多种选择学习内容和活动的机会，改变课堂活动过程中的互动方式，如果抗拒，则设置合理的逃避方式，例如，可通过洗手、帮老师拿教具等方式不参与课堂教学活动。

### （二）基于标的行为正强化功能的干预策略

小哲无法有效沟通是产生行为问题的重要原因，其沟通技能的缺乏导致了其不能理解规则和指令，也促使其以标的行为作为有效的沟通方式，以不恰当的方式表达个人需求。训练其用恰当的方式进行沟通，能有效减少标的行为的发生，提高个体生活品质。

（1）小哲只有少量口语，故需辅以手势等方式促进沟通过程中的理解与表达。首先，罗列出其常处的情境中所涉及的词汇、短语、指令、要求等内容。其次，创设情境或在自然情境中进行示范和讲解，或将其熟悉的事物编成有节奏的歌谣或口诀。最后，进行语言的仿说训练并引导应用。

（2）小哲用推开、哭叫等不恰当的方式表示拒绝，班主任则用差别强化教导其说出"不要"等恰当的方式表达；可以提供给小哲选择的机会，训练其用恰当方式表达拒绝时，提供其参与或说出"不要"的选择权；如果说出"不要"，则允许其逃避。也可以采用多种特殊教育策略进行教学，如直接教学、行为演练、互惠性互动活动、社交故事等方式。

（3）激发沟通的动机，设置其满足自身需求的"障碍"，增加小哲沟通的意愿；尤其是在自然情境中，通过游戏、玩具及兴趣活动，创造机会引发与他人沟通互动。

（4）进行社会功能的沟通：社交技能相关教学内容与活动及情境结合，设计的教学策略应符合自然情境，尽可能让小哲在真实、自然情境中去沟通互动，常在休闲活动中或游戏中进行沟通互动技巧的训练。先观察小哲与同学间潜在的同伴社会互动关系，再通过休闲活动课、课间活动等引导他们进行搭积木、打麻将、玩篮球等游戏活动。

### （三）基于标的行为感觉刺激与感觉调整功能的干预策略

（1）小哲易焦虑，故明确作息时间表并做好活动转化的预告，使得小哲能理解不同时间、情境进行学习或游戏的方式或规则。当觉察到他出现不良情绪时，采取反应中断策略，通过言语提示来促进小哲的身心放松，当发现小哲出现愤怒的先兆，则通过数数"1、2、3……10"来缓解情绪，或通过刺激转换以转移其注意力。

（2）小哲具有一定的自我控制能力后，需进行耐受力训练，包括延长时间、增加作业难度、做错事情给予批评等。例如，小哲已经会说"不要"来表达拒绝，教师可以让其坚持一下继续完成任务。一般先在其喜欢的休闲活动中进行训练，待其能管理好自己的情绪和行为后，再迁移到其一般活动甚至不喜欢的活动中。

（3）刺激转换以转移注意力，当其沉迷于自己的玩具或自我刺激中时，班主任则需通过突然的外加刺激来转换其注意力，如，对学生说："听，老师在说……""看，图片上是……"如果其拒绝改变，则要仔细观察其行为，寻找行为的间隙，在间隙中提供其他刺激。

## 四、实施行为支持效果评鉴

积极行为支持的效果评鉴包括问题行为的减少、正向行为的增加、过程性评鉴和其他成效。

### （一）行为方面的改善

发展性障碍学生问题行为干预成效在行为方面的改善主要体现在两个方

面：一方面是问题行为的消除或减少，包括行为发生的频率降低、行为持续时间缩短、行为强度减弱等。另一方面是正向行为的习得或增加。如经过干预后，小哲因抗拒参与集体活动所产生的发脾气行为和因焦虑等不良生理状态产生的发脾气行为次数显著减少到平均每天少于 1 次，持续时间也缩短至 3 分钟以内，行为强度也大大减弱，皮肤极少出现红肿、出血等状况。

增进了功能性沟通技能，在日常活动或课程活动中主动沟通的意图提升，能用口语表达需求，仿说他人的话语，其较熟悉的话题如年龄、性别、学校等个人基本信息能独立进行准确的回答，增加了与同学正向互动的次数和内容，身体不适时能够向他人求助。

正向行为的增加，教师一致认为小哲参与课程活动的动机和主动性有所提高，能独立或在提示下完成教师所布置的任务；兴趣活动增多，喜欢玩磁力片积木、涂色、听音乐和打篮球；课间或休闲活动时会和同学一起跳舞、踩平衡车和玩麻将配对游戏等；当其他同学找他一起进行休闲活动时，小哲会积极参与或被动参与，但较少出现拒绝的情况，初步建立了班级内同伴间的社会关系。

## （二）自我控制能力有所提高

发展性障碍学生通过干预可以更好地理解和管理自己的情绪，减少焦虑、愤怒等负面情绪，更好地管理自己的行为，培养自我控制和自律能力。小哲的自我控制能力提升，已能自主归置玩具、能起立问好、能执行常用指令等。

## （三）过程性评鉴

使用专门问卷和评量表对行为干预的整个过程实施评鉴，评鉴结果需要表明行为干预过程中是否能完整且正确地实施计划，在团队协作过程中家长、教师和专业康复人员是否能够保持有效沟通，合作时能否秉持一致性原则，策略能否融入于学生个体的生活作息中实施等，以及通过行为干预是否能够让学生在行为处理、学习态度和方法、沟通技能和问题解决能力等方面有进步等。

# 第三章

# 赋能发展性障碍学生的班级管理策略

## 案例导学

董老师在某培智类学校担任班主任已经 11 年了（2012—2023），回顾她这些年来的班主任学年工作计划和工作总结，会发现随着班级管理策略的逐渐完善，班级管理的效果越来越好。

2012 学年是董老师担任某培智类学校班主任的第一年，在学期初她就洋洋洒洒写了 6000 多字的班主任工作计划，详细地列举了班级管理理念、学生现状分析、班级管理目标、日常作息安排、班级常规建立、班级环境布置、班级安全管理等十多个方面，上百条内容。每一条内容都详尽地说明了工作内容和主要事项。比如，在日常作息时间的安排方面，她写道："1. 每天早晨 8：00 之前到班级，利用课前时间指导值日学生学习如何进行点名和一天的课程预告。2. 课间做到在班级内和学生交流，了解学生情况，指导学生在课间做正常活动。3. 升旗、课间操时，督促本班学生到操场排队，认真做体操，并给学生做表率。课间操结束后组织学生进教室，保证进教学楼的秩序。4. 每天中午 12：05 组织学生准备午间活动，提醒学生正确的用餐习惯，培养学生的用餐礼仪，训练学生清洗饭盒。5. 每天中午 12：50，引导学生到午休室进行午睡。6. 下午起床后，指导学生刷牙，洗脸，吃午点，准备下午课程。7. 下午 15：50 放学时，到班级组织学生排队，整理班级卫生，带领学生到一楼大厅等待家长接回。"一个学年过去了，学生的进步明显，但并未达到理想的状态。董老师在学年总结时潸然泪下，这一年对她来说，实在太难了。她发现自己竭尽全力去管理班级，却总是顾此失彼，各种琐碎的事务让她分身乏术。尤其是学生们层出不穷的行为问题，更是让她焦头烂额。

转眼间，十年过去了。在 2022 学年的班主任工作计划中，董老师已经对班级管理进行了系统化、整体化的设计。以班级文化建设为主要载体，以班级活动为核心，形成了班级管理策略，并根据发展性障碍学生的行为表现情况，建立了全班性的积极行为支持三级预防机制。又一个学年过去了，学生们的进步达到了预期的目标，整个班级初步形成了团体动力，家校形成了共育联盟。董老师在班级管理上也游刃有余，有了更多的时间去学习、教研和照顾自己的家庭。

## 本章导读

在班主任实践中，管理好一个由发展性障碍学生组成或含有发展性障碍学生的班级是非常具有挑战性的。班主任需要秉承先进的班级管理理念，掌握科学的班级管理方法，将理论与实践相结合，并在实践中积极开展科学研究。本章内容侧重于在班主任工作中，以形成具有班级团体动力的班集体，促进学生个体与班级团体共同发展为目的，采取的系统化的班级管理策略，归纳出六个方面：目标管理、教室物理环境管理、班级社会环境管理、班级制度管理、班级活动管理和班级支持系统管理。

## 第一节　赋能发展性障碍学生的目标管理

在班主任的实践中，应平衡关注班级整体和每个学生个体，通过精准的目标管理，能够促进学生个体和班级整体的共同发展。

### 一、班级整体目标与学生个体目标的关系

#### （一）班级整体目标与学生个体目标的关联性

（1）班级整体目标与学生个体目标是相互关联、相互影响的。班级整体目标是全体师生共同奋斗的方向，制定的目标应能获得全体成员的认可，体现出班级的共同信念和价值，能够培养集体荣誉感和增强集体凝聚力。班级整体目标为学生个体发展目标提供了目标框架和范围，能引导和规范班级全体同学的行为，使全班同学的发展目标达到一致，进而有效地指导班级的发展。而学生个人目标是根据个人的具体情况来制定的，更具有针对性，只有实现了班级内每个学生的个体目标，班级整体目标才能得到更好地实现。当班级整体目标与学生个体目标相一致时，会激发学生的内在动力，使他们更加积极地参与到学习和班级活动中，从而提升他们的个人能力和班级的整体素质[①]。

（2）班主任在推动班级发展的过程中，需要充分利用班级整体目标的制定、实施和评估，引导学生逐渐将班级整体目标转化为自己的内在需求，从初步适应到完全融入班级群体，形成兼具个性化和社会化特征的自我。也要让学生明白他们的个人发展与班级的整体进步是紧密相连的，鼓励他们为实现个人目标而努力的同时，激发学生的团队协作精神。

（3）为了确保班级目标和个体目标之间的一致性和协调性，从而更好地推

---

① 吴小海、李桂芝：《班主任九项技能训练》，首都师范大学出版社，2007，第52—56页。

动班级的整体进展和每个学生的个人成长。通常先设置班级整体目标，然后再根据整体目标来设置学生的个体目标。班级整体目标确立了班级的方向和主要任务，通常涵盖了学习、行为规范、团队精神等方面。在班级整体目标的基础上，根据每个学生的特点和需求来设定个体目标。这有助于确保每个学生的成长和发展都符合班级的整体方向，同时又兼顾个人的差异化需求。

### （二）设置班级整体目标的依据和原则

（1）设置班级整体目标。在班主任实践中，一般会以下几个方面作为依据：①要考虑班级整体的实际情况，包括考虑班级的氛围和文化建设，识别并解决阻碍班级发展的问题等；②兼顾班级内每个学生的学习和发展需求，同时要强调班级育人功能的整体性、系统性、协同性、具体性和反馈矫正，以推动班级育人方式的不断优化；③设定的目标应该符合教育部门的标准和课程要求，强调立德树人、五育并举，发展学生的核心素养，促进学生的个性化发展；④班主任要有自己的教育理念，明确自己所期望的理想班级是什么样的。同时，家长和学校的期望也会影响班级目标的设定。

（2）班级整体目标不是日常管理工作的总结，也并非一份愿望清单，而是班主任对班级管理的全面思考与谋划，是班级发展的方向指引。构建班级管理目标，要确定在班主任实践中需要关注的焦点，分析目标受众，识别班级内不同学生的需求和特点，确保目标与班级的整体愿景和学生的长远需求相一致。

（3）班级整体目标凝聚着全班同学共同的意志。我们要以班级整体为出发点，努力打造一支具有集体凝聚力和文化创造力的团队，形成充满活力的群体文化和精神风貌，使得班级成为每个学生个体生命得以展开和发展的场所，成为促进全体学生更好发展的成长空间，同时也是每位学生与他人、与环境充分互动的交流空间。

（4）确保目标的可实现性。一是根据学校和班级的具体资源和支持情况。

二是我们要确保这个目标既具有挑战性，又能够通过全班师生的共同努力来达成。

### （三）设置学生个体目标的依据和原则

设置发展性障碍学生个体目标是一个多方面综合考虑的过程，需要与心理医生、康复师等专业人员协作，与家长紧密合作，共同确定并支持学生的个体目标。

（1）根据学生的实际情况和班级动态。除了以学生个体需求为导向深入了解学生的具体障碍类型和程度，兴趣、优势和劣势，以及家庭背景，确保目标符合学生的个人特点和需求；还需要考虑班级的整体动态（班级的学习氛围、班级目标等）。这样设定的学生个体目标更符合班级的整体环境，也有助于提高班级管理的整体效率和协同性。

（2）在设定学生个体目标时，需要平衡学生的个人发展和班级的整体目标，确保每个学生的目标对班级的整体目标有所贡献。学生个体目标还应该融入团队协作的目标，帮助他们了解自己在班级中的角色，并学习如何与他人协作。

（3）在设置目标时，要了解学生的家庭背景和社交环境，考虑到学校和家庭的实际和资源情况，合理设置目标，确保目标的可实现性。要征询相关领域的专家可以提供针对学生的个体化建议和支持，还需要遵循相关的教育法律和政策，确保学生的合法权益得到保障。

## 二、班级整体目标的管理

### （一）制定班级整体目标的方法和步骤

制定班级整体目标是一个策略性的过程，运用系统思维进行班级整体规划，根据班级实际情况编制班级发展的里程碑计划，进而形成多层级目标体系。以下是制定班级整体目标的方法和步骤：

（1）班主任通过调查和观察，评估班级现状。了解班级的整体情况，包括班级中有哪些障碍类型和障碍程度的学生，和每个学生的年龄、能力、学习水平、兴趣、需求，以及教师的资源和能力，班级的特殊情况和挑战等。设立一个与班级教育理念相一致的长远愿景，确定班级整体目标的大的方向。例如，增强班级的团队合作精神，或者改善班级的行为规范。

（2）基于以上分析，班主任与学生和家长讨论，制定可实现、时限明确的长期目标。撰写班级整体长期目标需要考虑以下几点要求：①目标应该尽可能明确具体，这样可以清晰地知道要达成的目标是什么，例如，"提高学生的社交能力"可进一步调整为"提高学生轮流等待的能力"。②目标应该是实际可达成的，如果目标设置得过高，可能会导致学生感到沮丧。但同时，目标也不能设置得过低，应该对学生有一定的挑战性。③目标应该与班级发展和学生发展的实际需求相对应。④目标应该有一个明确的时间框架。这可以帮助学生更好地规划和调整学习活动，鼓励学生更加积极地工作，以在规定的时间内达成目标。

（3）根据长期目标设立年度里程碑，这个里程碑应该是在通往长期目标的路上的一个关键步骤。在每个里程碑的基础上，设定更具体的中期目标。一个好的中期目标应该是可以衡量的，利于我们可以跟踪目标的进展，并知道何时达成了目标。

（4）将中期目标进一步细分为若干个短期目标。在设定短期目标时，一种常见的方法是使用SMART原则，即：明确的（Specific）、可度量的（Measurable）、可达到的（Achievable）、相关的（Relevant）、有时间限制的（Time-bound）。即短期目标应该具体明确和可度量，能够清楚地表达所希望达成的结果，也能够清楚地知道目标是否已经达成；短期目标应该设定一个明确的期限，并能够在设定的时间范围内实现的；短期目标是实现中期目标的具体步骤，应该与中长期目标或整体目标紧密相关，如果班级的长期目标是提高班级团体动力，那么提高学生在班级中为他人服务的能力就是一个相关的短期目标。另外，不切实际的目标可能会导致学生的挫败感和失去动力，但也应有一定的挑战性，以激发学生的努力和进步。

通过这样的流程，确保了班级整体目标的合理性和有效性，并能够持续推动班级朝着共同的愿景发展。并且在整个过程中，班主任需要清晰地向学生传达目标的重要性，让他们理解目标的意义以及自己与班级整体目标的关联。

### （二）制定和执行班级整体目标的实施计划

在班级管理和教育过程中，制订和执行目标实施计划将最大限度地确保设定的班级目标得以实现。也将有助于提升整个班级的协作效率，形成一个更为高效、有序的学习环境。

（1）要进行长短期并行规划。根据班级实际情况和长期目标，设立可行的长期发展规划，作为班级管理的战略导向。对于每个短期目标，需要设定明确、具体的实施计划，需涵盖任务的具体内容、执行策略、责任人以及预期的启动和结束日期。还可能涉及与其他教师、学生甚至家长的紧密合作，以确保目标的顺利实现。

（2）在确保班级目标达成的过程中，进行持续的跟踪与监控。需要我们收集与目标相关的各类数据（如出勤率、行为评价等），以便更准确地把握目标的实施情况与效果。时间管理在这个过程中也扮演着关键的角色，我们需要为各个阶段明确设定时间框架，这不仅可以帮助我们强化工作的重点，设定的截止日期也能形成有效的推动力，以保证各项任务能够有序地进行。

（3）针对目标实施的各个阶段或在某一特定阶段结束后，我们需要进行全面评估。这个评估不仅覆盖了目标的达成情况，也会审视实施计划的有效性。

根据评估结果，我们需要作出相应的调整，不论是对目标本身的设定，还是对实施策略的修改，以确保每一步的行动都能够有效地推动最终目标的实现。

## 三、学生个体目标的管理

### （一）制定学生个体目标的方法和技术

班级中每个学生的起点、兴趣爱好、个性特点和认知水平都存在着差异性，学生个体目标的制定是目标管理的重要组成部分，需要根据每个学生自身的现有水平，差异化地制定学生个体发展目标。

（1）从学生个体角度出发，以提高个体生命质量为核心，与学生的个人兴趣、需求和生涯规划等方面保持一致，通过观察和交流了解学生的学习基础、兴趣爱好、需求和潜力。与专业团队合作，评估学生在自主学习、自我调节、自我决定和社交情感方面的具体需求和能力，以确定目标类型。发展性障碍学生的发展同样符合事物变化发展的基本规律，他们会随着年级升高、环境变化、经验积累等因素不断产生转变，在适应生活、适应学习的过程中产生新的问题，这些问题都可以作为拟订学生个人目标的重要参考内容。进而形成符合学生个体发展需求的纵向目标体系，为学生的未来发展奠定基础。

（2）在班级整体目标的框架内，选择一个或多个发展方向制定相应的长期目标，并确保目标的明确性、有效性、适用性和实现性。一项长期目标针对某一具体领域或技能，例如，为了增强学生的自主学习能力，可以设定目标为"学生能够自主完成三个基本日常任务"。以确保所有相关方均能理解，避免歧义和误解。

（3）将长期目标分解为中期和短期目标。短期目标一般由一个具体的行为以及行为所完成的结果或内容构成，在叙写目标时应遵循SMART原则：目标要具体，要让学生清晰明了自己想要实现的目标到底是什么，以及让学生明白如何去设定这些目标；目标要可量化，让学生明确知道什么时候，怎样实现；目标是可实现的，在学生的最近发展区，经过努力，跳一跳够得着；目标具有现实可操作性；目标具有时间限制，要为目标设置期限，实现目标的期限要清晰。

### （二）制订和执行学生个体目标实施计划

制订与执行学生个体目标的实施计划，需要采取一个多层次、多维度的方案。需要与学生的能力和资源相匹配，还需要充分利用多感官教学工具和方法，并与家庭、专业人士紧密合作，确保其切实可行。

（1）目标设定应关注最终成果和过程中的努力与成长，通过具体的时间框架来监控进度，并确保与整体班级管理计划的一致性。在具体执行中，详细规划每个目标的实现步骤和方法，包括所需资源和时间安排。

（2）需要分析学生的能力和障碍，确定可能受益的具体辅助技术。考虑学生的物理和感觉需求，进行如座椅安排、灯光调节、减少噪声等必要的环境调整，并制定个人化学习策略和日程安排，创建一个结构清晰、可预测的学习日程，以及针对学生的需求，提供个人化的学习策略和教学方法。在视觉支持方面使用图片、符号、图表等形式，通过图解、视频、彩色印刷材料等增加视觉吸引力；在听觉支持方面设计多感官学习体验，采用听音频教材、朗读等，通过有声读物、音乐、口语互动等增强听觉体验；在触觉支持方面使用实物、模型等，通过实物操作、实地考察等增加触觉体验；考虑使用如语音合成软件、触摸屏等辅助技术。选择适合学生兴趣和障碍特点的学习内容，设计多样化的教学活动，允许学生自主选择。

（3）定期检查目标的进展，给予学生反馈和激励，适时调整目标，确保其符合学生的实际需求。设立正向激励机制，关注学生实现目标的过程和结果。

（4）与学生、家长和其他专业人士一同讨论适合学生的具体支持需求，明确教师、家长、学生及其他相关人员的角色和责任并保持良好的沟通协调，包括家庭参与和协同的具体方式，与家庭共享教学资源和方法，鼓励家庭参与学习过程，提供在家练习的支持。满足学生在班级中的社交和情感需求，鼓励同伴支持和合作学习。

## 第二节　赋能发展性障碍学生的教室物理环境管理

赋能发展性障碍学生的教室物理环境管理，包括创设支持发展性障碍学生的教室物理环境，通过多元的方式认识教室物理环境，并以常规生活、主题学习等为研究内容，使用教室物理环境。

### 一、创设教室物理环境

#### （一）教室物理环境的空间规划

创设教室物理环境在规划时要考虑如何发挥教室的功能，每寸空间必须充分利用，进行专门职能的空间规划。

（1）根据教室空间的实际大小、学生人数实地规划，绘制总体规划图。标记门、窗户、柜子等空间位置，把学生的活动范围详细地列出来，再把教室里活动区的位置清楚地画在平面图上。教室物理空间可分为集体学习区、兴趣活动区、教学资源区、生活用品区、个人专属区和教师工作区等，合理规划教室的空间，在教室内划分功能性活动区。遵循安全、无障碍、弹性、开放、功能性、兴趣化、教师可以在一定距离内进行监督等原则，空间越大则可供规划的内容越多，若条件许可，除起码的空间规划外还可以扩大个别补救空间（如专设图书、游戏等空间）。

第一，应考虑教学活动的需要，设置集体学习区。集体学习区要考虑座位的安排，空间最大化留给学生活动等。

第二，兴趣活动区考虑学生需要什么类型的区域，可以设置美工区、阅读区、益智区等各个区域活动空间，根据活动的类别和学生的需求确定各个区域的大小和位置。在兴趣活动区摆放跳绳、乒乓球拍、棋等简单的运动或游戏物品。

第三，教学资源区主要指一些教具、教材、资料的放置地，包括讲台、电脑、教具、资料等，常设在教室前面或两侧墙边，由柜子、桌椅或架子组成。

第四，生活用品区，包括放置学生的水杯、餐具、书包等物品，以及抹布、扫把、垃圾桶等清洁用具。

第五，个人专属区，在班级里为每个学生设置一个"专属格子空间"，格子空间分为三个区域：生活物品区、学习物品区、喜爱物品区。可在教室的墙角放置一张桌子和椅子，允许他们在课间休息时间看书。

第六，教师工作区是学生在作业、自习、休闲时供教师处理班级事务的空间。

（2）确定了教室里的活动区位置后，商讨如何分隔各个活动区。要先考虑活动线安排合理，确保学生在进行活动时行走路径要通畅，避免学生在活动过程中阻碍他人出入，将干扰降到最低。尤其是上课时，组织课堂教学活动，如果存在请学生离开座位去其他地方做任务的情况，要考虑到方便进出，不会过多地移动桌椅或占用时间过长。然后根据实际情况，选用以下分隔方法：第一种是固定分隔，利用不会移走或者不可拆除的设施，分隔不同的活动区域，设施有室内的墙、层架、木柜等。第二种是活动分隔，利用可移走或者可拆除的设施，分隔不同的活动区域，设施有可以折叠的屏风、隔板、桌椅等。第三种是竖立式分隔，利用立体的设施、可竖起的隔板，分隔不同的活动区域。第四种是地面式分隔，利用铺设的设施、可通过铺地毯或者贴地线来分隔不同的活动区域。此外，还可以通过留有视觉线索来引导学生辨别不同的区域。

（3）在现有的多数教室内，并没有足够的空间进行分区，即使教室空间被划分为具有多个功能区域，有些空间也是高度重复利用，教室空间的规划，利用时需灵活掌握，要在有限的空间里做文章，发挥多项功能。可以进行一区多用，在空间分隔上不宜过于死板，要能及时、方便、快速地组合空间。另外，教室空间规划可有多种模式，要基于现实条件，改变教室物理环境，考虑的内容包括改变位置、属性或模样等，以增加安全性、弹性和新颖性。

（4）教学活动要想顺利开展，学生的注意力是必要的因素，凌乱的空间规划和物品堆积会分散学生的注意力。因此，教室空间在布置时要尽量减少环境的刺激，以减少学生分心或受干扰的情况。教室内面向黑板方向的布置最好不要太杂乱，以免分散学生的注意力，尤其是对于一些孤独症谱系障碍学生而言，当他们看到自己熟悉或感兴趣的事物时会去关注这些事物，且很难转移注意力到其他事物上。学生背对的那面墙可以作为教室布置的重点区域，用来展示学生的作品，以及本月的学习主题或注意事项。

**（二）教室物理环境的材料放置**

（1）在完成活动分区之后，应详细规划不同空间的学习材料的数量和放置要求。适量投放教室内物品，避免堆砌杂乱，确保空间不显得拥挤。教室物品应区分"需要"和"不需要"，并合理安排物品取放。学生使用频率最高的工具和材料摆在容易取放的地方，可以征询学生的意见和建议摆放物品，也可以为了引发学生的沟通动机而摆放物品。随着活动的深入，应及时补充、丰富和更新活动材料。

（2）空间标记与视觉提示设计。每种材料均要根据不同学生的能力水平、特点和学习需求来设计视觉提示，比如，能力较弱的学生常使用动物、水果、实物、家庭人物、常见建筑物、熟悉的动画片角色的照片来标记；能力一般的学生可以采取数字、简单的汉字、材料本身的图示和文字等方式标记；能力较好的学生可以采用汉字、词语、影子、形状等方式标记。

（3）个别工作区的干扰防控。当学生在个别活动时，有的学生会经常去拿别人的东西，或者被其他学生拿走物品，为了让学生能够在一定时间里，专心地完成个人活动，可以设置特定的个别工作区，并使用盘子或收纳筐等工具放置操作材料，有助于更好地维护秩序和提高专注度。

### （三）教室物理环境的多元功能

适应性设计专注于满足每个学生的需求，特别是针对发展性障碍学生，创建有序、支持和鼓励性的学习环境，考虑多样的空间安排，避免学生感到无聊和厌倦。

（1）考虑学生的学习类型和需求，提供专门的学习或活动材料，并明确标记学生的个人物品，减少挫折和冲突，调整环境以促进学习和干预行为问题。利用日程表规划活动，保障实际可行性，任何变化及时通知学生，增强参与感。

（2）设计教室布局、家具和设备，关注环境的安全、舒适和美观。美化学习环境，教室物理环境要给学生以美的感受、美的表达，干净、整洁、明亮是基本要求，合理运用色彩、灯光和装饰物，光线适中，自然光、灯光强度合理。对所有教学材料进行分类和归档，确保整个教室的运作顺利且高效。通过教室空间的布置来完成班级管理的某些环节（如常规、奖励和评比等展示）。

（3）班级的文化对于培养学生良好的文化品格有着重要的意义。教室物理环境建设，要能够关注班级文化建设、注重每个学生的个性成长，对学生形成有效的教育指导。对空间进行精心的情境化、趣味化细节设计，营造一份有趣而温馨的班级文化，为此可制作班级文化形象物品，用可爱形象设计班级logo。可利用墙角设置班级文化标识自然角，此处常放置班花、班级宠物等，学生可自己栽培植物，进行班级文化建设的目标管理。还可设置形象的个人风采展示墙，贴上学生参与活动的照片。

总而言之，教室布置应该随着学生的年龄增长、心理发展、季节变化而更换。有变化的教室布置会让学生产生探究的愿望，增加吸引力。

## 二、认识教室物理环境

### （一）认识教室物理环境的空间功能

发展性障碍学生可以根据教室物理的空间功能不同对教室物理环境进行认识，将其分为具有明显标识的功能区域、开放流动的空间区域和私密的专属空间区域。对于有明显标识的功能区域，班主任可以通过指导学生粘贴区域图案标签，带领学生体验活动区域，并对区域功能进行解释，使得学生对区域功能有较为清晰的认知。例如，将水杯的照片贴在水杯区，并告知"这是水杯区，可以在这里拿水杯喝水"；将手工材料的照片贴到美工区，并告知"这是美工区，可以画画和玩黏土"。对于界限较为模糊的开放流动的空间区域，空间的包容性很强。例如，教室中间的空间，集体教学时就是学习区，室内做早操时就是活动区，午餐午点时就是饮食区，铺上床铺时就是休息区。班主任结合作息时间表，在相应活动时进行说明，也可以更换区域标识，告诉学生先前在同一位置的活动已经结束，现在由另一项活动取代。在教室物理环境中创造一个让学生藏起来的空间或可以藏东西的私密专属空间，可以接纳学生的各种情绪，缓解在集体生活中产生的焦虑和不安的情绪，让学生在集体环境中感到信任和安全。例如，小琳心情不佳时会躲在课桌下面，小博有时会在课间躺在课桌下面自己玩耍。对他们来说，这个小地方很安全，可以保护自己。因此，班主任允许学生拥有一段不被任何人打扰的和自己静处的时间，也允许学生拥有陪伴自己的小物件。

### （二）认识教室物理环境的活动功能

（1）以活动为依据，确定固定活动区范围，制定活动要求和建立活动模式，学生熟悉活动模式后，最终建立适当的常规。班主任和学生一起参与班级桌面游戏场地的设计和建设，将学生的合理想法运用在实践中。

（2）在分组活动时，在同一个时间段里，相同活动会安排在不同区域进行。在这些活动区的标识上，可以附加代表本次活动的图形或不同颜色的贴纸，方便区分不同的组别。

### （三）认识教室物理环境的多种形式

（1）设定活动区的标识。每个活动区都计划摆放一个标识，提示学生各个活动区的活动内容，标识内容必须详细清楚，按照实施情况和需要展示以下资料：活动区的摆设、活动区的位置、活动区进行的活动、进行活动所需要的用具、进行活动的相关人物。

（2）运用拍照片、拍视频和制作班级地图等可视化方法。采用拍摄视频的方式，先让学生们熟悉并会使用手机的录像功能，然后在不影响教学活动的前提下拍摄学生们在不同功能区域活动的视频和照片，最后进行视频和照片的分享与回顾。学生可以用手机将班级中重要的事物拍照记录下来，后期选出在班里拍摄的3张最喜欢、最感兴趣的照片（运用刺激偏好评量的技术选择图片）。

（3）开展发现班级之旅的活动，向学生主动发出参观班级的邀请，每次只带一名学生，时间不限。班主任陪同学生或让学生做主导参观班级环境，倾听学生对班级环境的介绍，并放手让学生使用手机拍下自己喜欢的地方或者事物，以及录制参观过程。学生对班级区域的环境进行探索，班主任将选择权和主动权交给学生，一起参观班级里最想参观的地方，及时询问学生对照片或视频的解释。

（4）采用绘画的方式。第一步，组织绘画活动，让学生以"我的班级"或"我喜欢的班级物品 / 区域"为主题进行自由绘画。因为学生能力的水平不同，绘画作品的方式也不同，呈现出直接绘画、涂色、拼图等多种方式。第二步，采用半结构方式访谈，结合学生的绘画作品进行。第三步，当学生画完后，邀请学生分享他的作品，说明画的含义。制作自己的图书，同时促使学生积极主动地描绘出属于他们自己的生活画面。

## 三、使用教室物理环境

### （一）作息时间表的使用

作息时间表通常设计两种时间表，一种是班级整体的作息时间表，另一种是学生个人的时间表。集体作息时间表包括学生到校时间、学习时间、休息时间、吃饭时间、放学时间等。学生个人的时间表应该具备一定的灵活性，能够随着学生的发展和需求进行调整和更新，以确保其实用性和有效性。每个发展性障碍学生的需求和能力不同，因此可以根据学生的特点和需要制定个性化的时间表，以确保最大限度的适应性和效果。

（1）可以将时间表制作成可互动的形式，使用可移动的卡片或数字，帮助学生更加积极地参与和了解每日的活动安排。

（2）结合视觉辅助工具，借助图片、图示和文字等工具，还可以探索使用计时器、闹钟或其他视觉辅助工具来提醒学生转换活动，帮助他们更好地理解时间概念。

（3）建立对各项活动的预期，提示情景转换的线索，同时也能发展时间概念以及提升预测转变的能力，学生抽取该时段的卡片，能够了解主要活动内容、时间长短和地点，经过教师教导后可以独立学习。

（4）对于孤独症谱系障碍学生或其他有特殊需求的学生，时间表可以更加详细和具体，包含更多的提示和支持信息。

总而言之，通过作息时间表的使用，可以逐渐培养学生独立学习和自主时间管理的能力，让他们能够更好地参与日常活动和规划自己的时间，更好地适应、参与和预测每天、每周的活动。

### （二）教室物理环境的教育功能

教室物理环境的管理不仅有助于发展性障碍学生的学习和成长，还能培养他们的自主性和责任感，它能够为学生的身心健康发展创造有利条件，成为将教育无形融合的关键手段。

（1）建构主义理论认为学生作为学习者，是积极寻求意义的有机体，知识是学生在试图理解其经验的意义时构建出来的[1]。因此，在班主任实践中，倡导让学生自己进行操作或进行互动，从而主动参与学习。因此，创设的教室物理环境要为学生的学习提供便利，尤其是学生进行具有一定认知难度的学习项目或活动时，教室物理环境能够为学生的学习搭建"脚手架"，为学生提供大量的学习机会。将有限的教室空间转变为具有丰富教育功能的"百变空间"，激发学生主动学习动机和兴趣。学生可以自主安排时间，利用可用的材料自由探索和创造，在班里进行沉浸式探究和学习。

（2）素材使学生能够在最大条件下独立参与活动，可将素材进行最佳层次的安排。具体操作方式包括：①提供多种选择的机会，结合学生的兴趣爱好和能力现况，设计让学生有多种选择机会的活动。放置大量可以动手操作的材料。班级内物品的摆放安排有序，适合学生操作使用，便于学生收拾整理。

---

① 陈琦、刘儒德主编《当代教育心理学（第2版）》，北京师范大学出版社，2007，第132页。

②如果学生在使用玩具、学具等素材的时候，目前所具备的技能无法做出恰当的反应，那么就要调整素材到学生能够有所反应。例如，学生在看绘本时翻书有困难，可以在每一页的页脚粘上一个小小的胶带，使得每一页容易区分，也容易翻页；学生抓握笔不稳，可以借助握笔器来帮助学生执笔；如果学生对活动不感兴趣或关注不够，可以采用将材料放大、颜色更鲜明等方式吸引学生的注意力和兴趣。③改变物理环境，使得环境能够提升、支持学生的活动参与和有序学习。例如，小宏同学的座位安排在前排最靠近老师的地方，他的课桌贴上了他的照片，便于他一眼就认出自己的座位，在教室找到熟悉的感觉。如果学生因为身体上的限制，进行某些活动有困难，则通过辅助手段或提供辅助工具，帮助学生克服困难，参与活动。

（3）教室里的图案和教具要具有教育和示范作用，班级活动展示墙以图和照片为主，设计应增强互动性和参与性，便于学生理解和相互讨论。例如，在班级内布置个人风采展示墙展示成长的足迹，让学生张贴自己的未来人生规划，并随时进行调整。

（4）让学生参与布置教室物理环境，是充分发挥教室物理环境的重要方式。通过值日生任务图的制作，教室物品的摆放由学生负责，人人有责，通过值日生的日常维护进行物品整洁的保养。还可以开展整理能力的训练或竞赛，以此来巩固和提高学生的整理能力。

### （三）教室物理环境是多元应用

教室物理环境不仅需要学生们共同维护，还要班主任引导和鼓励学生们进行多元应用，当学生在使用教室物理环境时，都会形成微小的经验，凝聚提炼这些经验就会形成教室物理环境多元应用的机制。

（1）使用教室物理环境。支持学生在区域中展开丰富的社交活动，在开放的功能空间投放丰富的材料，不仅可以激发学生对材料的探索兴趣，而且有利于学生更好地和他人互动，加深对集体成员的了解。

（2）发挥好黑板报的宣传作用。黑板报中的内容是教室物理环境中非常重要的教育元素。班主任将学生拍的照片、视频和绘画作品进行筛选和汇总，并结合日常对学生行为的观察，展开小组讨论，主要讨论的主题有"我喜欢的区域""我喜欢的活动"和"我们班的规则"等。

（3）引导物品正确归位。学生在结束活动时，要将玩具、教具等物品收拾好并归位。但是，有的学生不知道该放回哪个位置，则可以在架子或相应位置或装物品的容器上贴上图片或符号，学生通过配对的方式完成收拾归位工作。

（4）教室物理环境可以传递出"这是一个我们集体生活和学习的地方"的信息，向学生传递属于集体的信息。教室是学生学习和活动的室内空间，是重要的班级场所，可以潜移默化地向学生传递自己属于集体一员的信息，加深对班级的认同。

（5）将学生的个人作品与教室环境产生链接。学生作品在班级展示，可以装饰教室环境，还可以让学生感受到自己被集体认可和接纳，又能促进学生班级归属感的进一步提升。班主任还可以在班级里展示学生的个人作品，引导学生建立"我的画挂在这里，每个人都能看到我的作品"的意识。

## 第三节　赋能发展性障碍学生的班级社会环境管理

班级社会环境指的是在班级内部形成的一种社交和文化氛围。良好的班级社会环境，特别是一个包容、灵活和支持的环境，可以促进所有学生的学习、社交和情感发展，增强彼此之间的理解和同理心[1]。

---

[1]　谭英海：《班级组织建设的建构主义诠释》，《当代教育科学》2005 年第 12 期。

## 一、班级整体层面的班级社会环境管理

班级作为学生们学习和生活的空间，要发挥班级环境的社会化功能、个性化功能、选择性功能和归属功能。

### （一）班级精神文化与关系建设

（1）建设班级环境的精神文化，共同信念和共同价值起着关键作用。特别是在赋能发展性障碍学生的班级中，班级整体层面的班级社会环境管理，班主任首先需要考虑如何引导学生的价值观，从而培养班集体的共同信念和共同价值[①]。①在管理发展性障碍学生的班级中，"接纳与尊重"是核心价值理念的一部分。这一理念要求班主任，对每个学生的个体特点和独特性进行尊重和理解，承认并接纳每个学生在学习能力、沟通技巧或社交行为方面的特别需求和差异，以及积极寻找并采取适当的方法来适应和支持这些差异，使每个学生都能更富同理心地与发展性障碍的学生相处。②发展性障碍学生可能会在学习、沟通和社交方面遇到特殊挑战，要在教育过程中培养他们的"积极心态和自信"，要了解每个学生的特定需求和挑战，找出他们的优点和潜力所在，通过个性化的教学策略，可以有针对性地帮助他们发挥优势。③关注并表扬学生的每一次小进步，让他们相信自己有能力克服困难。④对于发展性障碍学生来说，共同成长与协同合作尤为重要，同学间的互助和教师的持续指导形成强大的支持网络，为学生创造更多增进相互理解和促进共同学习的机会。

（2）班级是学生除了家庭以外，身处时间最长、给予影响最大的生态环境。一个学生在班级中形成的师生关系、同学关系，动态地反映了集体与个体、个体与个体、集体与环境的相互作用，为其日后建立社会关系打下了基

---

① 赵福江、师婧璇：《新时代理想班级建设的实践路径》，《中国教育学刊》2023 年第 3 期。

础[①]。一是构建相互信任和尊重的师生关系：①班主任应该信任学生，并相信他们具备完成学习任务的能力。这种信任可以激发学生的积极性和主动性，让他们对学习产生兴趣和动力。为了建立这种信任，班主任可以在自然情景中进行参与式观察，融入学生的日常生活，和他们一起进行游戏和活动。②班主任通过主动与学生沟通交流，观察他们在不同场合的表现和行为，以更好地了解学生的个性和需求，从而更有针对性地对其进行教学和指导。③班主任应该用明确的语言或行为来展现出对学生们的关心和支持，让学生感受到自己在班级中的重要性，从而增强他们对班主任的信任感。二是构建相互理解与互助共进的生生关系：①班主任要引导其他学生理解和接纳发展性障碍学生的特殊需要，可以通过小组活动和合作项目的方式促进全体学生的互动和合作，使他们能够互相支持和学习。②通过角色扮演和社交技能训练，帮助发展性障碍学生与同伴建立有效沟通和互动的能力。③通过设立学生伙伴制度，让有发展性障碍的学生与其他学生一同参与活动，增进相互了解。④通过调节学生个体行为和人际行为冲突，逐渐形成班级内良好的人际关系。

### （二）增强班级归属感和责任培养

发展性障碍学生对班级的归属感较难形成，班主任需要进行专门的活动设计，使得他们在班级环境中感受愉悦和被重视。

（1）发展性障碍学生对归属感具有特殊和强烈的需求。离开家庭的庇护进入学校集体生活对他们来说是一项重要挑战，这可能会引发他们的不安全感和焦虑。在班主任实践中，可以采取以下的方式促进学生获得归属感：①建立稳定和谐的集体关系，让学生真正地成为班级中不可或缺的一部分。②让他们在班级活动和决策中发挥作用，为学生在班级内增权赋能。例如，在确定班级活

---

① 张文京：《特殊教育班级管理与建设》，重庆大学出版社，2017，第51—52页。

动时，可以征求学生的意见，让他们感受到自己对集体的重要性。③通过伙伴制度或导师项目与一般学生建立稳定关系。④设计班级团体的游戏或活动，让学生之间有更多的亲密愉快的情感体验。

（2）培养发展性障碍学生的集体责任感。具体做法包括：①根据学生的能力水平设计并分配小组活动任务，让每个人都能找到适合自己的角色。一个擅长绘画的学生可以负责设计小组的标志，一个善于口头表达的学生可以作为小组发言人。②教师和学生共同创设班级环境，强化学生对自己在集体中的价值的认识。③责任感的培养还可以扩展到日常生活和家庭责任中，让学生在家庭中分担一些责任。

### （三）合作能力的培养

在一个多元化且互动频繁的班级环境中，要促进学生间的互动和合作，培养学生的合作能力。

（1）提供一个安全的交流互动空间。班主任可以组织同学们分享彼此的爱好和特长，特别是鼓励有发展性障碍的学生展示自己擅长的领域。通过共享和理解，有助于大家了解和掌握彼此的行为特点和沟通方式。强调个体差异与共同学习。每个学生，不论其发展水平如何，都有独特的兴趣和理解，他们的不同才能和兴趣正是学生间相互学习的前提。

（2）我们可以通过小组合作的引导与实践，提高学生的合作能力。例如，班主任可以组织学生共同观察植物生长，每个学生都有自己的角色：有的负责浇水，有的负责记录，共同观察和讨论。在这个过程中，发展性障碍学生可能需要更细致的指导，班主任可以通过角色扮演和模拟练习帮助他们理解分工和合作的重要性。

（3）建立兴趣活动小组。班主任设计需要合作完成的兴趣活动，鼓励学生在小组活动中承担活动任务。例如，有些学生绘画才能突出，可成立"绘画师联盟"；有些学生可能擅长音乐，可成立"音乐小组"。如此，不仅能让他们愿意与他人合作，还能引导他们进行艺术表达和发挥个人特长。

（4）班主任可以指导学生共同拟定并实施完整的活动项目。例如，在一个社区服务项目中，班主任可以引导发展性障碍学生共同合作设计宣传册、搭建宣传展板等，以体验合作的乐趣和成功感。

（5）班主任可以进行定期的反馈和举办分享会，鼓励学生分享合作经验，表扬合作成果，对发展性障碍学生的积极参与和贡献给予肯定。

## 二、同伴关系层面的班级社会环境管理

班级内培育学生建立良好的同伴关系，可以影响学生个体在班级中的行为、情感、学习和发展。班级社会环境应鼓励发展性障碍学生与同伴建立友谊和联系。

### （一）建立同伴互助的社交模式

在班主任实践中，建立发展性障碍学生同伴互助的社交模式是一项重要任务，可以借鉴同伴介入法的操作方式。

（1）选择与培训同伴。班主任要先明确选择同伴的标准和方法，引导发展性障碍学生选择合适的同伴，为之后的同伴互动做好铺垫。例如，可以根据同学的兴趣爱好、社交技能水平等信息来选择合适的同伴，再对同班同学进行培训，让他们成为"助学同伴"。这一过程可以了解与被帮助者的沟通方式（如口语、视觉提示、手势及理解内容的培训），以及如何发起、回应并延续话题的方式方法。

（2）建立同伴互动与支持机制。强调创建的互动环境具有支持性，让同伴之间能够自然地进行有效的社交互动，包括设计各种团队游戏和合作学习活

动，以及提供适当的监督和反馈，以确保互动是积极和有意义的。例如，安排助学伙伴与被帮助同学的座位相邻，并引导助学伙伴进行适当的社交互动示范，或者通过阅读绘本、团队游戏、乐高积木疗法等活动，增加他们的社交互动频次。提供积极的榜样，展示成功的例子，鼓励发展性障碍学生效仿并学习积极的行为。

（3）同伴关系的持续监测与调整。确保这些同伴关系能够持续发展并满足发展性障碍学生的需求，需要定期观察记录、调查研究，以了解互动效果并根据需要来调整同伴关系和互动机制，为双方形成积极的同伴关系打下良好的基础。

（4）在同伴辅导的过程中，班主任可以通过角色扮演、团体游戏、直接教学法等策略，帮助发展性障碍学生学会介绍自己和介绍自己的好朋友。

总体来说，通过同伴互助的社交模式，我们不仅可以间接发挥同伴的影响力，还可以提供多样化的互动机会，有效促进发展性障碍学生社交能力的提升。

### （二）促进学生社会情感的发展

在赋能发展性障碍学生的班级社会环境管理中，建立良好的同伴关系，能够促进学生社会情感方面的发展。

（1）建立良好的同伴关系可以使发展性障碍学生感受到被接纳和理解，从而增强他们的自信和自尊。对于发展性障碍学生来说，来自同伴的情感支持和鼓励非常重要，这可以帮助他们克服沟通障碍，提高自尊和自信。研究表明，有稳定的同伴关系的发展性障碍学生，同伴所提供的情感支持和安慰，有助于减轻他们的焦虑和孤独感。

（2）通过与同伴的互动和共享经历，发展性障碍学生可以学习更复杂的社交情感，如同情和共感，从而更好地理解他人的感受。好朋友之间的交往提供了沟通和协商的实际经验，有助于发展性障碍学生学习如何解决冲突和问题。同伴关系有助于发展性障碍学生形成积极的心态。例如，一位孤独症谱系障碍学生在班级活动中往往沉默寡言，班主任通过组织小组合作，选择了一位善于沟通和富有同情心的学生作为他的搭档。随着时间的推移，这位孤独症谱系障碍学生开始更加自信地与小组成员互动，并在项目中发挥了积极作用。

### （三）促进同伴之间的共同进步

（1）在班级环境中，同伴关系是发展性障碍学生个体能力发展的强有力的工具。同伴之间的共同兴趣，不仅帮助了发展性障碍学生与其他学生建立联系，还增强了他们的社交信心。那么，如何促进他们与同伴之间的共同进步呢？首先，教师要寻找学生的共同兴趣和目标。例如，班主任通过观察发现有些学生对绘画感兴趣，于是他们可以一起参与绘画俱乐部，共同探索和享受绘画的乐趣。

（2）教师可以通过组织小组活动来促进学生间的合作和交流。例如，在音乐课上，把对音乐感兴趣的发展性障碍学生和其他同学分到同一组，让他们一起弹琴、演奏，享受音乐带来的愉悦。当然，教师还需要在同伴互动过程中提供指导和支持。在团队讨论中，教师可以帮助发展性障碍学生与同伴更好地沟通，教他们如何保持眼神交流和轮流说话，确保活动的有效进行。

（3）及时的反馈和积极的强化同样重要。教师可以在课堂上表扬发展性障碍学生与同伴的合作精神和合作成果，鼓励他们继续努力，增强他们的社交信心。

总而言之，通过找到共同兴趣、设计互动活动、提供指导支持以及给予及时反馈和强化，可以有效促进发展性障碍学生与同伴之间的共同进步。

## 三、学生个体层面的班级社会环境管理

每个学生都有发展的自然趋向，有积极处理多方面困难的可能性，将学生个体的发展融合于班级整体发展之中，使其能力与人格都能得到充分发展。

### （一）提升学生个体的自我认同感

当发展性障碍学生在集体中能体验到被接纳和被尊重，能感受到自身的价值、身份和地位时，就会逐渐认同自己在班级中的身份，明白自己是班级的一分子。

（1）提升学生个体在班集体中的自我认同，让每个学生在班级集体中都能体验到被接纳和被尊重，感受到自身的价值、身份和地位。具体做法包括：①班主任要让学生认同自己在班级中的身份，明白自己是班级的一分子，让每个学生都有机会展示自己的才能。例如，菲菲通过在班级团体合唱节目中担任领唱，找到了自己在班级中的位置。②学生能够对自己的行为负责，知道自己在集体中的作用。例如，小佳负责擦黑板和整理教室里的学习用具，能意识到自己在集体中的特定职责和对整个班级的重要性。③积极反馈和认可。当一位学生在运动会中表现出色时，给予及时的赞扬和鼓励，能让他认识到自己的特长和价值，帮助他塑造积极的自我身份认同。

（2）提升学生的自我表达能力。①班主任需深入了解学生的具体障碍情况、兴趣和特长，有针对性地对他们进行个性化指导，鼓励学生在班级集体中勇于表达自己的观点和问题；②班主任需在班级中创造一个无压力、非评判的环境，让学生们能在轻松的氛围中表达自己的观点和想法；③当学生进行表达时，能够耐心倾听，并对其给予关心和支持，让学生感受到被尊重和理解，进而更加愿意表达自己的想法；④不同的发展性障碍学生可能需要不同的表达方式。班主任要鼓励学生尝试并找到适合自己的表达方式。

（3）对于障碍程度严重的学生，班主任要采用小步骤逐渐引导法，帮助发展性障碍学生逐渐提高自我表达能力，允许学生在自己的舒适区内逐步发展。具体操作步骤如下：第一，评估学生的起始水平，确定学生当前的表达能力，并为他们设定合适的起始任务，设定的起始任务可以开始于简单的自我介绍或对喜欢的玩具的描述。第二，设定明确可实现的多步骤目标，每一步的目标都应该是明确、可实现的，并能使学生感受到进步。此时，对学生设定的任务可从简单的一句自我介绍逐渐过渡到使用完整句子描述自己的兴趣爱好。随着学生能力的提高，逐渐引入更复杂的话题和表达方式（例如，由描述自己的兴趣爱好过渡到表达对某个事件或故事的感受）。第三，在每一步中，班主任要与学生保持沟通，了解他们的感受，提供必要的支持和鼓励，让学生们感受到成功和自信。在这一阶段，学生成功完成自我介绍后，班主任及时给予正面反馈和称赞，并根据他们的进展和需要调整任务的难度和复杂性。通过小步骤逐渐引导法，定期评估学生的表达进展情况，了解他们的感受和需求，与学生们保持开放和诚实的沟通，并对方法和策略进行必要的调整。促使学生在安全和支持的环境中逐渐增强自我表达能力，感受到成功和成就，从而更有信心地参与到更复杂的社交互动中。

### （二）提高学生个体的自我保护能力

在学生个体层面的班级社会环境管理中，要有意识地增加发展性障碍学生的自我保护能力。

（1）在班主任实践中，班主任要针对发展性障碍学生在安全上存在的问题，策划系列活动以提高他们在日常生活中的安全意识和自我保护能力。例如，我们可以通过角色扮演活动模拟与陌生人接触的情境，教学生如何拒绝陌生人的邀请，并寻找熟悉的成人寻求帮助。设立模拟电话台，引导学生练习在发生火灾等紧急情况时拨打求助电话，能让学生在紧急情况下学会寻求帮助。

（2）自我照顾能力的培养也同样重要。我们可以组织学生共同准备水果沙拉等健康食物，让他们了解均衡饮食的重要性，从而培养其良好的饮食习惯。我们还要定期检查学生的个人卫生，并通过示范和一对一指导，培养他们的日常清洁习惯。比如，在午餐前组织全班学生洗手，以强调洗手的正确步骤和重要性。此外，还可以设置固定的体育活动时间（晨练、课间活动等），引导学生参与他们感兴趣的运动，增强体质，逐渐培养其锻炼的习惯。通过这些活动和实践，我们不仅能够增强发展性障碍学生的安全意识和自我保护能力，还可以帮助他们在日常生活中逐渐适应社会，成为自主、有责任感的个体。

### （三）促进学生个体的自我约束

班主任应该注意每个发展性障碍学生的个体差异和需求，灵活调整教学策略和方法，以确保每个学生在班级中进行自我约束。

（1）在时间管理方面，班主任可以与发展性障碍学生共同创建一个可视化的周计划表，帮助他们将大的任务分解为小的、可操作的步骤。例如，如果学生想在清洗常见物品方面有所提高，可以将学习目标分解为每天练习清洗不同的物品（如周一清洗餐具，周二清洗衣物等），并在周计划表上进行记录和追踪。

（2）在道德和价值观方面，班主任可以通过生活中的具体实例引导学生理解和体验价值观及道德观念。可以通过讲述真实、勇敢、善良的故事，来启发学生的同理心和正义感；也可以设计角色扮演的活动，让学生站在他人的角度去思考问题，感受他人的感受；还可以通过扮演消防员、医生等角色，让学生体会到责任和奉献的重要性。

（3）在日常行为规范方面，班主任可以和学生一起建立班级行为规范，并设立相应的奖励和惩罚制度。例如，按时完成作业、积极帮助同学等行为可以得到小小的奖励，从而增强他们的规则意识；当学生主动清理教室卫生时，教师应及时给予表扬和肯定，以强化他们的守规行为。

## 第四节 赋能发展性障碍学生的班级制度管理

班级是具有规定性和规范性的一种团体组织形式，在其运行的过程中，每个成员都应该按照一定的规则和制度进行管理和合作，以确保班级成员在追求共同目标时能够克服阻碍，维护共同利益。

### 一、构建全员参与的班级管理组织

班级管理组织的构建是一个班级有序运转的保障，好的班级组织的构建能够促进班级全体成员的进步与发展。而发展性障碍学生参与班级管理组织，要进行多层次、多元化、多分工、多标准的设计。

#### （一）适用发展性障碍学生的班级管理组织形式

学生作为班级的一员，需要承担在班级里的工作，完成相应的任务。在班主任实践中，要让全班学生全面参与班级管理，实现班级人人有事管、事事有人管，学生承担班级职务有多种行之有效的方式。

（1）班干部制度是一种比较传统的班级管理组织形式。发展性障碍学生通常存在不同程度的学习、社交和情感障碍，所以，班主任在进行班干部制度的设置和实施时需细致规划：①设置班干部岗位。包括班长岗位、学习委员、健康与安全委员等，每个岗位的责任和适合的学生类型都有明确的要求：班长岗位，负责整体班级协调和管理，可以选择具有较好组织和沟通能力的学生担任；学习委员，协助班主任在学生学习方面提供支持和鼓励，这个角色适合对特定科目有热情和才能的学生；健康与安全委员，关注班级学生的健康和安全问题，可以让关心他人和具有责任心的学生担任；社交协调员，负责促进班级的社交互动和友谊，提供同伴情感支持，可以选择富有同理心和具有良好人际交往能力的学生担任；文艺委员，负责推广和组织文化及艺术活动，可以让对文化和艺术有兴趣的学生担任；体育委员，负责鼓励参与和组织体育活动，适合对体育有热情和能力的学生担任；环保委员，负责推动和维护班级的环保实践，适合关心环境的学生担任。②班主任精心设计和实施这些班干部岗位之后，组织选举班干部与岗位申请。班干部的选举是一个开放和透明的过程，学生可以结合岗位职责提出岗位申请，并通过竞岗演讲和日常表现等证明自己的适合性。还可以考虑邀请家长和专家参与班干部的选举和培训过程，以增加多样性和专业性。③班主任在整个过程中要为班干部提供必要的培训和支持，包括组织定期的培训会议、个人指导以及提供必要的资源支持等，确保班干部能够胜任职责。④通过轮岗和任期制度，让每个学生都有机会担任班干部，以增强班级的包容性和公平性。轮岗还可以帮助学生了解和体验不同的职责和角色，促进他们的多方面发展。

（2）以小组为基本管理单位进行班级管理组织，班主任可以根据班级成员的特长和兴趣，对学生进行分组。分组思路为"组内异质，组间同质"：①组间同质性，即根据学生在某方面的特长或经验将他们归为一组；②组内异质性，让同组的学生在共同的任务中承担不同分工，以小组合作的方式完成任务；③鼓励学生自行分组，可以"好朋友"或"助学伙伴"的形式组成小组，共同负责常规事务[1]。重要的是，教师需根据具体的教学目标和班级文化灵活选择或组合不同的分组策略，每个任务都有其独特的价值和意义，强调的是每个学生的参与和潜能的挖掘，而非任务的难易程度。尤其对于有特殊需求的学生，班主任需细致引导和监督分组过程，确保这种分组方式能促进学生的正向发展。整体而言，分组活动不仅是为了完成任务，更是培养学生的团队合作精神和个人成长的重要手段，倡导互帮互助、共同进步、团结

---

[1] 陈宇：《班主任工作思维导图》，教育科学出版社，2019，第8—12页。

合作的原则，使每个学生都能在分组活动中找到属于自己的位置，实现共同成长。

（3）在班主任实践中，为班级内的每个学生设置个别化岗位。班主任通过日常观察和调查，了解每个学生，特别是发展性障碍学生的兴趣、能力和需求，设置更适合每个学生能力、需求和兴趣的班级岗位。设置个别化岗位的方式有以下四种：①根据班级活动的主题，结合主题中的任务安排，匹配学生能够担任的岗位职责，设计个别化的职务。例如，在成立"星星旅行社"的主题活动中，让认知和口语能力好的学生担任导游，具备绘画或手工操作等特定技能的学生作为宣传员，而没有语言能力的学生则可以负责后勤等。②根据学生在班级中形成的管理网络设岗，让班级里人人有事做，事事有人负责，还要确保学生在合适的角色和任务中，满足他们各自的发展需要。为此可设置班级职能设置课，在岗位设置之前观察学生在班级中自然形成的服务内容，然后对学生所呈现出的任务能力进行必要的培训，使得学生精熟相关技能。然后颁发岗位证书，提供支持和指导使得其具备的能力并在实际班级管理情境中应用。③在班级的例行活动中，让每个学生负责不同的任务。学生准备艺术节活动时，有组织能力的学生，负责活动的整体协调；擅长操作的学生，可以负责布置现场；语言沟通能力较好的学生，负责主持和邀请嘉宾等。④临时活动中的任务分工。在班级生日会活动，学生可以被分配为组织者、装饰者、庆祝活动协调者等不同的角色。总而言之，为发展性障碍学生设置个别化岗位，可以充分调动每个学生的积极性，还能让学生在自己擅长和喜欢的领域中得到锻炼和成长。

### （二）让发展性障碍学生明晰自己的班级职责

班主任要让发展性障碍学生对自己在班级里的职务有清晰的认识，才能使整个班级管理组织运作得更加和谐和高效。具体做法包括：①班主任需要和学生明确地沟通他们在班级中担任的职务，并使用简单、明确的语言，借助图表、图片或符号来辅助解释职责，确认学生对职责的理解是此步骤的关键环节。还可以使用平板电脑、智能手机等，帮助学生随时查阅自己的职责和任务。②班主任可以通过提供实际操作的演示、角色扮演和一对一辅导等方式，让学生清楚职责是如何执行的，再在教师的协助和引导下，鼓励学生积极参与和亲自实践。③班主任应当设置日常例行任务表，列出每日或每周的任务清单或时间表，以及使用具体的视觉和听觉提示（如贴纸、颜色编码等），以帮助学生牢记并有效执行任务。

### （三）构建班级民主协商机制

班级内的群体活动是一个极其复杂的过程，需要建立群体共同遵守的规章制度。而班级管理中的民主协商机制是一种重视每个人声音的班级管理方式，强调合作、尊重和共同参与，有助于创建一个公平、和谐、有序的学习环境。该机制特别重视包括发展性障碍学生在内的每个成员的平等参与。具体做法包括：①要创造一个尊重和支持所有学生的学习环境，明确学生的权利和责任。在公约制定过程中，鼓励所有学生积极参与讨论，确保发展性障碍学生有平等的发言权，如果不具备口语表达能力，则要设计不同的参与形式，以满足学生的个体差异，为此可采用书面意见征集、小组讨论等形式。②班主任要引导学生们通过自我检视和自我反思找出需要建立的班级规则，确保每名学生的意见都得到尊重，每名同学的状况都受到关注，并帮助他们达成共识。③在公约的实施与监管方面，应明确执行机制和违约后果，所有学生要签署公约，并表示遵守承诺。在日常生活中，要通过自我监督和相互监督的机制来促进学生遵守班规，使学生的规则意识内化于心，外化于行。

## 二、制定班级公约

班级公约是组建、管理班级的重要手段。班级公约的内容因学生的需要不同而有所不同。制定班级公约是一个师生协作的过程，并要紧紧围绕班级行为目标，突出班级群体需要遵循的规则[①]。

### （一）制定班级公约的依据

制定适用于发展性障碍学生的班级公约，班主任需要综合考虑多种因素，确保班级公约真实、合理，能够有效地执行。

（1）班级公约应秉承科学的教育理念，和班级发展目标相一致，以促进发展性障碍学生的社会性发展，养成良好的行为习惯。尤其在处理发展性障碍学生行为问题方面，采取预防性、教育性为主的行为处理方法。以提升学生生活品质为目标，建立学生规则意识，提高学生自我控制能力和自我管理能力。

（2）班级公约要确保内容符合相关政策和法律要求以及学校的管理条例或学生手册，能够维护学生权益。班级公约发布后，就会成为师生对话、行为管理、解决矛盾的依据，帮助班主任更好地管理班级。

（3）班级公约是师生共同制定的，要考虑社会效度。对于发展性障碍学生来说，很多学生并不能理解班级公约的意义和作用。班主任需要先对班级内学生行为的总体情况进行评估，明晰班级内每个学生的独特需求和挑战，形成班级内需要处理的学生问题行为的行为目录，以及需要教导学生学会的正向行为的目录。再通过调查问卷、座谈会或班会等形式收集学生、家长和其他科任教师的意见。

（4）班级公约要贴合班级的实际情况。作为班主任，当我们面对发展性障

---

① 比尔·罗杰斯：《问题班级管理策略（第2版）》，吕红日、范立译，中国轻工业出版社，2014，第63—76页。

碍学生的时候，我们常常会发现，有太多的条目需要纳入班级公约之中。然而，就发展性障碍学生的认知能力和学习速度而言，在当下阶段只能关注部分重要的班级公约内容，这就需要班主任综合研判学生的年龄、性格、学习习惯等多个方面因素，以及明晰班级所处的发展阶段，班级当下面临的问题或矛盾，以及解决问题或矛盾的最佳时机。

（5）制定班级公约要进行多元参照，既要参照往届班主任或其他教育工作者的宝贵经验，进行最佳实践萃取，为制定班级公约提供参考，也要分析自己以往带班的经验和做法，吸取经验教训。

### （二）制定班级公约的原则

制定发展性障碍学生的班级公约，应遵循以下几个原则。

（1）强调真实且多元的生活情境。班级公约的制定，要重点考虑发展性障碍学生的日常表现和现实需求。班级公约中所列的行为，最好能够采取团队训练模式进行教导和训练，使学生能长时间、经常性地在日常作息时间中进行表现和应用。

（2）采取多元的方法和指标。制定班级公约时，要增加学生对班级公约的认同感。需通过班会活动、集体讨论、情境表演等方式解释规则，并提供视觉线索（例如图片），以帮助学生更好地理解。在这个过程中，让学生有机会提问和表达自己的看法。再者，要根据不同发展性障碍学生的身心发展特点来制定公约，同样的班级公约条目，在同一个时期，对不同的学生的要求是不同的，学生要达到的指标和表现形式也有个体差异性。

（3）设立清晰、具体的行为预期。班级公约的条目要简明扼要，避免使用模糊或复杂的词汇，以确保所有学生都能理解，并要以正面行为的表述为主。

（4）班级公约的条目数量建议定在 5 ~ 10 条之间。过多的公约条目可能会导致发展性障碍学生难以记忆和遵守，让公约显得过于烦琐和不实际。班级公约的制定和执行是动态发展，不断调整和螺旋式上升的。当拟完班级发展规划，形成班级长短期目标之后，班级公约则要为达到这些目标"保驾护航"。要根据班级当下所处的阶段和学生的现实情况，先制定本学期的班级公约，然后到了下个学期，班级发展到了新的阶段，再制定进阶版的班级公约。所以，班级公约的条目要抓重要的、关键的内容拟定。一些细碎的、学生很容易达成的内容，不要放入班级公约之中。换句话说，大部分学生已经能自主执行的内容不需要放入班级公约中，班级公约列出的条目是大多数学生需要在这一学期不断地进行学习、自我监控和相互提醒，形成新的正向行为。

（5）明确班级公约内容及其执行标准，详细阐述实施常规的策略、方法、执行日期、负责人，并设定常规的评估方式和期限。总而言之，班级公约既要反映学生的需求和能力，又要符合教育的目标和价值，特别是能够兼顾到发展性障碍学生的特殊情况，从而促进班级成为和谐、积极、有序的学习环境。

## （三）制定班级公约的流程

制定班级公约不仅是一个决策过程，还是一个培养学生责任感、合作精神的教育过程。通过这个流程，每个学生都能明确自己的角色和责任，共同努力营造一个积极、和谐的班级氛围。班级公约建立的过程要具有科学性，要讲究循序渐进，要注重对学生的引导过程。

第一步，制定班级公约。首先要让学生理解什么是班级公约、为什么需要班级公约、应该如何遵守班级公约，再分析班级的特点和学生需求，确定要解决的关键问题和目标。

第二步，通过问卷、小组讨论等方式征集学生、教师和家长的意见和建议。在小组讨论中，让每个学生都有机会说出自己的想法，也可以用纸条写下自己的建议。

第三步，根据收集的信息，草拟初步的班级公约内容。公约中要列出具体的规则和行为准则，包括什么是可接受的行为、什么是不可接受的行为、做了不可接受行为的对应后果。

第四步，在班会或特定会议中，将初步方案提供给全体学生进行讨论，并根据意见进行修改。在公约中提供一些明确的实例，说明什么样的行为符合公约，什么样的行为违反公约，这有助于学生更好地理解公约的含义。对于一些学生来说，可以在班级公约中使用相关图片来增加明确性。

第五步，细化规则与准则，确定具体的行为准则、责任、奖励和惩罚机制等。在公约确定之前，我们会定期召开班会，讨论公约的内容和进展。让学生能够对公约的制定过程有所了解，并提供反馈和补充意见，以确保每个人都能对公约的制定做出贡献。

第六步，让全体学生和教师签署公约，表明对遵守公约的承诺。

第七步，将最终版本的公约以书面形式在班级内的合适地方公示。

这样的制定公约程序体现了参与性，可以让学生们共同参与到公约制定的过程中，以增强他们对公约的认同和遵守意愿。

### （四）班级公约的内容

合适的班级公约内容是学生学习和生活规则意识形成的基础，能引导学生学会自我约束和自我管理，培养学生坚韧的意志力。

（1）发展性障碍学生在学校生活的所有行为都可以作为班级公约的内容。拟订班级公约具体内容时，角度不同则分类方法不同，班主任需要考虑学生的具体需求、学校的资源、教师的专业知识等因素选择最合适的班级公约分类方式。其中，按学校生活场景的分类方式分为教室常规、寝室常规、进餐常规等。侧重于创建一个支持性的物理环境，关注学生在不同场景中的需求，有助于确保学生在学校的各个环境中都得到支持。首先，需要先详细地安排教室中的学习和生活活动，确保学生的日常生活有序且有规律。其次，建立在不同的生活场景中的学生们合理且切实可行的作息活动，明确不同时间段的活动类别和特点；按不同活动性质的分类方式更注重学生的个人发展和能力提高，可分为学习活动类、社交活动类、行为管理类、生活技能类、健康和安全类、紧急应对类、危机干预类等不同活动，有助于促进学生在多个方面的发展；按生活教育的分类方式，更侧重于学生的日常生活技能和道德教育，包括道德生活常规、卫生生活常规、劳动生活常规、休闲生活常规，有助于提升学生融入社会和日常生活的自主性。综合运用这些分类，可以确保公约更贴近学生的实际需求。

（2）班级公约的撰写应简明扼要、通俗易懂，避免复杂或模糊的规则，可以配以图片或图表帮助学生理解什么是期望和不允许的行为。建立有效的课堂管理制度，可包括管理学生的进出、安排座位、控制噪声等，以确保课堂秩序和学习效果。

## 三、班级公约的理解与执行

对于发展性障碍学生来说，学习班级公约、理解班级公约和执行班级公约，是保证当前班级稳定、有序、健康发展的重要基础。

### （一）理解班级公约

学生能够清楚知道自己的行为符合班级的要求，才能按照共同约定的规则来要求自己。制定班级公约之后，宣传班级公约的环节必不可少。

（1）班级公约确定以后要形成文字，贴在教室的醒目处。

（2）开展学习班级公约的专门例会，向学生再做口头宣传和解释，协助学生理解班级公约各条项目的内容和含义。告知学生与班级公约相匹配的奖惩条例，并让学生明白班级公约与奖惩条例的关系。通过角色扮演或者示范的方式，让学生看到班级公约被正确执行的样子。

（3）保持与学生和家长的沟通，解释公约的目的和重要性，确保家校合作。

（4）班级公约的执行可根据具体场景做出文字或图片的标示。比如，垃圾桶上可贴上"请将垃圾装入桶内"的字条，饭厅里可贴上"吃饭请保持安静"的字条，图书角贴上"请爱护书籍，阅后请放回原处"的字条。通过文字提示促进学生对班级公约的理解。

### （二）执行班级公约

拟订好各类班级公约以后，班主任应该考虑通过什么途径、用什么方法将头脑中的、纸上的东西转化为学生的行为。

（1）班级公约的有效执行贵在坚持，尤其对于发展性障碍学生来说，要在日常学习和生活中练习，使得班级公约成为学生在班级中较为固定的行为模式。还要不断重复训练班级公约中的行为，有的班级公约中约定的行为看似建立起来了，实际上仍需要时常巩固，否则会随着时间的推移而逐渐消退。所谓的重复训练，并不仅仅是简单地重复，还要在不同的场景中进行练习，例如，在早上进入校园时和老师问好；在学校的其他地方遇到老师也要问好。这种练习也可以拓展其他形式的重复。

（2）班级公约的条目制定后不能经常更改，要有一定时间的稳定性与内容的一贯性。常规训练条目一旦公布，就会成为师生行为的准则，要坚决执行，否则会令学生无所适从，使班级公约失去指引及严肃性，导致学生对班级公约的不信任，甚而产生失信行为。

（3）班级公约的执行还要采用奖惩手段。先要依班级公约训练计划拟出奖惩的标准与方法。再按规定的标准与方法施以奖惩，在执行奖惩时，一定要针对事实严格执行，做到奖惩分明，学生才会对行为后果有明确的认识和理解，从而增强正向行为，克服不良行为。激励学生遵守班级公约，奖励表现优秀的学生，同时对违纪行为采取适当的惩罚措施，维护班级的秩序。建立奖励制度可以调动学生的服务意识，使学生体验到自身价值的实现和满足，感到自我发展的无限可能性。奖惩制度执行后，还要注意信息的反馈，适时调整或补救。

（4）社会学习理论认为，个体通过观察他人的行为和示范来学习。执行班级公约中要注重榜样与模范的作用，通过老师和同学的示范及榜样来引导学生遵守规则和展现良好行为。首先，班主任要以身作则，言谈举止成为学生的楷模，随地吐痰、乱扔垃圾的教师很难教导出爱整洁的学生；脾气暴躁的教师更易造成学生的对抗、抵触、烦躁、怯弱、说谎、讨好等行为。其次，如果班主任善加引导，同学的榜样作用也会有很强的推动性。

（5）班级公约的执行要靠长期训练，也需要家长协助参与班级公约的建立，很多在学校训练的行为或技能在家庭中也能练习，比如"未经许可不乱拿别人的东西""小点声音，不要影响到其他人""垃圾要扔到垃圾桶"等。这样，由于家庭教育与学校教育相一致，能促进学生形成良好的行为。家长的参与还意味着家长的榜样作用，如果家长带着学生在各种场合运用"你好""对不起""没关系""谢谢"等礼貌用语，也能起到榜样示范的作用。

（6）口语和非口语的运用是促成班级公约执行通常采纳的方法。口语有提醒、表达、暗示、制止的作用。体态动作属非语言沟通，在执行常规时可与学生设计一些动作，比如将一手食指伸直放在口唇上表示不说话、双手合掌并再次摊开手势表示打开书、用笑表示对帮助同学行为的赞扬。

（7）以一些有特点的符号或信号作为执行某班级公约的指令。例如，铃声或钟声表示上课或下课，某段乐曲表示安静、坐下来。

（8）为执行班级公约创造条件并准备好资源。例如，要求学生每天打扫教室清洁桌椅，就要准备好盆子、抹布、扫把等清洁用品。

（9）个别协助训练。不同发展性障碍学生执行班级公约的情况有所差异，要针对学生之间的差异分别予以协助与训练，确认采取的协助方式是全协助、半协助，应运用口语协助还是动作协助等。

（10）当学生正确遵守班级公约时，及时给予正向反馈和奖励，让他们明白遵守班级公约是受到赞扬和奖励的行为。

### （三）定期检核班级公约遵守情况

定期检核班级公约遵守情况是落实班级公约的必要手段。在班级公约实施的不同阶段，检核班级公约遵守情况的时间也有所不同。

在开始阶段，学生对班级公约的条目和具体要求还不清楚，也没有养成遵守班级公约的习惯。这个时候，要相对密集地检核班级公约的遵守情况，例如，上完一节课或者完成一个活动后，应结合相应的班级公约条目，检核学生遵守与否。

在精熟阶段，学生已经对班级公约非常熟悉，也知道要怎么做才符合班级公约的要求，可以在每天放学前五分钟，检核学生一天里遵守班级公约情况。

在应用阶段，学生已经可以自觉用班级公约约束自己的行为，则可以在每周的班务会议上或设置一个时间，检核学生一周内遵守班级公约情况。班级公约执行的时间可以是一个月或一学期，特别要按班级公约规定的时间，对班级公约执行情况和班级公约内容及执行班级公约的办法作评鉴。评鉴以后针对评鉴结果修改班级公约，制定更适当的措施和规定。

## 第五节　赋能发展性障碍学生的班级活动管理

班级活动是促进学生发展的有效手段。运用学生喜欢的方式开展丰富有趣的班级活动，能有效缓解学生焦虑，促进学生班级归属感的发展。

## 一、发展性障碍学生的班级活动管理原则

发展性障碍学生的班级活动管理原则主要关注对每个学生独特需求的理解和尊重，鼓励学生的积极参与和独立思考，进一步促进他们在学校和班级中的全面发展和融合。

### （一）顺应学生的自然发展与生活的规律

尊重发展性障碍学生的学习基本原则，进行以生活为基础的教育融合。将生活中的故事、事件、场景融入教学，以确保活动内容的多样性和形式多元化。

为学生提供个性化支持，使学生逐渐适应班级情境。给予更多的缓冲时间，以避免增加其挫败感。在完成任务时多给学生一些时间，并在时间结束前给予提醒。

以实践和体验为核心的活动方式，创设学生个体在真实和多元化的情境中学习和生活，倡导在做中学、从经验中学，确保所有学生都能积极参与班级活动。

### （二）促进学生持续性进步与成长

班级活动由不同类别和形式的活动组成，每项活动都有一定的内容载体，需思考通过何种方式来呈现学习内容，将学生的学习动机转化为持久的动力，以实现学习目的。

在有组织的或非计划的班级活动中，通过强有力的相互支持与帮助推动学生的成长，以及通过社交互动和活动体系的创新来促进学生的持续发展。在班级活动中赋予学生主体地位，让学生参与与班级生活有关的决策过程，并赋予权力以积极影响自己的生活和学习。

在活动中将不同能力的学生安排在一起，强调师生互动、同伴互助，促进

同学们共同解决问题和合作学习。

### （三）实施多维的班级活动评价

从多元的视角看待发展性障碍学生的成就，需要采用个别而适合的评价标准来衡量他们的表现。班主任需要持续观察学生在班级活动中的表现，及时调整活动计划，并给予正向反馈。

提高评价的多样性和公正性。强调学生的个体需求和团体目标相一致，促进自我反思和同伴评价相结合。通过小组合作活动，引导学生彼此观察对方在团队中的沟通、合作、领导等能力，在活动结束后进行活动总结，提供全面、多方位的学生反馈。

## 二、班级活动的类别和实施策略

班级活动由教师、学生和空间、时间、材料以及规范等构成。常见活动类型包括一日常规活动、融入式活动和休闲娱乐活动，每种活动的基本组织形式有三种：个体活动、小组活动和集体活动，实施的策略也有所差异。

### （一）一日常规活动的类别和实施策略

一日常规活动指的是在发展性障碍学生的班级管理中，每天都会执行的规定和例行活动。这些活动往往按照固定的时间表和流程进行，旨在为学生提供一个稳定、可预测的学习环境。这种规律和结构通常有助于减轻发展性障碍学生的焦虑和不确定感，使他们能够更好地适应学习环境，并有助于他们的社交、情感和学习方面发展。通过班主任实践，将发展性障碍学生核心能力的培养贯穿在一日常规活动之中，尽可能自然地与教室中进行的活动和作息相结合。活动策略的设计要符合自然情景，使学生能够学以致用，泛化应用。主要包括四种具体活动：

第一种，集体活动。主要指班主任按照明确的课程目标和课程内容，有计划、有组织、循序渐进地引导学生获得有益的学习经验的一种教育途径，包括生活语文、生活数学、艺术、体育、大课间等活动。第二种，生活活动。指学生在一日活动中的各个生活环节中所进行的活动，都在固定的时间进行，包括进餐、饮水、睡眠、盥洗、如厕等。第三种，课间活动。分为班主任组织的课间活动和学生自主课间活动两大类，课间活动要注重社交技能的练习，可能包括固定的合作学习时间或社交互动游戏，以促进学生之间的互动和沟通技能的发展。第四种，早晚例行活动。到校签到和问候，每天开始时的友好问候和签到，有助于建立日常的稳定性和亲近感；日终总结和家庭作业分发，作为一天结束的标志，有助于学生整理一天的学习，并为第二天的学习做准备。班主任可以教导学生利用个人活动日历记录表记录作业或所需携带的物品，让学生找出适合自己的资料整理方式，在每天的放学前几分钟让学生整理今天的资料，并在每周的学校生活结束前让学生整理自己的资料、档案或柜子。

一日常规活动的实施策略主要是结合日常作息时间表，完成两个步骤的匹配。一是活动与目标相匹配，班主任选择适合的常规活动与学生个别化学习目标相结合；二是作息与目标相匹配，运用作息与学生个别化目标相结合，在真实情境中设计技能练习的机会。班主任收集学生在一日活动中的行为表现，制作由活动时间和活动环节组成的一日生活流程表，流程表上的活动环节完成情况可以采用标识或可移动的卡片等方式。首先，要让学生理解一日活动流程表的重要性，并带领学生熟悉每个活动环节，以及每个活动环节的内容，使学生知道自己需要在每一个活动环节具体做什么。其次，带领学生看贴在墙上或黑板上的活动流程表，并引导学生执行活动流程表上的内容，刚开始学生可能不愿意去做，班主任可以提供相应的支持与辅助。当学生已经对一日活动流程表及使用要求熟悉后，每天早上来到学校后，班主任可以带领学生们做当日活动内容预告。当这一天中的活动环节结束后，就可以移动活动环节卡片或打"√"，表示该活动环节已完成，有些学生需要直接明确其辅助策略来帮助他们参与教室环境中的活动。

在班主任实践中，还可以参考层级时间管理模式，通过不同的时间层级来组织和管理学生的活动，确保各个层面的目标都能得到落实。其中，"日日清、周周清、月月清"是一种行之有效的组织和管理活动的方法，特别适用于发展性障碍学生的一日常规活动管理。"日日清"用于确保每天的活动都能及时完成和检查。具体操作要点包括每天列出学生需完成的活动和任务清单、鼓励学生参与每日任务清单的制定、教师或辅助人员监督学生按时完成活动、每天结束时检查清单以确认所有活动均已完成；"周周清"用于追踪每周的长期任务和学生的进展。具体操作要点包括每周一列出一周的任务和目标，进行进度追踪，记录学生在整个星期的任务完成情况，每周进行一次评估，确保所有任务已完成，反馈学生的进展；"月月清"用于确保每月的长期目标和特殊项目得到规划和执行，月度计划列出整个月的长期目标和特殊项目，每周检查月度计划的进展，确保按计划进行，月末总结学生的整体进展，与学生和家长共享成果。这种分层次的方法能够确保学生的日常活动得到良好的组织和监督，同时也有助于教师、学生和家长更好地理解学生的进展和需求，将大目标分解成可管理的小目标，使学生能够更容易地实现成功。

"成长变形记"是在一日常规活动中，针对学生个体的不恰当行为，非常实用的策略。针对存在的问题，引导学生设计个人专属的"成长变形记"，将问题行为的前后事件用学生能看懂的多张连贯的图片呈现，可以先看一张图片，结合实践活动理解第一张图片的内容，再看第二张图片，以此类推看第三张、第四张图片的内容。然后，对学生的问题行为的图片，用正向行为的图片代替。例如，小康很喜欢吃水果，每次午点活动时，他就会自己跑上来抢夺水果，而且他不喜欢吃果皮，每次都会把果皮吐在地上并且拒绝收拾。针对小康的情况实施"成长变形记"策略，班主任会在小康跑去拿水果的时候，通过遮挡等方式，避免他抢到水果。然后引导他看"成长变形记"吃午点的部分，为了能快点吃到水果，需要按照要求说出要吃什么水果，才能拿到相应的水果。又如，小田在课间休闲活动结束后，经常忘记收拾、归位玩具。这个时候，班主任就会拿着含有玩具用完后收拾整理玩具的"成长变形记"给小田看，并提示小田按照"成长变形记"的图片组图收拾玩具，在持续了半个月的训练下，小田可以独立完成一系列的玩具收拾、归位任务。在开展某些活动之前，班主任可以先告知学生接下来是哪个活动，让学生翻看自己的"成长变形记"，读出或指出活动的要求或步骤，如果学生在看完"成长变形记"后仍没有改变，班主任会采取首个环节提示的方式，帮助学生回忆相关内容，引导他们进行相应的行为表现。

提供视觉提示，有些学生具有视觉优势，那么某些活动我们需要提供视觉辅助策略。例如，学生要擦桌子或擦柜子，我们可以在桌子或柜子上做数字标志，让学生自己数一数要擦到数字几，然后按照顺序擦。又如，小青经常拿错和放错水杯位置，班主任可以提前让小青熟悉自己的水杯，在水杯上贴上自己的照片和名字，并将水杯摆放位置拍成照片入册，促进她连贯独立完成相关事情。

## （二）融入式活动的类型和实施策略

在发展性障碍学生进行班级活动的过程中，班级活动和学生学习目标契合，要运用融入式学习的方式，创造学习核心能力的机会，给予学生恰当的支持、充分的机会，帮助他们在日常生活与学校学习当中，充分表现自我。融入式班级活动可以包括以下几种类型：第一种，团队建设类活动。通过各种合作游戏、生日会等活动，促进同学之间的合作、沟通和团队精神。第二种，才艺展示类活动。通过举办运动会、科技节、艺术节、各种比赛活动等，鼓励学生展示自己的才华和创意。第三种，探究和研学活动。到博物馆、工厂等参观学习；到动物园、植物园等地参加研学活动。第四种，主题类活动。开展迎新派对、主题舞会、传统节日庆祝活动、安全活动等活动。第五种，志愿服务活动。组织社区服务、慈善活动，让学生参与公益事业，培养其责任感和关爱精神。这些不同类型的融入式活动有助于丰富学生的校园生活，提升他们的综合素质和人际关系技能。

融入式活动的实施策略根据具体活动的不同而灵活应用，常用的策略包括使用《活动图解手册》、视频反馈法、活动报告、绘画、拍照片、访谈等多种方式。以使用《活动图解手册》为例，具体的操作方法包括：首先，制作《活动图解手册》，每个活动环节都会包含多个具体活动，以每个活动环节为一组进行设计。拍摄班主任在活动中的示范视频，或通过支持辅助的方式拍摄学生在活动中的视频，并将视频中的重点行为表现进行截图。其次，结合视频和图片进行讲解，让学生了解活动的整体样貌。以学生个体或学生小组为单位，教导或协助学生完成个人或小组的《活动图解手册》。让学生看到自己参与活动时的视频或照片，将照片打印出来，并配以简要的文字说明，系列的活动则制作成单元的连环画。再次，对于发展性障碍学生来说，无论是主动地参与活动还是有品质地参与活动，都需要一段时间的学习和巩固练习。因此，在学习阶段，指导学生参照自己的《活动图解手册》，练习自己参与的活动。最后，班主任或同伴通过语言和手势动作等辅助方式，提示学生去完成这项活动，直到学生能够独立进行相应的活动。

融入式活动中有关技能学习的活动，可以采用活动程序结构化的策略，包括准备阶段、实施阶段和总结阶段，每个阶段包括多项具体的实施步骤。在准备阶段，确定学生的学习目标与达成标准，搜集学生现状能力的资料和在班级生态环境中的表现；在实施阶段，告诉学生某项活动实施步骤，并指导学生如何操作，需完成到什么程度，以及活动完成后会发生什么事情。先让学生理解活动，提供学生易理解的视觉线索，将活动内容分解为小步骤，并制成卡片，以系列化方式呈现。这些活动内容的排序应尽可能地均衡提供学生能够独立完成和需要协助完成的活动，能够引导学生乐于参与活动和持续进行某项活动；在总结阶段，采取正向的态度看待学生的活动成果，当学生进行某项班级活动时能够在某一方面有所进步，班主任就要引导其他同学进行一致性的回应，或者在其表现较好或努力做事情时给予夸奖和鼓励。

班主任还可以使用活动提醒清单，帮助学生开展融入式活动。活动提醒清单的格式可以根据班主任的需求自行调整，但是有些必要的组成部分，需要体现出来。活动提醒清单必须呈现的提醒事项包括：计划完成的班级活动、可提供协助的人员或方式、需要监督指导的活动。活动提醒清单主要是在一段时间内，进行某项活动的不同阶段的初期，班主任带领学生们一起完成。活动提醒清单可以采用文字清单、电脑建档、制作海报等方式完成。

### （三）休闲娱乐活动的类型和实施策略

休闲娱乐活动以学生的兴趣和喜好为核心，在班级自然情境中，学生在休闲娱乐活动中的学习更多的是通过他们自己的探索，是一种"淡化教育痕迹"的育人方式，具有"春风化雨，润物无声"的良好效果。

休闲娱乐活动的类别多种多样，包括：美工类，提供材料让学生单独或合作创作；戏剧类，运用学生熟悉的素材引导学生进行社会性扮演游戏；提供多种感官材料，让学生有机会观察和使用不同的工具；阅读，提供点读书、点读笔、纸笔、绘本书等，促进学生阅读；电子类，运用多媒体、平板电脑等软件进行电脑游戏活动；操作活动类，提供操作类活动的素材，包括拼图、桌面游戏、小件组合玩具，学生单独或小组进行相应的活动。

针对发展性障碍学生的休闲娱乐活动，班主任首先要做好两种准备：一是先罗列学生日常活动清单，思考学生的活动需要什么类型的区域，再将教室内的物理空间分割成不同的休闲娱乐活动区域。二是休闲娱乐活动可以作为强化物，与其他的任务进行联动。班主任要带领学生熟悉教室物理环境，并在此过程中观察并发现不同的学生会喜欢不同的玩教具、不同的区域、不同的活动或兴趣点，那么这些学生喜欢的都可以作为强化物。

在班主任实践中，常用的休闲娱乐活动的实施策略有以下几种：先使用"休闲娱乐打卡任务单"，需要进行系统化的设计，开始阶段教导学生学习任务单上的休闲活动技巧，并辅助学生完成任务；再逐渐减少支持和辅助，引导学生独立完成任务；在打卡任务单后面附带学生喜欢的休闲娱乐活动图片，标明在完成规定的某项任务后学生可以选择用哪些图片来兑换自己喜欢的休闲娱乐活动。例如，小东很喜欢拼图，当小东完成听语言故事的任务后，可以进行拼图活动。

"玩伴"配对也是常采用的策略，对于在某些休闲娱乐活动上"志同道合"的学生，班主任可以安排他们成为"玩伴"，并培训能力较好的学生邀请自己的"玩伴"进行休闲娱乐活动，或在休闲娱乐活动中提醒"玩伴"要遵守活动规则，赞美和鼓励"玩伴"持续进行该项休闲娱乐活动等。

休闲娱乐活动中还常常用到活动调整策略，以增进和提高发展性障碍学生的活动参与度。具体方法包括：一是调整活动素材。根据每个学生的不同兴趣和需求，提供不一样的材料。例如，根据小雨、小佳的喜好，为小雨同学提供大号彩色笔、大色块涂色本等美工类材料，为小佳提供有磁力的积木等。二是在班级里设置个别学生的专属区域。例如，因为小杰喜欢弹琴和画画，故在教室的角落放置一个电子琴，旁边放置一个折叠画架子，下课后小杰就可以去弹琴或画画。三是融入学生个性化的训练。例如，为培养学生生活自理能力，可以放置生活自理相关材料（如穿鞋带、穿衣服等教具），也可以引导学生做给洋娃娃穿衣、吃饭、如厕等情景模拟游戏，还可以增加一些训练性的活动，例如，小熙不会用勺子吃饭，他的休闲娱乐活动可以设置为用勺子舀珠子。四是改变休闲娱乐活动的方式，例如，打麻将活动可以促进多人互动，将玩法调整为麻将配对，使得学生们都能参与其中。五是将复杂的活动简化和细分，例如，向学生清晰地描述桌面游戏的每个步骤，让活动更容易理解和执行。

## 三、改善社会环境，解决休闲娱乐活动中经常遇到的问题

### （一）促进孤立学生的社交互动

对于经常独来独往，不与其他同学互动的学生，班主任可以设计需要同伴互动或小组合作的活动，并使用相应的素材来激发学生的动机和促进学生的参与。也可以通过观察其日常生活中和同学们互动的情形，找出和该生互动较多的同学，或者该生愿意接纳、互动的其他学生，设计一个可以每天进行的计划性活动。例如，小成不和其他同学互动，在进行一些小组活动时，可以安排他与小亮坐在一起，某些活动环节可以让小亮做小成的小老师，或两人一起完成某项任务，协助他们建立友谊。又如，小俊刚转进班级时感到无所适从，但小俊识字多，能读出书本上的很多文字，而小威喜欢找人聊天，喜欢看书，但识字较少。班主任可以设计让两人共读一本书的活动，通过采用示范、提醒、鼓励、协助准备阅读材料、营造温馨舒适的阅读空间、固定每日共读时间等方式，促使二人在课间或休闲活动课的时候一起读书。

### （二）针对频繁转换兴趣的学生的入场券制度方案

有些发展性障碍学生在休闲娱乐活动中常常频繁转换，无法集中注意力在一个活动上。为了引导这样的学生更加专注和有序地参与活动，班主任可以与学生一起设计活动入场券制度。这些活动入场券可以包含学生的照片和名字、活动名称、活动区域、活动时间和活动规定。在活动名称处，可以设立一个"我要玩"的选择栏，并放置印有活动内容的图文卡，让学生自主选择想参与

的活动。活动区域一侧可以放置相应区域的照片，以便学生直观理解。活动时间则规定学生进行此项活动时必须坚持的时间，以培养他们的耐心和专注力。活动规定部分则强调学生必须在此项活动的区域待够足够的时间，才能转到下一个区域。例如，有一名学生对篮球和画画都感兴趣，但常在两者之间来回切换，无法持久投入。班主任可以与他一起准备入场券，画画区的卡片上印有画笔和颜料的图片，篮球区的卡片上则有篮球场的图片。设定画画至少要坚持30分钟，打篮球至少要坚持20分钟。通过这样的入场券制度，引导学生计划自己的时间和活动，逐步培养他们的专注力和自我管理能力。

### （三）针对发展性障碍学生的班级活动转换策略

针对发展性障碍学生，班级活动中的转换困难确实是一项经常出现的挑战。然而，班主任可以通过以下精心设计的策略有效地缓解这一问题。首先，预防策略是至关重要的。班主任可以在活动转换之前通过清晰的预告提前通知学生即将发生的变化，给他们足够的时间做心理准备。同时，利用时间表、图片或图表来描绘日程，让学生从视觉上了解活动流程，并尽量保持日常活动的一致性，设置固定的转换时间，以减轻学生的适应压力。其次，采取过渡策略可以进一步促进平稳的转换，包括提供渐进过渡的方式，即逐步介绍新活动，避免突然的变化，使整个过渡过程变得更加平稳和自然。如果有的学生需要更多时间来转换，则提供足够的缓冲时间。针对有特殊需求的学生提供个别化支持和教导。运用明确的指导和提示也可以协助学生从一个活动顺利过渡到另一个活动；如果有学生完成任务较快，可以为其提供自由活动的机会，避免学生因等待时间过长而感到沮丧。对于成功转换的学生，及时给予积极的反馈和奖励，不仅能够鼓励他们，还能增强他们的自信和积极性。

# 第六节 赋能发展性障碍学生的班级支持系统管理

赋能发展性障碍学生的资源管理涉及在班主任实践中，如何有效地利用各种教育资源，以最大限度地支持和促进这些学生的发展。

## 一、专业团队协作管理

专业团队的协作管理是一个多层次、多方面的过程，需要全面考虑教育目标、团队动态、资源配置等多个方面，以实现对发展性障碍学生的有效赋能和支持。

### （一）团队结构与协同合作

团队结构与协同合作在教育发展性障碍学生的过程中起着重要作用。这种协同不仅涉及团队的多元化构成，还依赖于明确的角色分配、沟通机制和共同目标。班主任在协同合作中起到了"桥梁"的作用，连接了各个专业人员，确保了信息的流通、目标的一致以及整体方向的统一。

在团队的构成与角色分配方面，团队的构成包括教师、教育助理、生活辅导员、心理咨询师等多方专业人员，每个成员都担负着特定的任务。为了确保每个成员能够准确地履行自己的职责，还需要班主任的引导和协调，使得团队中的每个成员能在自己的领域发挥专长。沟通是专业团队协同合作的核心环节，班主任需要定期组织团队会议，讨论学生的进展、困境、需求等，确保所有成员都能了解学生的最新情况。例如，班主任与心理咨询师之间的沟通可以确保学生的情感需求得到关注；班主任、生活辅导员和生活适应科任教师的合作可以培养学生良好的生活习惯。明确的目标是协同合作的方向，班主任可以与团队一同设定长期和短期的教育目标，并制订实现这些目标的具体计划。例

177

如，对于一个患有学习障碍的学生，团队可以设定提高阅读能力的目标，并计划每个月的阶段性任务，以量化方式追踪进展。

班主任作为专业团队的核心成员，在团队技术与资源协同方面发挥着关键作用。班主任应该组织与协调资源共享，确保团队成员能够共享，并且能够使用和班级有关的各种教学资源（教材、教学软件、辅助设备等）。可以通过创建共享的在线文档和文件夹，使得所有团队成员可以访问和编辑所需的教学资源。例如，针对小海同学的特别辅导计划，班主任将与其学习相关的音频设备、文字转录软件和个性化教材放在一个共享文件夹中，确保所有团队成员都能访问。班主任需要促进团队成员之间的协同工作，以共同开发和利用适合学生需求的技术工具，可以使用微信、钉钉、QQ、网盘等共享平台，实时讨论和协调教学计划及技术工具的使用。例如，针对孤独症谱系障碍学生晨晨的问题行为干预，班主任将行为干预的策略整合到一个共享的在线平台上，以确保实施的一致。

### （二）跨学科合作与个别化支持

班主任应鼓励团队成员之间跨学科的交流与协作。教育助理可以与心理咨询师共同设计一套针对学生情感培养的方案，这样既能关注学生的学习，又能培养其社交能力。同时，发展性障碍学生常常需要个别化的支持和训练，班主任需要根据学生的特定需求，组织团队成员共同开发个别化教学计划。例如，针对孤独症谱系障碍学生，语言沟通能力的培养尤为关键。小正是一位孤独症谱系障碍学生，他在日常沟通中经常面临挑战，尤其是在与同龄人的互动方面。考虑到他的特殊需求，班主任组织了一个跨学科的团队，邀请了语言治疗师、心理咨询师和生活辅导员。团队首先对小正的语言能力进行了详细评估，了解他在词汇、语法和社会交往方面的具体困难，并以提高小正的日常交流能力，让他能更好地与同学互动作为核心目标。语言治疗师根据小正的具体需求，设计了一套个性化的语言训练计划。这个计划通过图片、角色扮演和现实情境模拟，逐步教授小正基本的问候、请求和分享等社交用语。班主任与其他教师合作，确保小正在课堂内也能得到实际的沟通练习机会，鼓励同学们与小正互动，并设计了一些团体活动，让小正有更多的机会与同学沟通。整个训练过程中，团队不断监测小正的进展，定期评估他在沟通技能上的改善，并根据需要调整训练计划。经过几个月的努力，小正的语言沟通能力有了明显的提高。他不仅学会了基本的日常用语，还能与同学分享自己的感受和想法。这个成功的例子展示了针对孤独症谱系障碍学生的个别化支持的重要性，以及专业团队协同合作的强大力量。

### （三）风险管理与危机干预

发展性障碍学生的教育涉及许多特殊和复杂的因素，其中风险管理和危机干预是至关重要的部分，班主任在这方面的职责尤为关键。

（1）合法合规与遵守道德伦理。确保所有的教育和支持服务符合相关法规和道德准则，包括学生的隐私、安全和无障碍等方面的权利。在为某一发展性障碍学生制订个别化支持计划时，班主任不仅需要参考当地的教育法规，还要确保该计划的实施符合人权和平等待遇的原则。如果计划中含有一些特殊教育技术，班主任需确保它们的使用符合学生的隐私权和个人尊严。

（2）准备应对突发事件和危机。通过建立和维护风险管理及危机响应计划，以保护学生和团队成员。对于一名容易焦虑和情绪失控的孤独症谱系障碍学生来说，班主任可能会与心理医师、家长和其他教职工共同开展风险评估。评估后可以制订一个危机干预计划，包括如何识别该学生即将失控的迹象，以及在情绪失控时如何安全地干预。这个危机干预计划可能含有特定的干预技术（例如帮助学生平静下来）、沟通协议（例如如何及时通知学生的家长和校医）、培训计划（例如训练教职工如何使用干预技术）。

## 二、家校共育的合作管理

针对发展性障碍学生，在班主任实践中的家校共育合作管理可以深入细化为以下三个主要部分。

### （一）共同制定目标与执行

针对发展性障碍学生，班主任与家长需共同为学生制定个别化的目标。先要了解学生的具体障碍和需求，包括学习障碍、沟通问题、社交技能等多个方面。班主任可以先与家长进行深入访谈，了解学生在家庭环境中的表现和需求。再采用适合的评估工具和方法深入了解学生的具体障碍和个人情况。最后结合家长、教师和其他专业人员的观察和反馈，获得全面的学生"画像"。基于学情分析，班主任需要组织家长、教师和专业人员召开研讨会议，共同讨论和确定学生的教育目标，并将共同确定的目标整理成书面计划，确保所有相关方明确了解。需要注意的是，目标应具有可调整性，以适应学生的不断成长和变化需求。还要与家长定期沟通，分享学生在校进展，并了解家庭中的实施情况。根据学生的实际进展情况和家长的反馈，及时调整教育计划和目标。

### （二）形成沟通与协调的机制

发展性障碍学生的特点常常涉及学习、社交和行为方面的困难。在了解每个家庭的独特需求和文化背景下，在采用包容和尊重的态度的基础上与家长进行协同育人的有效沟通。以下是一些具体的措施和方法：

（1）明确沟通与协调计划。制订明确的沟通计划，确定哪些信息需要共享，何时共享，以及通过何种渠道共享。将沟通计划与学生的个别化教育计划结合，确保所有参与者对学生的需求有共同理解。

（2）定期召开家校沟通会议。举办每学期的家长会，让教师与家长面对面交流。通过电话或视频会议的形式定期分享学生在学校和家庭的情况。

（3）建立信息共享机制。使用数字平台或现有的教育应用程序，让教师和家长共享学生的作业完成情况、考试成绩、行为观察等。例如，通过创建一个家长微信群，定期分享学生在班级的情况，同时鼓励家长分享孩子在家里的表现。通过这样的沟通，教师可以更全面地了解学生的需求，家长也能了解到孩子在学校的进展。

（4）定期评估沟通与协调的效果。设定沟通的目标和期望效果，通过问卷调查、访谈等方式收集教师、家长和学生的反馈。根据反馈调整沟通与协调的策略和机制。

## （三）针对性的支持与培训

针对发展性障碍学生，班主任的作用不仅限于课堂教学，还涉及与家长的密切合作，确保学生在学校和家庭中得到连贯和全面的支持。首先，班主任需要与家长共同分析学生可能出现的问题行为或学习困难，确定原因，并寻求解决方案。持续跟踪学生的进展，确保教育干预的效果。其次，班主任可以组织家长工作坊和培训活动。例如，对于一名患有注意力缺陷障碍的学生，班主任可能会教授家长如何在家中设置学习环境和时间管理策略，以支持学生的自主学习。再次，还可分享教育材料、工具和方法，协助家长在家庭环境中实施，并提供持续的支持和指导，帮助家长克服在教育过程中的挑战。又次，班主任还需确保家庭能访问和使用学校的教育资源。通过电子邮件、家庭访问在线教育平台，与家长分享教学资源和辅助工具。例如，对于一位有学习障碍的学生，班主任与家长共享一个在线教学视频库，并提供如何在家辅导的指导。这些在线资源的共享使家长更有信心和能力在家中支持孩子。最后，班主任还应增强家校之间的信任和合作。定期提供培训和支持，让家长了解如何在家中支持学生的学习，鼓励家长提出问题，并及时解答疑虑。这样的紧密合作和有效沟通有助于构建坚实的家校伙伴关系，以确保发展性障碍学生在学校和家庭之间得到一致和全方位的支持和鼓励。

## 三、社区资源的应用管理

班主任有效地利用社区资源，提供全方位的支持，帮助发展性障碍学生更好地融入社会。

### （一）资源的识别和挖掘

班主任在与社区机构、非政府组织及其他相关团体建立联系的过程中，需积极识别并挖掘可用的资源和服务。这一过程不仅是寻找资源的过程，更是一个双向合作和沟通的过程。班主任应深入了解所在社区的各类资源（如文化中心、家庭综合服务中心、图书馆等），并主动与之建立联系，探讨可能的合作空间。与社区卫生和心理健康机构合作，可以为学生和家长提供综合性支持，比如定期的健康检查、心理辅导等服务。

### （二）信息共享与特殊需求合作

班主任应与社区合作伙伴建立信息共享机制，确保双方的资源和服务信息及时更新和交流，从而实现资源的互补和最大化利用。此外，根据学生的特殊需求，与社区资源共同设计针对性的合作方案。比如，与社区专业人士合作，为特定类型的发展性障碍学生提供专门支持。

### （三）实践活动与专业支持

班主任可以组织发展性障碍学生参加各类社区活动，以促进学生在真实环境中的实践和社交技能的提高。例如，组织学生参与社区环保活动，到公园进行捡垃圾等活动；安排学生看望社区的孤寡老人等，增进学生的社会责任感。同时，鼓励学生在社区的家庭综合服务中心参加诸如美术、音乐、体育等兴趣小组活动，与社区其他成员一同学习和成长。这样的实践活动特别有助于发展性障碍学生的交际和协调能力的提高。

除了组织学生外出实践，班主任还可以邀请社区人员进校园，开展安全教育的讲座、开设工作坊等活动。这种校园与社区的合作方式可以让学生更直接地了解社区的多元化资源，也为发展性障碍学生提供了更为丰富和实际的学习经验。利用社区资源，为家长提供了如何在社区中找到支持和帮助的指南或介绍，使家长也能更好地参与和支持学生的教育和成长。

# 第四章
# 赋能发展性障碍学生的综合实践

## 案例导学

在学年初的开学工作会议上，学校多次强调学校对班级建设的重视，提出在解决带班育人现实问题的基础上，能够起到组织引领的作用，进一步推进学校班级科任老师协同育人机制建设，加强家校沟通形成教育合力，探索基于生活品质的班级建设新模式，为学生提供更适切的教育。本学年五年级 2 班新组建的班级管理团队，开展了紧锣密鼓的班级建设筹备工作。首先，班级管理团队的四位老师分头行动，收集班级和每个学生以往的教育教学资料。其次，班主任与每一位学生家长进行了深入而细致的沟通和交流，对学生进行了全面的教育诊断。最后，班级管理团队就班级未来发展或学生个人情况与其他所有班级科任老师进行探讨，并通过五年级 2 班科任教师协同开展教研会，确定五年级 2 班的班名为"同心圆班"，初步形成班级建设理念为"以学生为中心，尊重学生的个体差异，关注学生个性化发展，为学生未来融入社会、适应生活筑基铺路，以仁爱与专业为内核，学科教师们同心协力，亲师齐心合力，打造赋能学生成长的学习共同体，发展共同体，生命共同体"。

经过开学第一周准备，在五年级 2 班教室里举行了"与爱同行：五年级 2 班我爱'同心圆班'班级建设启动仪式"。这个"同心圆班"的班级建设启动仪式，是经过了班情学情诊断性评估之后，基于评估结果确定班级建设理念和目标，正式开始进行系统化班级建设的起点。之后，五年级 2 班"同心圆班"

的全体学生、教师、家长一起建设班级，使得我们的班级真正赋能学生学习、发展与成长。需要做到的内容包括：一起形成班级发展规划、班级建设的长短期目标，设计班徽、班旗、班歌、班服、班章等班级标识，进行教室物理环境建设、班级精神文化建设、班级制度文化建设等。

## 本章导读

　　赋能发展性障碍学生的综合实践，要从班级整体发展的角度考虑，使得班级形成团体动力，成为具有向心力、凝聚力、内驱力和教育功能的班集体。既要对班级管理的全局性理解，也要更本质地看待每一位发展性障碍学生需要解决的问题。既要考虑到班级管理所有要素之间的关联性，也要考虑到学生成长与班级发展的动态性。因此，本章通过总结和提炼一线班主任带班的具体做法，从有关带班育人方略、强化系统构建、休闲能力提升三个部分的内容进行探讨。

# 第一节 赋能发展性障碍学生带班育人方略的综合实践

带班育人方略是班主任为了达成一个较为长远的目标而制定的较为宏观的方案，是班主任为达成班级发展目标，立足本班实际，遵循教育规律与学生身心发展规律，在全面开展班级共同体建设、师生成长发展的过程中，制定的班级工作的方法与策略，规划与实施并重，体现了方向性、针对性、操作性。

## 一、带班育人方略的设计

### （一）带班育人方略设计的原则

（1）立足学生成长与班级发展。班主任设计带班育人方略时一定要结合基于对班情和学情评估的基础上，从解决问题到引领发展，进行全局性、战略性和长远性的考量。要从发展性障碍学生的角度考虑，为他们将来融入社会、适应生活打好基础。

（2）绘制班级发展蓝图。班主任设计带班育人方略时要全面、系统、综合地去考虑。先要设计顶层系统架构，明确班级发展目标，以及形成结构化的达成目标的班级发展指导方案。

（3）具有可操作性和实践性。班主任不仅要建设带班育人方略实践体系，该体系能够指导实践，贯彻落实在班级建设不同方面开展的班级活动，还要深入而具体地设计如班级文化建设、班级活动组织、家校合作等多个子系统。

（4）呈现班级发展的动态生成过程。班级发展是一个动态生成的过程，在班级的诞生、发展、成熟，最终形成理想的班级的过程中，班主任要做到三件事：一是能在关键时期，抓住关键事件、关键人物，创新实践，最终促进班级的良性发展；二是因发展性障碍学生的发展具有差异性、不平衡性和可变性，评估要贯穿始终，尤其是要进行过程性评估与效果监控；三是形成班级发展的里程碑计划，逐步推进。

### （二）带班育人方略涵盖内容的简要说明

根据目前在班主任实践中，以发展性障碍学生为中心，初步形成的带班育人方略，主要包括以下事项，各事项简要说明如下：

（1）带班育人理念。育人理念是对育人规律的本质思考，是对育人价值的根本追求，是班主任在工作实践中所要依据的指导思想和行为准则，是班主任育人哲学和思维方法的体现。育人理念要明确、科学，符合育人规律。

（2）学情班情。首先要对班级内的学情进行深入了解，然后进行班情分析（学情、校情、社情），针对班级基本情况进行了解和分析。使用钮文英老师在《身心障碍者的正向支持（第二版）》中编制的班级经营评量表。

（3）班级目标。班级目标是指班级经过一段时间的建设，所期望达到的水平，一般包括班集体的总体期望，以及对学生发展的期望。

（4）实践体系。班级组织、制度、环境、关系、协同、活动、情感等实践体系建设是带班育人方略的主体部分。实践做法必须有内在的关联度，有清晰思路和明确举措，以体现针对性、操作性和系统性，要与前面三个部分的内容相联系，要把育人理念付诸实践，再把实践经验上升为理论。主要包括：班集体建设、班级活动组织、学生发展指导、综合素质评价、沟通和合作等。

（5）班级特色。对于发展性障碍学生的班主任实践中，形成班级特色主要体现在育人方式和班级活动上，以及学生个体支持策略和班级管理方法的专业化、个性化应用上。

（6）班级成效。班主任要在发展性障碍学生的评价维度上进行设计，建立多元评价的模式。

### （三）带班育人方略的设计工作程序

完整的带班育人方略的设计工作程序要系统化、模式化，班主任在进行带班育人方略撰写时，能有完整的概念和清晰的构思。一般针对发展性障碍学生的带班育人方略设计，在工作程序上可以归纳为以下几个步骤。

（1）启动设计。确定与带班育人方略有关的各项事务，准备好需要查阅的各项班级资料和相关表单。

（2）确定班级建设理念。可以综合考虑"立德树人"的根本任务，促进学生的个性化发展。思想决定行动，班级建设理念是班主任如何看待学生成长的核心价值观。班主任要以国家的教育方针和政策为指引方向，依托学校的育人理念和培养目标，结合自己的教育理念和班级实际情况，确定班级建设理念。

（3）收集基本资料。需要收集班级内每个学生的资料，尤其是发展性障碍学生的个别化教育计划。如果非新建班级，还要清楚班级建设历史。

（4）实施班级评估。班级评估应参考班级建设过去所施行的各种资料，选用标准化或非标准化的评估工具来评估班级在环境建设、亲师沟通、行为管理等方面的情况。主要方式包括访谈、问卷调查、观察记录、评量表等方式。常用的非标准化评估工具主要有钮文英老师编制的班级经营评量表、洪丽瑜的教师教学与班级经营策略表等，各班根据实际需要进行改编。

（5）班级SWOT分析。根据对上述班级评估结果，使用SWOT分析法来确定班级自身的发展优势、发展的劣势、机会和阻碍。从而将带班育人方略和班级的内部资源、外部环境有机地结合。并通过交叉矩阵，形成最大限度利用优势与机会的优势强化策略，通过生态环境改善来弥补班级的劣势改进策略，通过打造特色班级文化的差异化发展策略，建立三级预防干预系统的规避策略。

（6）班级发展目标。班级建设是一个多内容、多层次的实践活动。设计赋能发展性障碍学生的班级发展目标，要形成整合的目标分类体系。从分层上看，包括班集体的发展目标和学生个体发展目标。再从内容上看，班集体发展目标包括组织目标、教育目标和管理目标，学生个体发展目标包括每个学生的问题解决目标、能力发展目标和个性发展目标。再从时限上将各项内容进行系统性设计，包括长期、中期、短期目标。其中，长期目标是班级最终奋斗目标，可以理解为小学六个学年度、初中三个学年度或义务教育阶段九个学年度的班集体总目标和学生个体总目标。中期目标是长期目标的分解，在总目标的前提下，使目标更具体，通常指一个学年度的班集体目标和学生个体目标，是班级年度工作计划的重要组成部分，也是班级年度工作的努力方向。短期目标指一个学期以内的几周或几个月的阶段性目标，每一个短期目标的制定、落实与实现，都能使班集体和学生个体发生小的进步。

（7）确定实践体系的呈现内容和方式。以班级发展目标为导向，设计达成目标要进行的班级管理内容，为带班育人方略的规范化实施提供保障，包括综合考虑班级管理的人员、组织、资源、课程设置等要素，设计通过哪些方式、途径和手段来达成目标。

（8）评鉴带班育人方略的实施成效。在实施带班育人方略之后，班主任宜根据班级发展中短期目标建立评鉴指标，并定期检讨使用的方略是否有效，如果无效，则要进行改进或调整。

## 二、基于班情评估拟订班级管理计划和目标

带班育人方略的综合实践，需追寻班级自然发展的轨迹，提炼可长期系统化执行的操作要领，建立可供依循的实践程序。在班主任实践中，班情评估贯穿始终。

## （一）班情评估

目前，班情评估在班级管理综合实践过程中起到了关键的作用，但尚未形成统一和标准化的评估工具和方法。以下通过萃取班级管理案例的最佳实践，提炼总结的多维度班情评估实践。

（1）通过初始评估，帮助确定适当的班级管理计划和班级管理策略。初始评估是在班级管理之初，对班级中所有发展性障碍学生的个体情况、班级团体发展情况、班级等进行全方位的评估。由班主任主导，联合其他科任教师和学生家长进行评估。以培智学校 Q 班为例，其初始评估的相关因素如表 4-1所示。

表 4-1

| 培智学校 Q 班班级管理初始评估记录表 | | |
|---|---|---|
| 评估日期 | 2023 年 9 月 4 日—2023 年 9 月 10 日 | |
| 评估人员 | 班主任、副班主任 | |
| 评估内容 | 1. 班级物理环境<br>2. 班级社会环境<br>3. 行为管理<br>4. 有效教学<br>5. 活动参与 | |
| 评估方式 | 评估工具 | 备注说明 |
| 观察 | 《班级管理观察清单》 | 日常观察班级内学生的行为和反应 |
| 访谈 | 《班级管理访谈问卷》 | 收集学生、家长和科任教师的观察和看法 |
| 评量表 | 《班级经营评量表》《教师教学与班级经营策略表》 | 班主任和科任老师进行填写，评量相关的班级管理和教学情况 |

（2）形成性评估。在班级管理过程中，形成性评估是一个持续和动态的过程。实时提供关于学生表现和班级管理实践的客观数据，以便班主任可以及时而灵活地调整班级管理计划，更好地适应学生的变化需求和情况，确保班集体发展始终与学生个体成长保持同步。需要强调的是，形成性评估过程中，班主任要引导学生成为主要评估者，引导学生进行自我评估、评估他人和评估班级环境，促进学生自主学习、自我调整、表达需求和观点。

（3）终结性评估。评估整个班级在学年结束时的总体变化，反映班级管理的整体效果，为下一学年的班级管理规划提供依据。

### （二）拟订班级管理计划

班级管理计划在班级管理综合实践过程中起到了核心作用，是班级管理综合实践的基础，为班主任实践提供了明确的方向和结构。

（1）学生参与班级管理计划的拟订过程，使得学生明确在班级内要遵守的行为规范和学习目标，增强学生的归属感和自主性。班级管理计划要明确，有助于促进教师与学生、家长及其他教育工作者之间的沟通和协作，确保班级管理的一致性和连续性，建立稳定有序的班级学习环境。班级管理计划既要针对班级团体发展制定班级管理策略，也要针对不同发展性障碍学生的个体需求和能力制定个别化策略。通过设置明确的目标和相应的标准，班级管理计划可以促进持续的监测和评估，从而实现及时反馈和调整。班级管理计划有助于识别和整合学校和社会的资源，以支持学生多方面需求。

（2）拟订班级行为管理计划是一个系统化的过程，可分为三个主要阶段：准备阶段、酝酿阶段和形成阶段。其中，在准备阶段的主要任务是了解班级实际情况，归纳整理和分析初始评估信息，将信息按照"个体""团体"和"支持环境"进行分类，关注团体氛围、人际关系、活动参与度、团体教学效果等多个方面。依据学生、团体和班级环境的现状，确定班级管理中要解决的问题。在酝酿阶段，将诸多要解决的问题进行分析，挖掘各问题之间的共同点或互动联结点，提取设计班级行为管理计划的基本要素和依据。根据分析的结果，确定班级行为管理计划的基本架构，包括具体类型、每种类型的层次结构和时间线安排，明晰目标之间的逻辑关系。在形成阶段，生成班级管理计划中的长期目标，再根据长期目标细化中短期目标，明确达到目标所需完成的所有任务，并要说明完成任务的具体实施细则。

### （三）班级管理目标的撰写

目标具体的撰写要求见第三章第一节"赋能发展性障碍学生的目标管理"部分。本部分以培智学校 Q 班为例，拟订的班级行为管理计划，涉及的重点领域和目标如表 4-2 所示。

表 4-2

| 培智学校 Q 班 2023 年度班级管理目标 | | |
|---|---|---|
| 领域 | 侧重点 | 班级管理长期目标范例 |
| 教室物理环境 | 营造有序的、支持性教室物理环境 | 建立规律合理的班级日常作息 |
| | | 提供有序的结构化的物理环境 |
| 班级社会环境 | 建立良好的社会关系，促进团队建设 | 班级中每位学生都感到安全和被接纳 |
| | | 增加学生之间的正向社交互动和合作 |
| 活动参与度 | 营造一个支持性的活动参与环境 | 学生能够在班级情境中做选择 |
| | | 促进学生自主学习能力的发展 |
| 班级行为管理 | 增加学生正向的社会行为 | 建立学生在班级中的行为规范 |
| | | 用恰当的方式表达需求或拒绝 |

接下来带班育人具体实践的部分，请参考第二章和第三章的内容，本部分主要以培智学校 Q 班为例，探讨班级管理策略的综合实践。

## 三、教室物理环境管理的综合实践

针对教室物理环境管理，培智学校 Q 班采用的具体实践策略主要包括三个方面。

### （一）构建结构化教室环境

将教室结构最大化，清晰地划分不同功能区域（比如阅读区、手工区、个人工作区、生活区等），帮助学生更好地了解每个区域的功能和使用方式。提供明晰的视觉提示和规则。使用图卡标示物品位置，使用标签、色彩编码和图示等视觉线索来增强学生的理解和导航能力，制订视觉提示的退出计划。例如，在 Q 班构建结构化的教室环境时，为学生创造一个结构清晰、功能明确、易于导航的学习空间。操作流程和方法如下：

（1）分析班级内所有学生的需求，并据此确定必要的区域，包括阅读区、手工区、桌面游戏区、生活区和集体学习区，依据区域要求设计教室布局。

（2）制定统一且醒目的区域标识，确保每个标识都清晰表达对应区域的功能，并放置在每个功能区域的显眼位置，以增强学生的理解和导航能力。

（3）汇总每个区域的功能、使用规则和注意事项。将收集到的信息编排成手册，可以包括文字描述、图片、示例等，制作区域活动手册，并分发给学生，或将其制成电子版供学生在线查阅。

（4）对学生进行培训，包括识别教室中的不同功能区域和明晰规则，并在各个区域进行实践，以巩固所学内容。

（5）制订视觉提示的退出计划，通过评估学生对视觉提示的依赖程度，设立合理的退出时间线，并在执行前与学生沟通，确保他们能够独立使用区域。

## （二）提供个人化的存储和工作空间

帮助学生感受到归属感，使其学会管理个人物品。通过活动课程教导学生分类、收纳、整理物品，发展其独立管理物品能力。例如，在 Q 班的教室里为每个学生设定一个标签化、专属的储物空间。班主任通过一系列"我的物品我管理"活动，让学生熟悉自己的专属空间，培养个人物品管理的责任感。通过实际操作让学生掌握收纳整理的技能，并逐渐实现独立管理。先以直观的图示、实物演示等方式训练学生分类、收纳、整理自己的物品。再组织学生进行真实物品的分类、收纳、整理的练习和比赛。同时，利用每天早上五分钟的时间，班主任对学生的储物空间进行检查，对于整理得当的学生给予肯定和适当的奖励，以确保学生掌握并持续执行整理收纳的技能。另外，将学校所学的技能扩展到家庭环境，实现环境间的一致性教育。建议和指导家长在家中实施类似的物品管理教学，并定期与家长沟通学生进展。对于班级中的个别学生，提供个别化支持，确保每个学生都能在适合自己的节奏和方式下掌握所需技能。

## （三）建立一日作息时间表

（1）明确定义日程，有助于培养学生良好的生活习惯。以下是关于 Q 班在班主任指导下创建一日作息时间表的具体操作步骤与方法：①班主任细致分析学生的年龄和学习需求，考虑晨间、入校、午餐、午休等多个时间段，与学生一同商讨并制定详细的一日作息时间表，每个时段的活动都要有清晰的规划。②为了让学生理解与掌握时间表，班主任运用课堂讲解、示范以及与学生互动的方式，使学生认识一日作息时间表的重要性，并引导他们按照表中的时间进行日常活动。一个有效的执行方法是将可移动的一日作息时间表设在黑板最右侧，每天早上，交由值日生依照当日的时间安排，按时序排列一日活动，并进行本日时间表的报告。③监督学生在校内的作息情况。④班主任还要与家长沟通，制定每位学生在家中的居家作息时间表，并在每周日晚的线上家长交流群里，共享居家作息时间表的执行情况。

## （四）建立活动例行程序

有效的例行程序对于班级管理至关重要。常规活动的例行程序指的是为活动制定的常规步骤或流程，包括一系列有序的操作。这些例行程序有助于提前规划、组织和协调各项活动。在班级中建立一致的例行程序后，学生就会知道在活动中如何行动才是被期待和鼓励的，并在活动中遵循一致的方法，从而使学生更能自主地进行活动。在 Q 班，班主任带领学生们完成了拟定、描述、教导和呈现活动例行程序。

（1）拟定和描述活动例行程序。例如，每天早上，Q 班的学生到达班级后，会按照以下例行程序进行活动安排：在课前五分钟内，学生会按顺序进行一系列动作：他们会将胸卡放置在指定的位置，将书包放在指定的区域；他们会取出当天的作业并将其整齐地放置在作业区；学生会自觉照镜子检查自己的仪容仪表，确保整洁得体。通过这一精心安排的流程，学生们在短短的五分钟内完成了这些任务，从而为即将开始的一天学习活动做好了准备，也培养了他们的自律性和班级秩序感。这个例行程序的实施有助于建立一个有序的学习环境，为一天课程的开始奠定了良好的基础。

（2）清楚明确地教导学生例行程序。方法如下：在开始教导之前，班主任应明确指出每项活动所必需的例行程序。随后，逐步演示每个活动的步骤，确保学生能够清晰地了解正确的操作流程。在演示的同时，结合口头说明强调每个步骤的关键点，突出注意事项、正确顺序以及细节的重要性。接着，让学生根据演示和说明，反复练习每个活动的步骤。也可以采用角色扮演或行为演练的方式，让学生模拟各活动的执行过程，进一步加深理解和记忆。在实践中，班主任组织全班或小组实践，让学生一同执行例行程序。遇到执行有困难的学生提供个别指导，确保每个学生都理解并能正确地执行活动的步骤。班主任应适时提醒学生遵循例行程序，并定期检查他们的执行情况，积极给予反馈和认可。同时，纠正错误操作，协助学生不断提升表现水平。

（3）例行程序应当符合情境脉络的具体要求。具体包括以下几点：第一，了解活动的性质，是日常学习、体育锻炼、艺术活动还是其他类型的活动。针对不同性质的活动，调整例行程序，确保适应特定目标和要求。确定各参与者在活动中的角色，以便明确每个人的责任和行动方向。不同的角色可能需要不同的例行程序，以确保各方协调合作。第二，根据活动的逻辑流程，合理安排例行程序的顺序，确保活动的各个阶段按照自然顺序进行，避免混乱或不协调的情况。针对特殊活动可能存在的特殊要求，相应地调整例行程序，确保活动的顺利进行。第三，根据活动的时间限制，合理分配各个步骤所需的时间，确保例行程序简洁明了，特别是在短时间内执行的例行程序，步骤应简洁且易于记忆，避免过多的复杂操作，并确保活动在规定时间内完成，避免时间浪费。

（4）将选择融入例行程序中。①调整活动顺序，考虑到不同的时间和情境，可以让学生自主选择例行程序的顺序，以适应他们的需求和时间安排。②允许学生根据自己的偏好，选择符合他们风格的材料、颜色或书写工具，以便更好地完成活动。③让学生自主选择是独自完成还是与小组伙伴合作完成例行程序中的特定活动，以促进合作和协作能力。④允许学生选择在教室的哪个区域完成活动，以提供更多的自主性和舒适度。⑤让学生自主选择如何向老师报告完成活动，可以是口头、书面、数字等多种方式。⑥考虑为参与者提供一些奖励选择，让他们能够根据自己的兴趣和动机选择适合的奖励方式。通过将这些选择融入例行程序中，可以增加参与者的主动性和投入感，同时也能够更好地满足不同学生的需求和偏好，有助于促进发展性障碍学生自我管理能力的培养。

## 四、班级社会环境管理的综合实践

针对班级社会环境管理，培智学校 Q 班推行了一套全面的实践策略，主要包括以下三个方面。

### （一）情感支持与心理健康

（1）建立班级内的信任关系。发展性障碍学生可能需要更多的支持和理解来适应学校环境，建立学生们在班级内的信任关系，培养师生间、学生间的积极社交互动能力，能够使学生感受到真诚和理解。具体实践要点包括：①班主任要与学生建立信任关系，定期与每位学生进行一对一的谈话，让学生感受到被关注和被尊重，同时也能更深入地了解他们的需求和情感状态。了解学生的兴趣爱好，鼓励他们参与感兴趣的活动，从而建立起共同话题和情感纽带。鼓励学生分享自己在学习和生活中遇到的困惑和挑战，倾听他们的感受，为他们提供解决问题的建议和支持。注意观察学生的积极表现，及时给予肯定和赞扬，增强他们的自信心和自尊心。例如，Q 班的班主任设计了"爱你的风采"系列活动，体现了班主任对学生的信任与关爱。首先，在班级里创建一个多元化的展示平台，让学生可以通过绘画、手工艺、音乐、舞蹈等不同的方式展示自己的才华，为每位参与活动的学生颁发认可证书，表彰他们的参与和付出，同时让他们感受到班主任的肯定和关心。其次，班主任和每位学生互相表达喜爱和关心，学生自由选择自己喜欢的方式，可以是口头表达、展示画作、录制音频或视频等。最后，在活动结束时，班主任可以用一些简短的话语，表达对每个学生的感谢和鼓励，强调他们的进步和特长。②在建立班级内信任关系、促进发展性障碍学生积极社交互动方面，设计小组活动和合作学习是非常有效的方法。根据学生的兴趣、能力和性格特点，巧妙地分组，使每个小组成员都有机会发挥自己的优势，同时也能够互补不足。设计需要互相依赖和协作的任务，让学生们不得不在合作中相互帮助，增强彼此之间的友情和互信。如果在小组活动中出现问题或矛盾，班主任可以引导学生相互帮助共同解决问题。例如，在小组活动中，班主任为发展性障碍学生设计了一个以"班级列车"为绘画主题的创意活动。将列车象征为班级共同前行的精神。班主任将班级学生分成多个小组，每组负责设计和绘制列车的一部分（如车厢、车头、车尾等）。在这个过程中，每位同学被要求提供一张他们的正面照片，以便后续贴在车厢的座位上。班主任与小组成员一起制订绘画计划，包括设计思路和颜色选择。随后，每个小组按照计划开始绘制作品，可以采用彩绘、粘贴等多种方式，以呈现一列生动有趣的班级列车。在车厢的座位上，贴上学生的照片，模拟坐在列车里的感觉。同学们有机会选择邻座的"乘客"，从而在作品中创造出友善和互助的场景。当各个小组完成绘制后，他们的作品将合成一幅完整的列车绘画，这幅作品将在班级内进行展示，通过展示，同学们可以欣赏并体验到这个共同创作的成果。展示后，班主任可以引导同学们进行讨论，分享他们对这个绘画作品的理解和感受，从而增进彼此之间的交流。通过这个活动，同学们不仅能够感受到合作的乐趣，还能够体会到互助在"班级列车"中的重要性。同时，这个活动也有助于培养班级凝聚力和信任感。

（2）心理问题发现与干预。针对发展性障碍学生的心理问题发现与干预，班主任可以采取以下具体操作和实践方式：①班主任需要时刻关注学生的言谈举止，留意可能出现的情绪波动、行为改变或社交问题。这有助于及早察觉学生的心理问题的迹象。②定期与学生进行个别交流，了解他们的情绪状态、困扰和挑战，帮助他们排解不良情绪。组织小组讨论，让学生分享彼此的情绪和心理体验，促进伙伴之间相互提供情感支持。③与学校心理教师紧密合作，分享观察到的情况，共同制订心理健康干预计划。④定期组织心理健康教育活动，为学生提供心理问题的认知和处理方法。通过知识传递，提升学生对心理健康的认识。⑤与学生的家长保持密切联系，分享学生在学校的情况，共同关

注学生的心理健康，提供家庭层面的支持。

### （二）提高学生社交技能

提升发展性障碍学生社交技能，是班级社会环境管理的重要一环。培养良好的交往方式有助于创造积极的班级氛围，促进学生合作，增强他们自信、解决冲突的能力，助力学生更好地适应社会环境。在 Q 班，班主任在提高学生社交技能的综合实践方式包括以下几个方面：

（1）创建支持性环境，班主任可以营造一个积极、友好、包容的班级氛围，让每位学生都能感受到彼此的尊重和支持，从而鼓励他们更积极地参与社交互动。定期组织各种合作活动（例如小组项目、合唱团、戏剧演出等），这些活动能够促进学生与同伴之间的合作和交流，培养他们的团队合作意识。设立友谊导师制度，让某些学生充当导师，引导和支持其他同学，加强同伴之间的互助和合作。

（2）在班会活动或主题活动中，探讨情感、友谊、同理心等话题，引导学生更好地理解和管理自己的情绪，提升他们的交往能力。设计角色扮演活动，让学生模拟各种社交情境，从而练习与陌生人交往、表达意见等不同的社交技能。教授社交规则和礼仪，帮助学生了解适当的社交行为，从而提高他们的社交技能和自我管理能力。结合集体活动和整合型班会活动，将社交技能训练内容细分为自我感知、环境适应、任务管理、人际互动等多个层面，通过角色扮演、小组讨论等方式进行系统化训练。

（3）培养学生解决冲突的能力，鼓励他们在面对分歧或问题时，采用合适的沟通方式，寻求和谐的解决方法。

（4）培养学生的表达技巧。比如，在班会或语言课上，开设话题讨论，让学生分享自己的看法和经历，提升他们的表达能力和自信心。

（5）着重提升沟通技能。例如，对于听障学生，注重非语言沟通的训练，包括面部表情识别和身体语言等，并结合多媒体和特殊教育软件等现代辅助工具，如丰富教学手段。

### （三）形成班级团体动力

（1）班主任和学生一起设定共同的目标和价值观，通过班会或讨论会，共同确定班级的追求。同时，通过协同制定班级规则，确保所有人遵守。

（2）组织各种团队活动和比赛（如体育比赛和文化节），以培养团队合作精神，在团队活动中制作班级标志、口号等团队符号，让学生感到自豪和归属。然后，将团队成果和活动展示在教室中或班级 QQ 群等社交平台，以激发学生和他人分享自己的参与感受。并设置个人贡献和奖励机制，表彰在团队活动中表现出色的学生，增强他们的责任感和成就感。

（3）跨学科项目和体验也能够提升班级团队动力。设计跨学科项目，让不同兴趣和专业的学生协同合作，培养更广泛的团队合作能力。

## 五、提高活动参与度的实践

提高发展性障碍学生在班级活动中的参与度和成就感，以下是 Q 班的具体操作程序。

### （一）为学生提供支持

班主任在与学生家长、生活辅导员、科任教师沟通，了解学生的障碍类型、需求以及适用的支持方法，确保班级环境和活动场所对学生友好，并提供必要的辅助工具。对于部分学生，分配志愿者或同伴支持，帮助发展性障碍学生参与活动，例如，帮助他们理解指令或进行互动。记录学生的参与情况、进展和成功案例，并与同事、家长共享，为今后的计划制订提供依据。对学生的

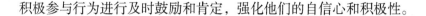

积极参与行为进行及时鼓励和肯定，强化他们的自信心和积极性。

### （二）多样化活动设计

活动的时间要适当，要将活动安排在学生能够集中注意力和参与的时间段，避免引起学生的疲劳和焦虑。活动的形式要多样化，通过游戏、多感官活动等，吸引学生的注意力，满足不同学生的感知需求。班级活动内容要贴近学生的生活，可将学生日常的照片、视频大量运用到活动中，结合学生日常的经验设计班级活动，也可以将已有的班级活动内容融入新的班级活动之中。

### （三）多元化活动组织方式

将学生分为小组，确保每个小组都有乐于参与活动的学生，鼓励小组成员相互协助、支持，促进集体合作。鼓励同伴主动提供帮助和支持，与发展性障碍学生一同参与活动，促进他们互相帮助和合作。提前告知学生即将进行的活动内容，帮助他们做好准备，以降低不确定性带来的焦虑。也要提供适度的挑战，激发学生的兴趣和动力，但避免给他们造成过大的压力和焦虑。提供和活动相关的技能培训，帮助学生与同伴进行更有效的交流和互动，使用辅助工具和技术如音频故事书、可视化材料等，帮助发展性障碍学生更好地理解和参与活动。

## 六、班级行为管理的实践

发展性障碍学生在成长和适应环境的过程中，经常会出现各种类型、不同程度的问题行为。在一个班级里，班主任常被学生们层出不穷的问题行为弄得焦头烂额，学生自身也无法很好地学习和发展。赋能发展性障碍学生班级行为管理的综合实践，则是针对这种现实情况的经验积累。在班级行为管理方面，

Q 班的具体实践包括以下两个方面。

## （一）常规行为的训练与表现

在发展性障碍学生的班级管理中，通过任务分析法建立班级整体的行为常规，需要有一套系统的操作程序和方法。以下是一个具体案例，结合常规行为，描述任务分析法在班级整体行为常规中的操作程序和方法。在 Q 班建班之初，全班学生在班级或校园活动中常表现出不遵守行为常规、纪律性不足等问题。班主任与科任教师共同确定希望学生表现出的整体行为常规（如上课坐姿端正、保持安静等）。鉴于学生的实际情况，采取的步骤包括：

（1）将每个常规行为分解为可操作的步骤，例如，关于上课坐姿端正就分解找到座位、脚放平、身坐正、手放好、抬起头、看老师等具体步骤，为每个步骤提供提示和指导。

（2）在班级中组织集体训练，引导学生逐步完成这些步骤。在集体训练中，对学生的积极表现进行正向反馈，鼓励学生继续努力。

（3）在每节课上课铃响后，班长喊口号"准备上课"，学生找到自己的座位坐好。然后在老师的带领或提示下边喊口号"脚放平、身坐正、手放好、抬起头、看老师"边做动作，随着时间的推移，逐渐减少对学生的提示，让他们逐渐独立地完成这些步骤。

（4）设立奖励制度，每周评选课前常规优秀奖，鼓励学生坚持遵守课前常规。通过这些操作程序和方法，帮助学生逐步理解和遵守班级的行为规范。

## （二）反应中断策略的应用

学生出现问题行为后，主要采取反应中断策略，阻止问题行为的发生，采取的补救或保护措施都应与正常情况相符合，以避免造成不必要的创伤或混乱。需要注意的是，反应中断策略应谨慎使用，避免长期或过度依赖，并逐渐减少使用频率，以培养学生个体的自我控制能力，具体的实施方法如下所示。

（1）减少感官刺激带来的愉悦感。发展性障碍学生可能会对某些感觉刺激产生依赖，对疼痛反应较弱。可以通过替换刺激物品来减少刺激。比如，有的学生用下巴磕桌子以获得感官刺激，对于这种情况，我们用柔软的材料来替代硬物质，将桌子铺上软垫，以此来减少感官的刺激。

（2）采取弥补或保护措施。对于容易自伤或伤害他人的学生，首先要考虑如何进行有效的保护。可以给学生戴上头盔、手套等护具，避免其受伤，同时监督他们的活动，确保安全。

（3）动手阻止问题行为的继续发生。某些发展性障碍学生可能无法控制冲动，需要及时干预。当他们表现出冲动行为时，可以温柔但坚定地握住他的手，并引导他进行其他行为。

（4）使用刺激的转换转移注意力。将学生的注意力从不适当的行为转移到适当的活动上，有助于改变行为模式。当学生关注不当行为时，可以用口头暗示或展示有趣的物品，来转移他们的注意力。

（5）促进沟通并表达关切。增强沟通有助于了解学生的需要，进而提供适当的支持。要敏锐地观察到学生行为的先兆，并主动询问他们的感受，表达理解和关心。对于语言表达有困难的学生，可以使用图画和简单的语言进行沟通。

（6）促进身心的放松。许多发展性障碍学生容易感到焦虑或紧张，需要帮助他们放松。班主任可以借助视觉、听觉等多感官刺激来引导学生放松。

## 第二节　赋能发展性障碍学生强化系统构建的综合实践

强化系统是一种通过使用强化原理来鼓励或增强特定行为的方法。在班级管理中，发展性障碍学生往往需要额外的支持和激励来掌握特定技能、行为和学习习惯，为此建立强化系统是一种有效的实践策略，可以提供结构化的支持，提高学生的自信和学习动机，逐渐塑造和巩固学生的适当行为。综合实践主要包括：强化物的选择、确定与开发，强化的技巧，强化原理的团体应用及代币制。

## 一、强化物的选择、确定与开发

强化物的选择对强化有效执行起着关键作用。因此，无论是在确定可以控制、有效且可靠的强化物方面，还是在阐明识别潜在增强物并评估其效果的方法方面，抑或是针对那些"无欲无求"的发展性障碍学生个体、开发强化物等方面，都值得进行实践探索。

### （一）确定强化物的类别与品质

确定强化物的类别和品质是实施强化的首要任务。班主任实践中，确定班级内每个学生的强化物类别与品质，需要遵循一定的操作程序和要求。

（1）在确定强化物的类别方面，在赋能发展性障碍学生的班级管理中，运用不同类型的强化物来引导学生的行为：非制约强化物（一级强化物），通常用于满足学生的基本生理需求，通过提供食物、饮品或身体的亲抚来建立信任，例如，在完成一个小任务后，及时给予一个小零食作为奖励；制约增强物（二级强化物），通过学习和训练引导学生向期望方向发展，如以学习成就或表现奖励为激励，当学生在阅读方面取得进步时，奖励一本喜欢的书籍；类化制约增强物。班主任可以创造性地将各类强化物组合使用，例如在项目学习中，可以使用小零食和表现奖励的组合，以实现更广泛、灵活的教学效果。总体而言，班主任需要根据学生的需求和目标，灵活运用各类强化物，不仅要关注满足学生当前需求，更要富有创造性地引导学生的长期发展，形成一套具有实际

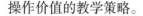

操作价值的教学策略。

（2）确定强化物的品质方面：班主任在选择强化物的品质时，需要结合学生的特点和需求，通过对强化物的使用时间、给予频率和强度的精心调控，以确保激励作用恰到好处，既不过度也不失去效果，从而更有针对性地促进学生的学习和成长。具体实践主要体现在以下三个方面：①班主任需要灵活地选择长期还是短期的强化物效果。例如，对于学生的日常行为规范，可能会使用及时的表扬或小奖励等短期的强化物；而对于学生长期的学习进展，可能会设置长期的目标奖励，如一个学期的优秀表现可以得到一次吃麦当劳的机会，这样的设置能更持续地引导学生。②根据强化物的给予频率提供强化物，过于频繁可能会引起依赖，而过于稀疏则可能失去效果。例如，在教育学生遵守纪律时，班主任可能会在开始阶段频繁给予表扬，然后逐渐减少频率，使学生逐渐内化为自我激励的行为。③班主任需要根据每个学生的需求，精心选择强度合适的强化物。例如，对于对表扬非常敏感的学生，一句及时的肯定可能就会获得显著效果；而对于需要更具体激励的学生，则可能需要小礼物或额外游戏时间等更有实质内容的奖励。

## （二）强化物的选择与开发

（1）强化物的选择。对于发展性障碍学生来说，选择适当的强化物是一项精心的任务，班主任通常使用强化物调查表来了解每个学生的具体需求。首先，班主任可以通过问卷了解学生的兴趣，或通过与学生进行一对一访谈更直接地了解他们的需求（如他们喜欢的食物或游戏），家长也可以提供孩子在家庭环境中的行为和兴趣的信息。其次，班主任应观察学生在不同场合和时间段的行为和反应，并记录下他们对哪些事物表现出兴趣和积极反应。最后，可以通过试用不同的强化物，观察学生的反应，并在调查表中记录。这个过程可能需要反复尝试和调整。随着学生的成长和变化，适合他们的奖励也可能会改变，教师因此需要不断回顾和更新这些信息。对于一些中重度的发展性障碍学生来说，找到合适的强化物可能更加困难。例如，有些学生对某些食物或玩具的兴趣可能会迅速改变，或者他们喜欢的东西不一定能作为有效的奖励。这时，班主任需要展现更多的耐心和创造力，以找到可以激励学生的合适强化物。总体而言，根据上述了解和观察，与学生的需求和兴趣相匹配的强化物的选择是非常重要的。例如，Q班的阿心是一名喜欢画画的孤独症谱系障碍学生。班主任通过在课堂和课余时间观察阿心，注意到她总是喜欢涂鸦和绘画。通过与小心的交谈，教师得知阿心喜欢在纸上画各种颜色的图案。在了解了这些信息后，教师可以选择与阿心的兴趣相匹配的强化物，提供画笔、彩纸等绘画材料作为强化物，或者设立绘画时间作为对其特定行为的奖励。

（2）强化物的开发。在班主任实践中，有些发展性障碍学生似乎没有明显的强化物，首先，这是因为发展性障碍学生的需求和反应相当复杂和个别化，使得找到适合每个学生的通用强化物变得具有挑战性。其次，由于沟通和表达能力的限制，可能会难以准确识别发展性障碍学生的真实兴趣和喜好。再次，针对这一情况，班主任可以采取以下两种策略来进行强化物的开发。一是先进行刺激偏好评估，再将刺激偏好转化为强化物。通过刺激偏好评估精确地了解学生的个人需求和兴趣，包括特定的食物、颜色、玩具、活动等。然后，在特定环境和情境下展示这些偏好物品或活动，并记录学生对它们的反应，以了解哪些偏好具有潜在的激励效果。一旦确定了学生对某些刺激的偏好，并证明了这些偏好能有效激励学生，就可以将它们转化为强化物。如果学生特别喜欢某种玩具，那么在完成特定任务后将给予该玩具的使用时间作为一种强化物。二是将学生高频出现的行为作为强化物，找出学生经常自发展示的行为或兴趣，并将这些行为与期望的新行为配对，作为强化过程的一部分。这种策略在实际教学中可以得到很好的应用。以Q班的小哲为例，他有离座的习惯，对此，班主任可以将其转化为一种强化机制。在处理他的问题行为初期，班主任并未直接禁止上课离座的行为，而是将其作为强化物。当小哲能够安静地坐五分钟后，教师就提供一些理由让他离开座位，例如去取一些学习用具或协助教师做一些小事务。通过这种方式，小哲的离座行为得到了合理的引导和利用，同时也鼓励了他的正向行为，逐渐形成了良好的上课习惯。这一实践充分展示了如何巧妙地将学生的高频行为转化为强化过程的一部分，既尊重了学生的个体差异，又促进了正向行为的培养。

## 二、强化实施的操作程序和操作要点

### （一）建立强化时间表

在班主任实践中，建立强化时间表是实施强化的核心技能，它需要多方合作，以及透明、一致和灵活的方法。强化时间表一般分为连续强化时间表和间歇强化时间表，需要根据学生的情况以及情景选择使用。根据强化策略的应用原则，在发展性障碍学生习得新技能或表现出正向行为的初期，适宜采用立即、一致的连续性强化。待行为稳定后，可以采取间歇性强化来提高对行为的要求标准。以下是建立强化时间表的步骤：第一步，选择与学生的需求和兴趣相匹配的强化物，可能包括玩具、食物、表扬、活动等。第二步，创建强化时间表。先说明是采用固定的时间表还是变动的时间表，以及强化物的给予频率。固定的时间表适用于初期，使用固定的强化时间表时，也更容易执行和监控，而变动的时间表，常用于间歇强化时间表，更具灵活性，适合巩固所学内容。第三步，按照规定的时间表提供强化物，并密切观察学生的反应。例如，Q班的宁宁，每当他喝完水的时候，将水杯放到水杯区的指定位置，则奖励他两分钟的玩玩具时间。这是一个固定的强化时间表，为宁宁提供了清晰、一致的反馈。当宁宁完全能做到这一行为后，教师开始有意识地忽视，偶尔才奖励一颗小星星。这是一个变动的间歇强化时间表，使宁宁继续保持良好的行为，逐渐提高自我管理能力。需要提醒的是，如果学生与其他教师、助理或家庭成员互动，要确保其他人员也了解并遵循强化时间表；如果条件允许，还应邀请学生本人及相关人员参与强化时间表的制定过程。

## （二）强化过程的操作要点

在赋能发展性障碍学生的班级管理中，强化过程要参照以下的操作要点，使其更大限度地发挥强化的作用。

（1）控制强化物的数量。强化物的量应适中，要既能激励学生，又不会导致他们迅速失去兴趣。例如，如果强化物是游戏时间，可以设定完成任务后获得 5 分钟而不是 30 分钟游戏时间。一般来说，强化物的量要设立明确的标准，强化物给予的量与具体的行为或成就挂钩。例如，每完成一个任务就奖励一颗小星星，积累到一定数量就可以兑换奖励。

（2）强化物的及时给予尤为关键。学生完成积极行为后，必须及时给予强化物，以确保他们能够将其与所完成的正向行为关联起来。这对于培养和巩固学生的正向行为模式具有重要作用。如果奖励延迟，可能会削弱强化的效果，甚至可能导致学生与要强化的正向行为失去联系。对于发展性障碍学生来说，他们可能需要更直接和即时的反馈来理解和学习适当的行为，因此，班主任应特别关注强化物的时效性，以促进学生的学习和成长。

（3）采取适当的方式表扬学生。表扬发展性障碍学生，需要关注他们的特点、能力和面对的挑战，针对性地给予表扬。表扬要使用明确而肯定的语言，直接指出学生所取得的进步和成就。无论结果如何，强调学生为达成目标所付出的努力，这有助于鼓励他们持续投入，不应仅关注结果的好坏。表扬时要提供具体的例子和细节，说明学生所做的具体事项，让他们能够明确知道被表扬的是什么。另外，在表扬学生时，要让学生感受到自己在不断进步，从而增强他们的自信心。当然，即使是表扬，也要尊重学生的个人意愿和隐私，如果学

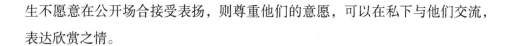

生不愿意在公开场合接受表扬，则尊重他们的意愿，可以在私下与他们交流，表达欣赏之情。

## 三、强化在不同阶段的应用实践

强化在赋能发展性障碍学生班级管理中的应用实践，包括在维持活动中的作用、泛化中的运用以及建立内在强化的有效方法。通过结合外在和内在的强化策略，可以更好地激发学生的兴趣和学习动机，促进他们技能的习得和应用，提高他们的自立能力和自主性。

### （一）强化原理在维持活动中的应用实践

强化原理能保证行为的持续性，包括外在增强物和内在增强物。要想使新习得的技能持续稳定，并逐步达到自立，强化是关键的影响因素。一般来说，技能习得阶段要进行密集的持续性强化，技能维持阶段要进行间歇性强化。再者，强化方案要"正常化"，对学生的强化方式（强化频率、强化物）要逐渐转换为在普通环境中常有的形式，逐渐减小强化方案的固定性，实行一个灵活多变的方案。

### （二）强化在泛化中的应用实践

泛化在应用行为分析中是一项关键技能，涉及所学技能的转换和适应。这可以分为刺激的泛化和反应的泛化两类，其中，刺激的泛化是指发展性障碍学生在一个环境中习得的行为在其他环境中也能够展现出来；反应的泛化是指通过训练一项或几项特定行为来引起更广泛的行为变化。强化在促进泛化中起到了关键作用，发展性障碍学生可能在特定环境中泛化困难。通过使用强化可以帮助这些学生适应变化的环境，并增加新技能的应用。强化在泛化中的应用实践在 Q 班的班级管理中的具体例子如下所示：班主任希望班级内的所有学生在学校里使用礼貌用语，不仅在自己班级的教室里，在学校内的其他场所亦是如此。因此，班主任首先与其他的教师协商，确保在学校环境中采用相同的强化方案，当教师看到 Q 班学生在学校中使用礼貌用语，即给予表扬或奖励。在此期间，班主任可以训练学生们在不同的情境下使用恰当的礼貌用语，使得学生们在班级中学到的礼貌用语扩展到其他环境中。

### （三）建立内在强化的有效方法

内在强化是指行为本身所带来的满足感，与外界奖励无关。发展性障碍学生在建立内在强化的过程中，有助于提高学生的自我激励，让他们在日常生活和学习中更加积极主动。以下方法是在实践中建立内在强化比较有效的途径：

（1）通过语言因素激发学生的兴趣，教育学生使用功能性语言，将学习与他们的兴趣和需求相连接，从而增加学生的内在满足感。

（2）培养实用的自我帮助技巧，教导学生学习与日常生活紧密相连的自理行为，增强他们的自主能力和自我满足感，从而增强内在强化效果。

（3）利用游戏和玩耍促进自我满足。将学生的兴趣和爱好融入学习过程中，例如让喜欢旋转物品的学生玩搭建摩天轮的磁力片积木，使学习变得富有趣味性。

（4）鼓励学生反复尝试和实践。通过不断练习和探索，让学生体验成长和进步的满足，从而增强内在的强化效果。

（5）让活动本身成为强化物。选择学生喜欢的活动（如唱歌、画画等），使学生在活动中找到乐趣，增强内在强化的效果。

（6）将新旧技能有机连接。将学生已经学会的技能与新技能相连接，使他们能够体验到持续的成长和进步，强化内在动力。

（7）教导学生学习实用功能性行为。将学习内容与学生的日常生活和需求相结合，例如教授他们一些实用的语言表达和自我帮助技巧，使学习更具实际意义，从而增强内在强化效果。

通过以上方法，班主任可以有效地建立和增强发展性障碍学生的内在强化，让他们在学习过程中找到内在的动力和满足感，从而实现更好的教育效果。

## 四、代币制在班级管理中的实践案例解析

代币制，又称代币增强系统，作为一种能够有利于发展性障碍学生的特殊教育策略，融合了行为强化和认知方法的优点，致力于矫正问题行为并培育积极行为。通过将中性代币与初始强化物有机关联，将代币转变为具备强化效能的工具，从而维持发展性障碍学生的积极动机，培养他们耐心等待的能力。以Q班为例，在进行代币制的班主任实践过程中，构建了一个结构化的框架，采用了一套精心设计的阶段化流程，包括准备阶段、启动阶段、训练阶段、执行阶段，以及逐渐撤除代币制的撤除阶段。本部分内容旨在深入阐述代币制的理论基础和操作细节，为一线班主任提供实用的指导。

### （一）代币制的准备阶段

代币制作为班级管理中一种有效的激励机制，是由一系列相互联系的要素组成的一个有机的系统，主要包括强化物、代币、代币兑换系统、目标行为、奖惩系统和强化时间表。在代币制的准备阶段设计整个系统，为整个项目的成功奠定基础。

（1）形成全体学生强化物汇总表。强化物作为一种刺激后果，通过增加某一行为的频率来强化该行为。一个好的强化物能够使反应速率维持在一定水平，关键因素包括强化物的使用时间长短、给予频率、强化物的强度等。强化物可以分为非制约强化物（一级强化物）和制约增强物（二级强化物）。其中，

非制约强化物为与生理需求直接关联的刺激（如食物、饮料等）。制约强化物是通过后天训练学习而得的刺激，通过与多种增强物配对来实现效果。以下表4-3是形成 Q 班全体学生强化物汇总表详细步骤：①通过学生访谈和强化物调查表来探寻他们对不同强化物的偏好。②在现实环境中，提供不同类型的强化物，注意观察和记录学生对哪些强化物有强烈反应，尤其是他们最常选择或首选的强化物。③将所有学生的强化物信息汇集并分类整理，形成 Q 班全体学生强化物汇总表。表中列出了每个学生的主要和次要强化物偏好。如下表所示。④与学生共同审查这个表单，确保每个人的选择都能得到准确反映，也让学生有机会提出更改和建议。

表 4-3

| Q 班全体学生强化物汇总表 | | | |
|---|---|---|---|
| 时间： | | 制表人： | |
| 学生姓名 | 最强效能强化物 | 次强效能强化物 | 特殊备注 |
| 小欣 | 绘画、薯片等 | 电脑游戏、写字等 | |
| 小轩 | 摆放物品、球类等 | 听音乐、玩水等 | |
| …… | …… | …… | …… |

　　这一表单并不是一成不变的，会随着时间的推移和学生需求而变化，并将定期进行调整和更新。

　　（2）确定代币形式。代币作为一种制约强化物，通过学习与一级强化物相关联，起到兑换强化物的作用。在班级环境中，它可以被视作用来"购物"的"货币"。代币的形式多种多样，可以根据学生的兴趣、认知特点和操作的实际情况来选择。具体形式可以是物理物品（如星星、旗帜、花朵、磁性吸片、硬币模型等）；也可以是符号性的表示（如印章上的图案、画圈、打钩、填充色块等）。对于那些难以理解兑换规则的学生，甚至可以将要兑换的物品图案制成拼图，学生通过集齐拼图的所有部分，便可以兑换拼图上的物品。在 Q 班建班初期，代币的具体形式比较简单，除了小泽使用拼图的代币形式，其他学生均采用星星贴纸和星星磁吸片作为代币。

（3）确定代币兑换强化物的规则。设立具体的代币兑换实际强化物的兑换标准和奖品目录，确保与学生的需求和兴趣相匹配。在 Q 班，学生可以按照不同的兑换层级进行兑换，共分为五个层级：在第一层级，一颗星星可以换取一片海苔、一块小饼干、一粒葡萄、一分钟电脑游戏、一分钟喜欢的玩具，或老师的一句表扬等。在第二层级，五颗星星可以换取一根棒棒糖、课间绘画和做手工，或听一首歌等。在第三层级，十颗星星可以兑换喜欢的小玩具、一根雪糕，或与班主任同桌共进午餐等。在第四层级，三十颗星星可以兑换成为某个活动区的领导者、控制班级电脑一日的课间使用权，或享用自主午餐等。在第五层级，五十颗星星可以兑换外出购物的机会、指定某位学生为他服务（限选服务项目），或一次免责机会等。清晰地定义每个行为所对应的代币数量，对于发展性障碍学生来说，可能需要更细致的分类和更频繁的奖励。

（4）确定目标行为。目标行为可分为正向行为和负向行为两种类型。正向行为是指在班级管理中希望学生积极展现的行为。这些行为可能包括沟通技能的增强、社交互动的促进、独立完成任务等。对于发展性障碍学生来说，正向行为的培养和强化有助于提高他们的自主性和适应能力。负向行为是指需要矫正的或不被期待出现的行为。在发展性障碍学生中，这些行为可能涉及攻击性、自我伤害、过度依赖等现象。结合所有学生的具体情况，明确希望增强的正向行为和需要减少的问题行为，既要包括班级集体的行为目标，也要包括学生个别化的行为目标。例如，集体正向行为目标为全班学生都要学会整理自己的课桌，提高自理能力；个别学生的行为目标为小米同学在排队时保持秩序。

（5）建立奖惩规则。奖惩规则是代币制中的关键组成部分，包括奖励和惩罚的具体规定，即明确哪些正向行为可以获得代币，以及哪些负向行为将导致扣除代币。以Q班为例，班主任精心制定了以下奖惩规则：①正向行为奖励。学生若能展现出良好的学习习惯、主动协助同学或展现恰当的社交技能或自理能力，将根据行为的难度和重要性获得相应数量的代币。例如，做班主任的一日"助理"可获得四颗星星，主动帮助同学可获得三颗星星，规范完成作业可获得两颗星星，整理自己的课桌可获得一颗星星。②负向行为惩罚。如果学生表现出不良行为，出现扰乱课堂秩序或不尊重他人的情况，将被扣除相应的代币。例如，说脏话扣除两颗星星，未经许可大声喧哗扣除一颗星星。③个性化适应。针对班内部分发展性障碍的学生的特殊需求和能力，班主任特别调整了奖惩机制，更具针对性地促进他们的个人成长和社交技能培养。另外，Q班的学生积极参与奖惩规则的制定，通过集体讨论和投票，确定了奖励和惩罚的具体事项，增强了他们对制度的认同感和责任感。并且Q班班主任每月都会评估奖惩规则的实施效果，必要时可以根据学生的进展和反馈及自身观察进行灵活调整。

（6）采用恰当的强化时间表对于代币制的有效实施可以起到重要作用。下面是Q班班主任利用强化时间表实施代币制的示例：第一阶段是连续强化阶段（新技能或正向行为的习得初期，第1—4周），采取连续强化，每当学生展现出良好的社交行为即可获得一枚代币，确保立即、一致的反馈。每周的周末由班主任进行个别评估，观察新技能或正向行为的掌握情况。第二阶段是间歇强化引入阶段（行为初步稳定，第5—8周），开始进行间歇强化，每半天奖励一次，学生每天展现出良好社交行为可获得一枚代币。两周一总结，观察学生是否适应间歇的外部奖励，行为是否趋于稳定。第三阶段是增强自然强化物与间歇强化物深化阶段（第9—12周），每天奖励一次。并逐步替换为自然激励机制（例如口头表扬等）。并进行月度评估，确保学生逐步适应更自然的激励机制，行为标准逐渐提高。第四阶段是撤除代币系统阶段（第13—16周），不再发放代币，学生将完全依赖自然的激励机制。通过有效地实施代币制，Q 班的班主任将能更有针对性地引导学生掌握新技能并培养正向行为，最终实现自主自控的学习和成长。

### （二）代币制的启动阶段

通过以下步骤，班主任可以确保学生全面理解和接受代币制，从而确保后续阶段的顺利实施。

（1）介绍代币制度。班主任向学生解释代币是一种奖励和激励系统，能够帮助学生建立积极行为习惯。详细说明代币的获得方式，例如帮助同学、打扫教室卫生等行为都会获得代币。

（2）明示具体行为。给出详细的行为示例，包括积极提问、协助同学解决问题等正向行为，以及不尊重他人、缺乏参与等负面行为。利用角色扮演和实际示例，让学生直观地理解行为与代币的关系。

（3）确立期望与目标。班主任与学生共同制定期望和目标（如每周获得一定数量的代币），并解释如何根据个人情况调整目标，以确保每个学生都有机会获得代币。

（4）提供试用机会。设置模拟情境，让学生在小组中尝试模拟代币制度的运作，并引导学生思考自己在模拟情境中的行为，进一步巩固对代币制的认识。

（5）阐述代币与奖励的关系。解释如何用代币兑换奖励或特权，并给出具体的奖励示例。说明不同行为表现与对应奖励的代币数量，并详细说明如何积累代币。

（6）解答疑问和说明注意事项。制定问题答疑环节，让学生提出问题，同时分享一些常见的疑虑并给出解答，解释代币制度的公平性，并确保学生对代币制度没有任何疑虑或误解。

（7）确定奖励物展示方式。设计视觉吸引力强的奖励物展示板，使用图片或图表展示不同奖励对应的代币数量，以便学生能够一目了然。安排互动展示环节，让学生能亲自了解每个奖励的代币兑换方式，并将展示板放置在教室显眼位置，方便学生随时查看自己的代币情况。

（8）鼓励其他任课教师和家长参与。举办班级会议，邀请任课教师和家长，详细介绍代币制度的目标和运作方式，解答可能的问题，同时邀请他们提供反馈和建议，以确保代币制在不同环境中能有效实施。

### （三）代币制的训练阶段

针对发展性障碍学生的代币制系统构建，训练阶段起着关键作用。这个阶段的目的是教导学生如何理解和执行班级的代币制度。

（1）建立联结。开始训练时，重点放在奖励正向行为上，不扣除代币。通过密集性奖励，让学生把代币和积极的行为联系起来。例如，让学生听从指令立正站好就可以赚取一个代币。

（2）逐步训练。开始时，可能只奖励一个或两个目标行为，如奖励学生向老师问好，排队时立正站好不跑开等。然后随着学生的进步，逐渐增加其他目标行为的奖励。

（3）视觉支持。创建个别化的图表或图示，使用星星贴纸记录学生的积分。在兑换代币时，教导学生将自己的代币表单与班级的代币展示板做核对，以便他们更容易理解和追踪自己的代币进展。

（4）教授自我监控技能。对于更高能力的学生，可以教导他们如何自己追踪代币并为自己的进步设定奖励。

总的来说，代币制的训练阶段通过逐步、灵活的方法，注重每个学生的个体差异，使他们逐渐学会如何使用代币制。

### （四）代币制的执行阶段

通过代币制训练，指导学生如何使用代币制之后，就要在班级管理中执行代币制。

（1）代币制的灵活执行与调整。执行代币制需遵循已经确定的代币规则，但这并不意味着它是一成不变的。实际上，代币制是一个螺旋式上升的过程，旨在通过给予学生象征性的代币来激励和引导他们的正向行为。如果学生在某些方面表现出色，可以设定新的挑战继续激励他们；反之，如果学生无法达到期望的行为要求，应降低难度使他们能够在付出努力后表现出适当的行为。还需留意学生是否对一些奖励失去兴趣，并及时调整，以保持他们的积极性。执行阶段应定期回顾代币制度的实施情况，并通过反馈和调整，确保其不断改进和适应学生的发展。

（2）持续记录与定期总结。持续记录与定期总结是代币制执行阶段的关键环节，教师需密切观察学生的行为，根据评估标准为正向行为分配代币，并及时将数据记录在系统中。在 Q 班，班主任通过电子表格建立了一个详细的记录系统，用以追踪每个学生的行为表现和代币累积情况。同时，设定特定的时间段，每周对学生的代币累积情况和行为表现进行总结。

（3）确保整个执行过程的规范性。在分配代币时，要严格按照事先确定的规则进行，确保每个学生都能受到公平对待。提供一个方便投诉和建议渠道，使学生在对代币制度有任何疑问或不满时，都可以及时提出，共同监督代币制执行情况。

（4）进行同伴支持。确定哪些行为需要通过同伴的支持来促进。寻找那些积极、有同情心、能够与目标学生良好相处的同学，作为同伴支持者。为同伴支持者提供培训，让他们了解如何观察、鼓励和反馈目标学生的正向行为。确立明确的规则和奖励机制，让同伴支持者了解他们的责任，以及如何通过代币制度鼓励目标学生的正向行为。通过这种方法，同伴支持者不仅可以促进目标学生的正向行为，还能增强班级的凝聚力，培养学生之间的同理心和合作精神。

（5）代币制执行一致性。班主任要与科任教师及学生的家长保持紧密沟通和合作，对代币的价值和奖励机制有共同的理解，确保代币制在家庭和学校之间的连贯性。

### （五）代币制的撤除阶段

代币制在管理发展性障碍学生的班级方面，已证明是一种有成效的策略。然而，过度依赖外部奖励可能会削弱学生的内在动机。因此，当学生成功掌握并维持期望行为后，需要逐渐减少外部奖励，促使其从外部强化到内部强化的转变。这一过程不是一蹴而就的，而是需要循序渐进地执行撤除代币系统的程序。

（1）评估需求变化。学生的需求和目标可能会随时间而变化，因此需重新评估以确定是否还需要代币制。例如，可以每月进行一次学生行为观察和访谈，确保撤除过程既科学又人性化。

（2）渐进减少代币奖励。逐渐减少代币的奖励，比如原本每天奖励的可以逐渐变为每周奖励，帮助学生逐步适应没有外部激励的环境，逐渐延长强化间隔。

（3）强化物类型的更换与增强自然强化物。从消费性或活动性强化物过渡到社交性强化物。逐步将代币替换为社交赞誉或内在满足感等更自然的激励机制。

（4）培养内在动机。逐渐减少代币与行为之间的联系，激发学生的内在动力和自控力，从外部强化向内部强化过渡。持续观察学生的反应，及时提供支持，确保平稳过渡。

（5）合作与协调。与其他教育工作者紧密合作，确保撤除计划的一致执行。

总之，代币制的撤除不是一刀切的过程。它需要时间、精力和战略思考，通过多个步骤和层次的实施来实现。正确的撤除过程有助于从外在强化转向内在强化，培养学生的自发性和持久的正向行为，最终实现代币的完全撤除。

## 第三节　赋能发展性障碍学生休闲能力的综合实践

对于发展性障碍学生而言，休闲能力是其生活适应能力的重要组成部分。休闲活动不仅有助于促进身体健康，还能培养学生的生活情趣，提升生活品质，促进发展性障碍学生在心理和社会适应方面更协调地发展。综合实践方面，围绕"赋能发展性障碍学生休闲能力"进行实践探究，共包括五个模块，从不同层面展现一个全面且富有成效的休闲活动实施框架。

### 一、个别化休闲能力训练

随着我们对发展性障碍学生需求的认知不断加深，针对其休闲能力的教导与训练愈发显得迫切。个别化休闲能力训练主要针对重度、极重度发展性障碍学生，进行个人休闲技能方面一对一的康复训练。

#### （一）个别化休闲能力训练的作用

（1）在班主任实践中，个别化休闲能力训练目的是为每位学生设计和实施符合其个体发展的游戏技能训练。此训练主要针对那些自主意愿较低、缺乏参与活动意识和动机的学生。先通过个别化的桌面游戏或其他休闲活动，让学生掌握基本游戏或活动技能，再逐步引导他们参与多人互动的团体课和常规的集体活动。在设计个别化休闲能力训练方案时，班主任要综合考量学生的能力现状、学习能力、学习特质和教育目标。

（2）在 Q 班的桌面游戏活动中，班主任始终视学生的适应能力和主动参与为首要任务。为了最大化学生的独立游戏体验，班主任对活动规则和持续时间进行了细致规划与正向引导。可细分为以下几个方面：①主动性培养。桌面游戏是一种激发发展性障碍学生主动参与休闲活动的有效方式。例如，对于喜欢动手操作的学生，为他们提供各种积木，鼓励他们按照自己的构想建造各种结构或模型。对于那些热爱绘画的学生，为他们提供丰富的绘画工具和材料，使他们能够自由地展现自己的创造力。在桌面游戏教学时，我们始终坚守以"学生为中心"的原则，确保每个学生都能在桌面游戏中找到自己的兴趣点，从而主动参与并取得实质性的进展。②基础能力训练。认知能力训练中，选择与学生认知水平和兴趣相匹配的桌面游戏（如拼图、记忆卡片游戏和棋类游戏）。其中，对于认知能力较低的学生，可以选用简单的拼图游戏，当他们逐步完成这些拼图时，可以给予正向反馈，激励他们逐步挑战更复杂的拼图；而对于有一定记忆能力的学生，记忆卡片游戏是很好的选择，可以让他们记住卡片上的动物或颜色，并在翻开的卡片中找到相匹配的内容；桌面游戏对于培养学生的精细动作能力也非常有效，例如，串珠游戏要求学生使用细小的珠子和线，这有助于提高其手眼协调能力和精细动作掌控能力。此外，手工制作、塑土和绘画都能训练学生的手部动作。像"轻黏土游戏"这种需要用手指捏制各种形状的游戏，也是对精细动作能力的锻炼。③社交互动训练。选择的游戏应强调合作和交流（如团队拼图游戏、角色扮演游戏或合作策略游戏）。通过这些游戏，鼓励学生与他人合作、分享和交流。提供适当的沟通支持，帮助他们建立社交技能和增进人际关系。

### （二）个别化休闲能力训练的类别

在班主任实践中表明：经过个别化休闲能力训练的发展性障碍学生，在主动参与、语言沟通、情绪行为三个方面进步上明显并存在个体差异性，但从障碍类型和程度上来看有其内在的一致性。

（1）发展性障碍学生的个别化休闲能力训练，对学生主动参与活动有积极的影响。班主任要尊重学生的能力和学习特点，角色定位更倾向于协助者和引导者，以学生的兴趣和动机为导向进行休闲活动设计，让学生在游戏中自主选择玩具和游戏方式，能够提高他们的参与度。同时，为学生创造成就感和社交体验的机会，使得学生能够按照自己的节奏和能力去参与活动，这有助于激发他们的自信和自主性。

（2）在个别化休闲能力训练领域，根据不同学生的需求和水平量身定制，最大限度地促进他们的语言和沟通能力发展。很多发展性障碍学生在发音、物品命名、词汇运用以及需求表达等方面常面临困难。在这方面，休闲活动为他们提供了一个安全且无压力的环境，让他们能够放松地练习发音，逐步改善口语表达等能力。而游戏中的物品命名和词汇使用也成为他们提高表达流畅性的锻炼机会。另外，游戏的多样性，使得不同的游戏内容涵盖了对话、角色扮演、问题解决等多种元素，因此可以根据学生的兴趣及偏好进行选择，从而提高他们的语言与沟通能力。

（3）情绪与行为方面，在休闲活动中，学生们的情绪逐渐变得稳定。接受个别化休闲能力训练的学生，在初始阶段遇到问题总是发脾气或放弃，这时需要班主任从旁给予及时协助，逐渐地学生能够自己独立进行休闲活动，遇到困难也能自己想办法解决。尤其在桌面游戏因其更强调环境的支持性，需要在游戏过程中为学生创造一个充分自由的环境。以游戏活动为媒介，学生可以自然地表达自己的情感、暴露内心存在的问题。部分孤独症谱系障碍学生在熟悉了桌面游戏室的格局和桌面游戏的玩法后，减少了因刺激辨别困难所带来的焦虑。

### （三）桌面游戏个别化休闲能力训练的案例

以 Q 班的学生熙熙为例，该生是一名重度智力障碍学生，伴随轻度精细动作障碍，依据其行为动机可归类于缺乏动机性的"呆坐型"学生。他没有明确的兴趣和爱好，没有明确的强化物，没有自我休闲的基本技能，只有少数时间在动作辅助下触碰玩具。班主任分析其所表现出来的无口语、对外界缺乏关注、拒绝参与活动等行为特征，是其极度缺乏互动经验、未获得游戏或活动技能所造成的。因此，班主任对其进行了五个阶段的、以桌面游戏为主要载体的个别化休闲能力训练。

（1）适应阶段期。该阶段的核心目标为"学生能遵守桌面游戏情境（包括教室和素材）的基本规则"。共有八个步骤：脱鞋子、摆鞋子、放名卡、拿玩具、游戏活动、收玩具、收名卡、穿鞋子。具体到桌面游戏活动，班主任则给予熙熙充分的选择权选择自己喜欢的活动，不限选择次数和活动时长。如果熙熙表现出了正向的行为或适当的游戏行为，则给予密集的立即强化。

（2）初步引导阶段期。该阶段核心目标为"建立学生进行兴趣活动意识，学习基本的活动技能和建立活动室常规"。在熙熙已经适应活动情境的前提下，班主任鼓励他参与感兴趣的活动。如果学生在进行兴趣活动时表现出活动持续时间短、缺乏专注力等问题，班主任则需要给予指导和支持。该阶段主要目标在于建立学生对感兴趣的桌面游戏活动的动机和持续性。另外，熙熙儿时玩过钓鱼游戏，有经验和记忆痕迹，钓鱼游戏趣味性强，动作技能较多，并能进行从单一动作技能到动作技能组合的训练，涉及的训练项目较多且易拓展，故而应选择此项游戏作为第一项训练的核心游戏。

（3）游戏建立期。巩固游戏活动室常规的同时建立第一项游戏，逐步从单一动作技能向动作技能组合过渡。先将游戏进行步骤分解，依据学生的能力，通过引导、辅助和强化开启其对单一动作技能的练习。动作精熟后，再进行动作的组合训练。班主任在引导熙熙进行钓鱼游戏时，可以从单一的钓鱼拓展到将鱼按照不同颜色或种类放置到不同的篮子里，听指令钓相应的鱼。

（4）游戏拓展期。在第一个游戏的基础上加入新的游戏。在第一项游戏熙熙已经可以独自完成大部分动作后，加入第二项游戏麻将配对。麻将配对游戏同样是逐步从单一动作技能向动作技能组合过渡。以此类推，逐渐增加桌面足球、台球、多米诺骨牌、橡皮沙、积木等游戏项目，或者采用多种游戏材料进行"工程"建设、情境再现等游戏。

（5）游戏稳定期。学生已经习得了多种休闲娱乐技能，并能自主选择喜欢的休闲活动。班主任在熙熙参与多种团体休闲活动时从旁指导，并在班级内让小欣与熙熙初步建立班内同伴关系，小欣作为"助学伙伴"和熙熙一起进行休闲娱乐活动。

## 二、团体休闲活动

团体休闲活动为发展性障碍学生提供了一个实践社交技能、建立人际关系以及提升自我认知的平台。这些活动有助于他们更好地融入社会，积极参与生活中的各种社交和娱乐活动。

### （一）团体休闲活动的作用

通过团体休闲活动，发展性障碍学生不仅能掌握基本休闲知识和技能，还能选择适合的休闲方式，体验乐趣，并遵守休闲活动规范，养成良好的休闲习惯。

（1）团体休闲活动为发展性障碍学生提供了与同伴互动的机会，有助于培养社交技能、培养合作能力以及增进友谊。通过参与游戏、项目或其他活动，他们能积极学习分享、交流和理解他人，并能逐渐掌握适当的交往技巧。这一系列技能显著提升了他们与他人建立更深层次连接的能力。

（2）团体休闲活动培养了发展性障碍学生的合作能力和团队精神。在协作任务中，他们与其他人合作解决问题，学会了在不同角色中协调合作，培养了其在社交互动中的灵活性。

（3）团体休闲活动为发展性障碍学生提供了处理情感和应对挑战的机会。发展性障碍学生在与他人互动时可能会引发不同情感，这可以帮助他们学会控制情绪，增强自我意识和情感管理能力。通过成功地参与团体活动，他们的自信心和自尊心也会有所提升。在实现个人目标、展示技能或在团队中发挥重要作用，培养更强的自信心，使学生更好地应对社交挑战。

（4）发展性障碍学生在团体休闲活动中全面认识休闲活动、时间和环境，不仅能根据兴趣、需求和能力选择休闲方式，还能规划安排、合作参与休闲活动，选择和利用休闲资源，应对各种情况和问题，提高问题解决能力、判断力和适应性。

（5）参与团体休闲活动为发展性障碍学生提供了结识新朋友、建立深厚友谊的机会。通过活动，学生们不仅扩展了社交圈子，还增加了日常社交互动机会，促进了积极人际关系。

### （二）团体休闲活动的类别

（1）发展性障碍学生的团体休闲活动涵盖多种类别，可以满足他们的兴趣、需求，匹配他们的能力。团体休闲活动包括：①体育活动，涵盖各种体育项目以及户外活动，如足球、篮球、排球等；②艺术和手工活动，如音乐、绘画、手工制作、雕塑等，这些活动可以激发学生的创造力，提升手眼协调能力，同时也能为学生提供一个表达自己想法的途径；③表演和戏剧活动，学生通过参与戏剧、表演或角色扮演活动，培养其表达能力，同时促进他们在社交情境中的适应性；④烹饪和烘焙活动，烹饪和烘焙活动可以提高学生的自理能力，同时在集体环境中促进协作和分工。所有这些活动类别都可以根据学生的兴趣和需求进行调整和定制，以确保他们获得积极、有益和愉快的团体休闲体验。

（2）团体桌面游戏活动在促进发展性障碍学生更好地融入社会、建立良好社交关系方面具有重要作用。对于发展性障碍学生来说，团体桌面游戏为学生提供了真实的社交互动环境，其游戏机制与学生能力相匹配，为学生在日常生活中进行有意义的休闲活动打下了坚实的基础。在班主任实践中，我们设计了多款多人参与的互动游戏活动，从中选择了几款高频游戏，从游戏材料、游戏机制、游戏目的三个层面进行分析，尝试说明桌面游戏所具有的社交及教育功能，如表4-4所示。

表4-4

| 经典桌面游戏多层面分析 | | | |
|---|---|---|---|
| 名称 | 游戏材料 | 游戏机制 | 游戏目的 |
| 麻将配对 | 麻将；色子 | 回合转换、配对 | 手牌完成配对 |
| 设计师 | 橡皮沙、积木等综合材料 | 角色扮演、规划、组织、描述情境等 | 促进学生构建适合自己的多元活动 |
| 棋类 | 飞行棋、动物棋等 | 行动选择、投色子、策略 | 完成棋类规则 |
| 跑得快 | 扑克牌、兔子跑 | 投色子、手牌管理 | 最快到达目的地 |
| 桌面足球 | 桌面足球 | 动作协调、策略 | 进球次数多 |
| 台球 | 台球 | 轮流等待、选择 | 进球次数多 |
| 钓鱼 | 钓鱼工具 | 组织分类、动作协调 | 钓到鱼的数量多 |

### （三）团体休闲活动中的运作程序

（1）团体休闲活动的终极目标在于促进同伴之间的互助、学生之间的有效沟通。以下是具体的操作步骤：①团体休闲活动的设计在充分考虑学生已有休闲能力的基础上展开。对于发展性障碍学生，我们很难让他们从认知上分辨出哪些休闲活动是有益健康的，但是我们可以在实际兴趣培养方面，提供各类体育活动、看书、看电影、绘画、积木等活动形式，鼓励学生积极参与到这些休闲活动之中，将这些休闲活动转化成兴趣爱好，并培养其良好的休闲习惯。②学生在班主任引导下认识到自己喜欢哪些休闲活动，并能够根据兴趣选择适合自己的休闲项目。③学会根据需求选择合适的休闲伙伴，并与同伴合作进行休闲活动。在这个过程中，他们需要遵守休闲活动规则，以友好的方式与同伴相处。④我们要确保设定的休闲活动规则简单易懂，并采用多层次的支持策略，确保不同程度的发展性障碍学生都能最大限度地参与其中，促进学生之间的互动和参与。

（2）不同类型的团体休闲活动的运作程序有所不同，以团体桌面游戏活动为例，其运作程序包括三个方面：①学情的初期评估。每学期伊始，在确定了参与团体桌面游戏的学生名单后，教师会参考学生的个别化教育计划（IEP）以及桌面游戏评测结果，深入了解学生在认知、沟通、情绪及人际关系等方面的能力。此外，还会特别关注学生的优势和劣势、强化物、兴趣倾向以及特殊教育需求。在初期评估完成后，预测每名学生参与桌面游戏活动模式及其阶段性的发展趋势。接着，对所有学生进行整体分析，以拟定桌面游戏活动的总体规划，具体的执行策略将根据学生的实际情况进行适当的调整。②桌面游戏室的物理环境建设。室内必须保持清洁，避免产生过敏源或其他安全隐患。确保光线充足但不刺眼，温度适中，创建一个对学生友好的环境。室内活动空间动线流畅，没有碍手碍脚的障碍物。环境布局应有利于学生间的互动，同时给予学生必要的协助或支持。游戏材料的选择要基于对学生的了解和对物质材料的熟悉性，同时能满足学生独自游戏或平行游戏的需求。通过增加或减少材料的种类、数量、改变其呈现方式或组合搭配，都可以创造更多互动游戏的可能性。游戏材料的摆放要考虑到学生的身高和手的大小，确保他们可以轻松地取得所需的材料。清晰的标签和分类可以帮助学生更容易地辨认和选择，从而激发他们的游戏兴趣。③开展桌面游戏活动。学生在桌面游戏中逐步从适应环境过渡到团体游戏互动。

（3）开展桌面活动的五个阶段，下面分别从学生和班主任的角度进行阐述：①适应阶段。在学生游戏参与方面，此阶段在保证安全的前提下，不设定预定目标，不对学生有任何要求。学生可以在游戏区域内自由移动、选择玩具或游戏方式，通过感官和操作来探索环境。目标是使学生熟悉环境并与之建立良好的关系。班主任在支持引导方面需做两件事：一是记录学生在游戏室的活动轨迹、倾向的游戏类型、偏好的游戏形态等，以评估学生的认知、语言、兴趣、学习风格及互动方式；二是评估游戏环境的布局和游戏材料的适应性，并调整方向。②强化游戏趋势。学生在适应环境后进入"选择游戏阶段"。他们会在某一游戏区域停留较长时间或对某些游戏材料产生兴趣，然后放松地进行玩耍。此阶段，学生主导游戏的内容、时间和形式，但需遵守诸如放名卡进出区域、进入特定区域需更换鞋子并将其摆放整齐，以及玩完玩具后需整理放回原处等活动室常规。在班主任支持引导方面，此阶段班主任需正向回应学生的游戏倾向，并设计系统性的规划，以将学生的喜好转化为兴趣，再将兴趣转化为特长。同时，班主任要灵活调整环境或适时提供可能引起学生兴趣的玩具，以激发学生的积极性。③让游戏成为"兴趣爱好"。学生此时已经能专注于某种或某几种游戏材料，进入游戏室时会主动选择自己喜欢的玩具，游戏时间逐渐延长，游戏的难度和复杂性也逐渐提高。学生在游戏中不仅会通过模仿学习，还会在熟悉玩具后进行自我探索，尝试建立和展现自己的游戏规则。此阶段，某种或某几种游戏已成为学生的兴趣爱好。因此，班主任在支持引导时不仅要保持学生对游戏的参与度，还需通过与学生的互动游戏来示范或协助他们发展新技巧或提高技能；同时，也可以将学生喜欢的游戏作为奖励，逐步引入学生不太熟悉但具有一定挑战性的新游戏。④形成同伴互动的桌面游戏。当学生有共同喜好时，他们会在同一区域同时玩同类或同种游戏，从开始的独立游戏逐渐转向团队游戏，形成团队互动规则。班主任在支持引导时会根据学生的游戏特点找到可以良好组合的学生，决定何时将不同的学生组合在一起游戏。可以从共享游戏材料开始，然后整合学生已建立的游戏规则，让两位或多位学生共同进行游戏。⑤发挥游戏的人际传播功能。在桌面游戏中，人际互动主要有两个功能：交换信息和激发意义。为了引起发展性障碍学生的兴趣，可以将他们不感兴趣的游戏穿插在感兴趣的游戏中。学生会注意到他们喜欢或熟悉的同伴，并通过观察和模仿参与其中。班主任在支持引导方面首先要对学生的人际关系有一个总体了解，然后根据学生对同伴的关注度引导他们加入新的团队游戏，再根据团队中每个学生的兴趣安排桌面游戏的顺序。

## 三、日常作息时间里的休闲活动

发展性障碍学生的日常休闲活动，特别是课间的休闲活动，在他们的生活中占据了重要地位。

### （一）日常作息时间里休闲娱乐的作用

日常休闲活动为发展性障碍学生提供了释放情绪和压力的渠道，有效地帮助学生进行情绪调节和身心放松。通过参与这些活动，学生可以有效地消耗掉过剩的精力，从而减少过度兴奋或攻击性行为。更为重要的是，这些活动能够促进他们提高社交能力，帮助他们在日常生活中克服社交上的挑战，并建立真正的友谊。同时，有组织、有结构的休闲活动还能增强学生的自我意识和自律性，鼓励他们进行更好的自我管理，从而减少冲动和不适当的行为。这些活动不仅增强了他们的自尊感和自我效能感，更为他们的生活带来了规律和稳定，创造了一个可预测的环境，从而有效地降低了他们的焦虑水平和不适当行为的发生率。

日常休闲活动还兼具评估的功能，有利于班主任深入了解发展性障碍学生身心发展特点，认知结构和学习特质，增强介入发展性障碍学生行为问题的正向意识，教导并辅助学生更好地习得沟通技能。

### （二）教室内休闲活动的空间设计

此部分内容请参考第三章第二节"赋能发展性障碍学生的教室物理环境管理"的部分。结合学生的日常作息时间表和兴趣，创造支持性、结构化的休闲活动环境，鼓励学生自主选择他们喜欢的休闲活动，从而丰富课间活动。遵循安全首要原则，无论进行何种活动，学生的安全应始终放在首位。确保活动空间安全，玩具和工具都符合安全标准。

### （三）课间休闲活动的实施要则

对于发展性障碍学生来说，课间的休闲活动扮演着不可或缺的"角色"。这些非正式的活动时段为他们提供了一个放松、探索和与他人互动的宝贵机会。通过合理的休闲活动指导和管理，培养他们的多种技能，促进他们的个人成长，帮助他们更好地融入班集体。接下来将探讨课间休闲活动的实施要则及其在实际教学中的应用案例。

（1）培养学生的时间管理意识和分辨活动情境能力。教导发展性障碍学生如何合理利用休闲时间以及规划自己的休闲时间，比如知道在课间可以玩自己喜欢的玩具，但是在课上就要认真听讲。尤其面对那些在课上也要玩玩具、收回玩具就会大发脾气的学生，要进行休闲活动规则意识的训练。通过训练，让学生们学会如何更好地利用课间愉快玩耍，并在上课铃响时自觉收好玩具，做好课前准备。

（2）多元化活动内容。为了满足学生的个人兴趣和需求，我们可以根据学生的偏好设置特定的背景，提供丰富的材料和内容。这样，学生就能够参与各种各样的休闲活动。以小杰为例，他热衷于弹琴。每次课间，他都会走到教师为他准备的角落弹奏电子琴，而小欣和海琳同学则会为他"伴舞"。

（3）自由度与遵守规则的平衡。创设一个自由且充满支持性的环境对学生来说至关重要，因为它使得学生能够在一个放松和愉悦的氛围中，积极探索、与周围的同伴和事物产生积极互动。例如，小诚休假回来后性格变得十分内向和退缩，通过课间休闲活动，他逐渐打开了心扉，勇敢地与其他孩子进行互动。此外，班主任要尽量为学生提供选择的机会，让他们根据自己的兴趣选择活动，从而增强他们的自主性和决策能力。虽然学生需要自由，但某种程度的结构可以确保活动的有序进行，比如教导学生在玩耍后收拾玩具和活动用品、轮流等待等，以培养他们的规则意识。

（4）课间休闲活动是培养学生社交技能的绝佳时机。课间活动为学生提供了一个与日常生活情境相似的环境，发展性障碍学生可以在真实场景中练习和使用社交技能。班主任应在课间积极组织团队游戏或集体活动，鼓励学生间的交往与合作。以小华为例，起初他常常独自玩耍，但在班主任鼓励大家课间一起玩多米诺骨牌、麻将配对、飞行棋等团体休闲活动后，他逐渐掌握了与他人协作的技巧，社交能力明显提升。

（5）定期评估与个性化反馈有助于发展性障碍学生逐渐克服挑战，培养更健全的社交技能和情感管理能力。通过实践和反馈，他们能更好地融入学校，与同伴建立紧密关系，促进整体成长。在此过程中，教育者的关心与支持是关键，为他们的未来打下坚实基础。

## 四、主题统整活动中融入休闲活动

主题统整活动是在维持分科课程的前提下，围绕具有综合性与生活实用性的主题，将各科的相关内容整合到一起，旨在加强学科间的联系和实际应用。这种方式增强了学习的情境性、整合性和实际性，使学生能更直观地将所学知识应用于生活中。休闲活动是人们日常生活中常见且必不可少的一部分，将其纳入主题统整活动中，使得学习内容更加真实和生活化，形成一个更加完整的、生动的学习和应用体系。

### （一）主题统整活动中休闲活动的重要性

主题统整活动旨在跨学科地将知识整合，进一步促进其在日常生活中的应用。休闲活动作为生活中的核心组成部分，当被纳入主题统整活动时，将使教育更加接地气、实用和有趣。

（1）为学生创造真实与具体的学习环境。发展性障碍学生通常在真实或近似真实的情境下学习技能，更容易迁移到日常生活中应用。绘画、游戏、园艺或烹饪等休闲活动，都是他们日常生活中所熟知和喜爱的。这样的活动不仅提供了他们熟悉的学习背景，还模拟了他们日常生活中可能遇到的实际情境，使他们更自然地应用所学知识和技能。

（2）激发学生的参与热情。休闲活动由于其本身的趣味性和吸引力，更易引起学生的兴趣。将这样的活动融入主题统整中，不仅能够引导学生更深入地探索学习内容，还能为他们在学习中提供一个放松和恢复的空间，提高学生的学习兴趣和动力。

（3）培育学生的社交能力。部分发展性障碍学生在社交互动上可能会面临挑战。休闲活动鼓励学生与其他人进行互动，这样的合作和交往是培养他们社交技能的有效方式，同时也为他们提供了真实应用这些技能的机会。

（4）满足学生的多样化学习需求。每位发展性障碍学生都有其独特的学习需求和兴趣点。融入多种休闲活动能够丰富学习方法和内容，确保每位学生都能找到适合自己的学习方式。

总之，将休闲活动纳入主题统整活动中，不仅使得学习过程更加有趣和贴近生活，还有助于满足发展性障碍学生的多样化学习需求。

### （二）主题统整活动中融入休闲活动的设计

针对发展性障碍学生，班主任将休闲活动融入主题统整活动中，需要经过一系列详细而周密的设计。以下为具体的操作程序和方法：

（1）为确保教学活动与发展性障碍学生的真实生活经验相贴合，在主题统整活动的构建阶段，我们首先要进行深入的教育诊断和课程评量，明确学生的起始学习水平、特点及能力分布。再结合生态环境评估，全面了解学生的日常生活环境，从而设计出能真实反映其日常生活的主题统整活动的主题，如"夏日美食汇""淘宝乐翻天""家务达人秀"等，确保活动内容与学生的实际生活相贴合。

（2）选择并整合休闲活动。在构建的主题统整活动框架中，根据学生的喜好和能力，选择适合的休闲活动，并融入各种相关活动情境之中。以学生为中心，根据他们的能力和需求，设计具体的休闲活动内容，并制定详细、具有操作性的实施步骤。例如，"家务达人秀"主题统整活动中，可以设计纸巾盒、隔热垫等家庭用品的手工艺制作、家庭烹饪活动等。

（3）收集与休闲活动相关的材料和工具（如绘画工具、烹饪材料或运动设备等）。同时，考虑使用多媒体和技术手段，如教学视频或互动游戏，以增强学生的学习兴趣。在具体实施活动时，班主任需要确保所有学生都能够参与，并为有特殊需要的学生提供适当的支持。同时，鼓励学生之间的合作和互动，以促进他们的社交技能发展。

（4）活动结束后，班主任要带领学生进行活动评估。基于评估结果，对活动内容、方法和资源进行适时的调整和优化，确保其始终符合学生的实际需求和发展。

通过这一系列的操作程序和方法，班主任可以将休闲活动成功地融合到主题统整活动中，为发展性障碍学生创造一个既有趣又有益的学习环境。

### （三）主题统整活动中融入休闲活动的实践案例

休闲活动是发展性障碍学生日常生活中的重要组成部分，在主题统整活动中，如何在所设计的主题情境活动中融入休闲活动呢？

（1）在"做客"这一主题统整活动中，学生通过扮演"小主人"和"小客人"的角色，参与了多种有趣的休闲活动。除了传统的互动游戏，他们还尝试了一些日常生活中的轻松环节，比如一起做手工、听音乐或者共同研制一款小吃。这样的设计旨在培养学生的社交技能和情绪调节能力，同时也增强了他们之间的团队协作。

（2）在"探访老人"这个活动中，学生与老人家进行了深入的互动，不仅给老人读报，陪老人打牌、打麻将，还尝试教老人学习一些新的休闲技能，例如现代的手工艺或是一些简单的舞蹈步伐。这不仅为老人们带来了欢乐，同时还帮助学生锻炼了他们的语言表达能力和人际沟通技巧，并培养了他们的关爱他人的能力和责任感。

（3）在"生活技能"这一主题中，烹饪成为了一个特色项目的子模块。学生们不仅学习如何制作美味的蛋挞或冲泡香浓的奶茶，更是将这些技能结合休闲活动，转化为一个"夏日下午茶"的主题活动。在这里，学生们不仅练习了烹饪技巧，更学会了如何为他人服务，如何与他人合作完成一项任务，进一步丰富了他们的社交经验和生活技能。

## 五、家庭休闲活动

家庭休闲活动是发展性障碍学生在家中进行的一系列休闲和学习活动，这些活动不仅能帮助建立亲子关系，减少学生的问题行为，还能提高学生的生活品质。

### （一）家庭休闲活动的重要性

对于发展性障碍学生来说，寒暑假、双休日以及每天放学后上学前的时间占比极高。由于他们可能存在自主生活安排的困难，过多的闲暇时间可能导致他们无所作为，甚至有可能陷入某些安全风险中。因此，家庭休闲活动的重要性就显得尤为突出。

（1）有意义的家庭休闲活动可以有效地帮助学生合理规划并充分利用他们的空闲时间。这不仅避免了他们过度沉迷于电视、游戏等可能带来消极影响的娱乐方式，还为他们提供了如手工制作、厨艺学习、家务劳动等真实生活中的实践机会。

（2）家庭休闲活动能够促进学生的多方面能力发展。例如，共同参与家庭活动可以锻炼他们的团队合作精神、沟通技能以及解决问题的能力。通过与家人的互动，他们还能在情感上得到支持和关心，增强自信心。

（3）家庭活动还能够给学生提供一个安全的环境，让学生可以在家中探索、实践和学习，以减少外部环境可能带来的安全隐患。例如，家长可以引导他们学习如打扫、做饭等基本的生活自理技能，这既能增强他们的生活自理能力，又能在家庭中实现有益的贡献。

总之，为发展性障碍学生设计并实施有意义的家庭休闲活动，不仅可以帮助他们合理利用空闲时间，更能促进他们的身心健康发展，让他们的生活更加充实和有意义。

### （二）选择适当的家庭休闲活动

发展性障碍学生选择适当的家庭休闲活动需要班主任与家长紧密合作，为学生的全面发展创造更有利的条件。

（1）班主任和家长都是学生学习和发展的关键支持者，应定期进行沟通，在选择休闲活动之前，应对学生的能力、兴趣和需求进行全面评估。这不仅包括身体和认知能力，还应了解学生的情感反应和社交喜好。班主任与家长可以联手组织一些特定的家庭休闲活动（如家庭工作坊或亲子活动日），以增强学生的参与感。

（2）班主任可以为家长提供特定的技能培训或方法，帮助他们在家中更有效地支持学生参与休闲活动，也可以建议家长调整家中环境，以更好地支持学生的休闲活动。

（3）对于具有特定身体特点的学生，应促进他们选择有助于自己身体发展的活动。例如，加强肌肉力量或提高柔韧性的运动，参与集体游戏或团体活动，为学生提供有声读物或简化游戏规则的传统活动等。

（4）拓展家庭休闲活动范围。发展性障碍学生的活动方式和种类往往比较单一，引导其参与多种休闲活动可扩大其生活领域。这些活动不仅增加了家庭的乐趣，还有助于锻炼学生的口语表达、抽象思维等基本技能。

# 第五章

# 赋能发展性障碍学生的功能整合型班会

## 案例导学

新学年伊始，班主任董老师和教师团队、学生、家长们共同确定其所带的五年级 2 班的班名为"同心圆班"。如何让班级内所有的学生知道自己是"同心圆班"的一分子，并深刻理解"同心圆班"的含义呢？通过设计班级标识、制作班级公约、班级职能设置与训练等一系列班会活动，让学生认识"同心圆班"，共同建设"同心圆班"，为"同心圆班"出一份力。

在认识"同心圆班"的班会活动中，将学生的自我介绍训练、语言表达能力训练等目标相整合。比如"大家好！我叫×××，我是五二'同心圆班'的学生……"在共同建设"同心圆班"的班会活动中，在引导学生初步了解班级建设的长短期目标的基础上，引导学生设计个人的"心愿卡"，将学生做自己、做决定、会定学习目标等目标融入其中；在设计班徽、班旗、班歌、班服、班章、班级植物等班级标识的班会活动中，将音乐、美术、生活自理能力、居家生活技能等学习目标融入其中。发展性障碍学生的常规建立、问题行为处理是班主任实践中非常重要的组成部分。在"同心圆班"的班会活动中，通过系列的"我真的很棒！"DIY 学生个人成长手册的班会活动，设置课前常规、课上常规、社交规则等多个模块，通过文字、动作图片相结合的方式，如"我是好学生，立正好，排队好，天天运动身体好！听课好，举手好，天天向上学习好！"学生会读、会做相应的动作，拍照并彩打后，作为"我真的很棒！"DIY学生个人成长手册的素材。而后设计系列班会活动，探讨班级公约的内容条目，并结合"代币制"的系列班会活动，形成班级公约执行过程中的奖惩措施。对于发展性障碍学生来说，提高其在班级的责任感和认同感很重要。因此，在班级组织建设过程中，设计并实施班会活动"班级职务"，这是为构建与形成班级团体动力和班级支持系统而全方位、系统化设计的功能整合型班会。聚焦班级中每位学生的优势能力或兴趣爱好，并将每个人的行为特质与班级内服务项目相匹配，建立学生之间相互服务、和睦互助、相互促进的团体意识和行为习惯及生活能力，建立班级内的社会关系。

总而言之，将班级管理与功能性训练相整合，形成系列的功能整合型班会，符合学生个体和班集体共同发展的需求。将学生在班级中表现出来的兴趣、优势能力、特别行为、活动内容和作息规律，与其功能性学习目标相结合，将学生的个别化学习目标融入班级管理的目标之中。在班级内创造学生学习的机会和空间，促使学生在真实、自然情境中，通过多元立体的学习方式获得、练习和应用新技能和概念。这样做，不仅能够提升学生的学业成绩、学习能力，还能够习得并运用学习策略和社会技巧，理解并遵守团体规范和形成群体生活行为。

## 本章导读

赋能发展性障碍学生的功能整合型班会，结合发展性障碍学生的学习目标的关键性功能，把功能性课程的内容与班级管理的真实情境完全整合，教授学生实际生活中重要且必备的知识与技能，使其能参与多样性的班级活动，使得发展性障碍学生更加独立、为同伴所接纳。本章着重介绍功能整合型班会在班主任实践中的应用策略，以及分为"与学校任务相通""凸显班级建设重点""解决现实问题"和"引领学生发展"的四个类别，摘选部分课例进行分享。

## 第一节　功能整合型班会在班主任实践中的应用

班会是班级育人的一个基本方式，是班主任与学生互动和交流的一个重要工具，也是班主任教育和引导学生的一个重要途径。通过班会，班主任可以向学生传达重要的价值观、生活态度和行为习惯，促进学生的全面发展。可以带领学生制定班级的规章制度、组织班级的各种活动和项目，以及解决班级中出现的各种问题和矛盾[①]。

### 一、功能整合型班会的含义及特点

#### （一）功能整合型班会的含义

在赋能发展性障碍学生的班主任实践中，将班会命名为"功能整合型班会"，取其字面意义和实际应用的结合。"功能"指的是班会涵盖的如培养发展性障碍学生的生活自理能力、发展性能力、团队合作能力、沟通能力、解决问题的能力等多种目的和效果。"整合"则有三重意思。首先，是将教育的各种资源、策略和方法整合到一起，为发展性障碍学生提供一个全面、多元的学习环境。其次，是考虑到班级中不同障碍类型和不同障碍程度学生的需求与特点，整合所有学生的学习目标和学习方式，确保每位学生都能在班会中有所收获。最后是整合多种理论，比如多元智能理论、行为主义学习理论等，使得班会的设计具有科学性和专业性。"班会"是班级集体的一个重要活动形式，班会环节包括小组讨论、角色扮演、案例分析、互动游戏、讲座、观看影片、心得分享等。

---

① 李季、梁刚慧、贾高见：《小活动大德育：活动体验型主题班会的设计与实施》，暨南大学出版社，2012，第15—19页。

### （二）功能整合型班会的特点

针对赋能发展性障碍学生的需求，功能整合型班会的特点如下：

（1）个性化与全面性关注。功能整合型班会注重每位发展性障碍学生的独特需求和能力。功能整合型班会综合使用多种教育资源、策略和方法，为学生提供全面而个性化支持。通过差异化的教育方法，保证每一位学生都能得到适当的关注，进而促进他们的自我成长和发展。

（2）实践导向与真实性。发展性障碍学生往往更依赖于切身的实践体验来理解和掌握知识。功能整合型班会正是捕捉到了这一特点，将教育内容与真实生活场景紧密结合。这样的方法使得学生能够通过亲身参与的实际操作、生动的角色扮演，以及与日常生活紧密相关的情境模拟，更深入、直观地学习和吸收知识。这种真实的学习体验不仅有助于学生更好地理解概念，还能够培养他们的实践能力和应对真实情境的自信。

（3）互动性与参与性。面对发展性障碍学生社交技能的特定挑战，功能整合型班会精心设计了一系列互动性和参与性活动。通过小组讨论、角色扮演及互动游戏，不仅引导学生更加主动地融入活动中，还为他们提供了在相对安全的环境中实践和加强社交技能的机会。这种深度参与有助于增强他们的自信心和团队合作精神，为日常生活和未来的人际交往奠定坚实基础。

（4）系统性与系列性。功能整合型班会采用系统化、系列化的设计方法，目的是为学生构建一个连续、逐步深化的学习过程。为了确保发展性障碍学生的连续性学习，班会应有组织、有计划地展开，并且每次的活动都在之前的知识和经验上进行拓展和深化，从而形成一个层次分明的学习链条。这种设计不仅能确保每一步都获得坚实的支持，还使学生的知识和技能得到完整、有机的累积与发展，同时保证每个环节都与整体目标相协调，满足学生的全面学习和成长需求。

（5）多元化与开放性。鉴于发展性障碍学生的多样性需求和各种不同类型的障碍，班会经常引入新的教学视角和方法，以输出为辅、输入为主的学习范式，比如为了解决学生之间的矛盾，设立了"班级法庭"；为了提高学生的家务劳动能力，开设了"乐淘美食店"；为了让学生更清楚地了解校园，开设了"漫游校园直播间"等。这种方法不仅丰富了教学内容，还增加了其形式的多样性，使班会更加生动、有趣。

（6）探究性和引领性。功能整合型班会不仅要注重发展性障碍学生出了问题后的应对，更要注重问题发生前的教导和引导，关键在于探究学生出现问题的原因，寻找预防策略，设计系统化的班会方案，构建引领学生成长班会活动，使得学生的教育与生活相通，与班级管理相融，让发展性障碍学生在观察、体验和经历中获得感受和理解。

## 二、功能整合型班会的专题和命名

在班主任实践中，一个专题的功能整合型班会是一个系列班会的组合，首要任务是确定适合的功能整合型班会专题，然后对专题进行命名。

### （一）寻求功能整合型班会专题

在寻求班会专题时，可以从以下四个关键点出发：学校布置的任务、班级建设的锚点、解决现实存在的问题以及促进学生的成长。无论从哪个关键点出发，都要与学生的实际生活密切相关，具有功能整合性。

（1）功能整合型班会与学校的德育任务相联系。学校往往会提出安全教育、爱国教育、传统文化教育等全校性的德育活动和任务，而功能整合型班会正是一个契合学校目标的良好途径。

（2）功能整合型班会能凸显班级建设的重点。班级建设中比较重要的是班级文化的建设，包括精神文化建设、教室物理环境文化建设、活动文化建设、制度文化建设等多个方面。

（3）功能整合型班会能解决现实中存在的问题。很多发展性障碍学生会表现出多种形态、不同程度的问题行为，也存在缺乏规则意识、不遵守课堂纪律、缺乏班级认同感和责任感、青春期适应不良等全班学生存在的共性问题，也有部分学生会表现出无法与同伴友好相处、各种形态和程度严重的问题行为。

（4）功能整合型班会能系统性地教育和引导学生。功能整合型班会涉及学生的身体健康、情感能力、社交互动、动作康复、认知发展、人格品质、语言沟通、生活自理、休闲娱乐、职业等诸多领域。

### （二）确定功能整合型班会名称

功能整合型班会的班会名称很重要，命名和撰写班会名称时要考虑以下几个因素：

（1）准确反映班会内容。班会名称的首要目标是准确传达班会的核心主题、目的和价值。特别是对于发展性障碍学生，他们可能在信息处理方面有困难，因此名称的直接性和准确性将帮助他们快速理解班会的范围。这有助于激发他们的思考和预期，为班会做好准备。

（2）吸引兴趣引人注目。考虑到发展性障碍学生可能在集中注意力方面有困难，创意十足、引人注目的名称尤为重要。一个引人入胜的名称将激发学生的好奇心，鼓励他们主动探索与之相关的知识和信息。这种主动的参与将提升他们的学习体验和参与度。

（3）情境和任务相结合。在班会名称中强调与某个具体的情境或任务相关，将更有助于发展性障碍学生的理解和参与。这种情境性的名称能够帮助学生将班会内容与实际生活联系起来，促使他们在功能性应用和社会性互动方面得到更好的发展。

（4）满足多重撰写要求。撰写班会名称时，名称需要简明扼要，清晰易懂，确保发展性障碍学生能够轻松理解和记忆。同时，可以使用有趣、生动的词汇或短语，激发学生的好奇心，提高他们参与班会的兴趣。可以考虑将关键词融入班会名称中，有助于提高班会的可发现性，使学生更容易了解和参与班会。

## 三、功能整合型班会的主要构成要素

确定了功能整合型班会的专题名称后，我们需要构建其整体框架，确保其主要构成要素齐全，以保证班会的流程有序。

### （一）交代班会专题的背景和设计理念

需要交代清楚班会是选择这个专题的背景，说明选择这个专题的理由。设计理念是指班主任在设计某个系列功能整合型班会时，所依据的重要理念。而这些设计理念将会影响后续的班会活动安排。一般而言，设计理念要依据班会涉及的相关领域、包含的知识与技能、学生的特性等。

### （二）明确参与者

功能整合型班会涉的人员可能包括发展性障碍学生、他们的家长或监护人、班级教师和其他辅导人员。每个参与者在班会中的角色、任务和与其他人的互动方式都应明确。

### （三）设定班会目标

班会目标的设定是为了确保班会活动的方向和效果以满足学生的需求和

班级的发展。班会目标分为总目标和分目标，总目标是指一个系列的班会所期望达到的主要成果，是整体的、宏观的，通常涵盖班会的整体愿景。例如，总目标可能是"建立和谐、积极、互助班级精神文化"。分目标是为了实现总目标而设定的一系列具体、短期的小目标。它们通常是具体、可量化的，并可能针对每一节的班会活动甚至各个环节或内容。在设定班会目标时，总目标提供了方向，而分目标则提供了具体的行动步骤和评估标准，以确保班会活动的有效性。

### （四）规划班会的架构和时间线

功能整合型班会是系列化的，每个系列包含多次活动，每次班会活动也是独立的活动单位。整个系列的班会应有清晰的结构，且每次班会都要有明确的实施流程。一般来说，第一次班会活动是专题介绍，介绍班会专题名称、班会背景、班会情境、班会活动任务、班会活动整体构成和班会时间安排。最后一次班会活动是统整和总结活动，开展对班会的总结性评价，对专题的关键内容进行总结，并展望下一步可能的学习和实践方向。中间的班会活动内容可以包括提供专题所需的基础知识、进行功能整合的实践、展示学生在实践环节中的成果，以及引入一些群体互动活动等。

规划班会时间线，包括安排班会时间需要确保班会不会干扰学习和其他活动，要具体说明系列班会的时间段，也要说明共需要多少次班会，每次的具体时间和所需时长。

### （五）选择或创设合适的实施情境

根据班会内容选择地点和情境。环境应与班会内容和形式相匹配。如有需要，则应进行适当的空间布置。

## （六）制定班会实施策略

针对发展性障碍学生，可以采用互动性强、直观且简明的教学方法（如视觉辅助工具、角色扮演、小组互动等），以提升学生的参与度和理解力。

## （七）建立评价机制

评价贯穿于班会从设计到实施完成的整个过程。班会前准备阶段，要评价学生的现有能力和能够使用的班会活动资源。班会实施过程中，通过过程性评价，监控班会实施质量，调整班会内容和形式。班会实施后，对学生在班会中的具体表现进行系统的评价，同时也对整个班会的全过程进行回顾与反思。

# 第二节　基于学校任务的相通性的班会实践案例

赋能发展性障碍学生的功能整合型班会，注重将班会与学校的日常教学任务相结合，探索它们之间的相通性。本节将为大家介绍两个基于学校任务的相通性的班会实践案例，希望通过这些案例，为广大教育者提供一个全新的班会组织与实施的参考。

## 一、班会活动：环保达人秀

【背景和设计理念】

学校的健康卫生月活动，班主任设计了专题名为"环保达人秀"的班会，鼓励学生在环保方面成为积极的倡导者。

【参与者】

（1）主要参与人员：学生、班主任、家长。

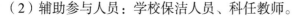

（2）辅助参与人员：学校保洁人员、科任教师。

【班会实施情境】

（1）第一次到第四次的正式班会活动都在班级教室内举行；第五次的主题统整活动在学校的礼堂举行。

（2）日常学生的环保活动在真实的情境中发生。

【班会目标】

（1）提高学生的环保意识。让学生深入了解环保的重要性，激发他们的环保意识，并使其认识到个人在环保中的角色和责任，为之后的实践行动奠定情感基础。

（2）培养学生的环保行动力。鼓励学生将环保的理念转化为实际的行动，使其在日常生活中主动表现出环保行为。

（3）展现学生的创意与手工制作能力。提供各种环保主题的创意和手工活动，鼓励学生发挥想象力，同时培养他们的动手能力和创新精神。

（4）加强团队合作能力。通过小组合作完成各种环保任务和挑战，培养学生的沟通与合作技巧，让他们在合作中学会分工、协作和共同解决问题，培育他们的团队精神和协作意识。

（5）加强家校合作。加深家长对学校环保教育的了解，鼓励家长与学校共同参与和支持环保教育活动。同时，开展家庭环保活动，促进学校教育与家庭教育的无缝对接。

【班会的整体架构】

本系列班会活动与学校的卫生健康月时间同步，持续时间为一个月。具体安排如下：

第一次班会：①班主任介绍"环保达人秀"班会专题名称、背景以及一系列班会活动的整体安排。②观看环保短片。播放一些简短的、与环保相关的动画或视频，之后讨论其内容。③环保宣言。学生们可以在纸上写或画出他们对环保的理解，或者说明他们为什么觉得环保很重要。④环保承诺墙。鼓励学生写下他们的环保承诺，并将其贴在墙上。

第二次班会：①环保知识问答。设计一些简单的环保常识问题，鼓励学生参与回答。②垃圾分类比赛。提供各种垃圾，并引导学生按照有害垃圾、厨余垃圾、可回收垃圾和其他垃圾进行分类。

第三次班会：①汇报回收工作坊的业务情况，在本专题开始时，学生在日常空闲时间在校园内开展"收废品"业务，本专题班会结束后，会将卖废品的收入作为全班到麦当劳聚餐的费用。②环保故事分享。拍摄学生在家里进行环保的照片或视频，并制作成学生个人与环保有关的故事，鼓励学生分享他们的环保故事。

第四次班会：①环保时装秀准备。使用废旧材料如报纸、塑料袋、旧衣物等制作环保时装，为举办T台秀做好准备。②制作环保手工艺品。教学生用废旧物品制作工艺品或日常用品，例如，废旧纸杯制作花瓶或使用旧杂志制作扇子，为举办手工艺展示做好准备。

第五次班会："环保达人秀"统整活动，邀请学校保洁人员、教师、家长等人做评委，进行环保时装秀、环保手工艺品展示等；班主任提供学生的日常环保积分和其他班会活动上的得分。获得总分最高的小组评选为"环保达人"，授予奖章和奖状。

## 二、班会活动：我为红军送物资

【背景和设计理念】

学校在九月份举行爱国主义活动，班主任设计了专题名为"我为红军送物资"的班会，在以爱国为主旋律的基础上，融合设计了多样化的内容元素，包括传统文化、艺术、体育、生活适应、劳动技能等方面。

【参与者】

（1）主要参与人员：学生、班主任。

（2）辅助参与人员：科任教师、家长。

【班会目标】

（1）知识理解与情感教育。使学生更深入地了解红军的伟大历史、精神和牺牲，为传承红色文化提供基础。引导学生体验红军的困难，培养他们的同情心和感恩心，理解到团结的重要性。

（2）加强团队合作。鼓励学生之间的合作，培养他们的团队合作精神，通过团队活动强化学生间的情感联系。

（3）增强身体协调性。通过接力和绕过障碍等活动，锻炼学生的身体协调性和运动能力，对于发展性障碍学生特别重要。

（4）提高生活自主能力。通过衣物分类、食物选择和制作、购物等活动，增强学生的生活自理和决策能力。

（5）培养应对突发情况的能力。模拟红军遇到的困难和挑战，让学生学会面对困难时的应对策略，增强他们的抗压能力。

（6）培养观察与思考能力。可通过寻找药品的线索活动，鼓励学生认真观察、分析和思考，培养他们的细心习惯和逻辑思维。

（7）提高沟通与交往能力。班会中的各种小组讨论和活动鼓励学生之间的沟通交流，有助于提高他们的社交能力。

这些目标专门针对发展性障碍学生的特点，旨在通过"我为红军送物资"的班会活动，让学生理解"红军"所代表的含义，并融入运动、合作等方面的能力训练。

【班会的整体架构】

本系列班会活动与学校的爱国教育月时间同步，持续时间为一个月，共有六次班会活动，具体安排如下：

第一次班会：①班主任介绍"我为红军送物资"班会专题名称、背景以及一系列班会活动的整体安排；②分享红军知识，观看红军历史短片，选择简短且具有教育意义的红军历史短片，使学生了解红军的伟大历史和牺牲精神；③学唱简单的红军歌曲，如《红星照我去战斗》；④模拟红军生活，准备一些红军时期的物资，例如粗布衣、简易背包等，让学生体验红军战士的生活。

第二次班会：①情境故事背景设定。班级收到一封"紧急来信"，内容是红军在某个地方因为长时间行军，食物短缺，希望班级的同学们能够伸出援手，为红军提供食物支援。②讨论食物选择。班主任与学生一起讨论红军在长途行军中可能需要的食物。可以制作或准备一些食物图片、食物模型或真实的食物（如干粮、腌肉、腌菜、红薯等），并让学生从中选择。教师可以向学生解释每种食物的营养价值和为什么适合行军时食用。③分工与准备。根据学生的兴趣和能力，分配不同的任务。例如，某些学生可以负责收集食物，某些学生可以负责打包，而另外一些学生可以负责计算所需的数量等。如果条件允许，学生们可以尝试制作一些简单的食物，以模拟为红军制作食物的过程。④运送食物。模拟为红军送物资的过程，学生需要通过接力的方式传递食物，在传送物资的路上设置一些简单的障碍，学生需要绕过障碍传递食物，锻炼学生的身体协调性和合作能力。⑤反思与总结。在活动结束后，引导学生反思此次活动带给他们的感受。让他们理解到团结、帮助和感恩的重要性。总结时，可以引导学生们讲述他们准备的食物、如何制作、为什么这些食物对红军如此重要等。

第三次班会：①引入寻找并运送药品的故事情境。班主任播放视频，神秘地向学生布置"机密任务"，使学生感受到任务的紧迫性。②班主任先为学生简单地介绍红军途中可能会出现的症状及对应的药品（如退热药、止吐药、皮肤瘙痒膏等）和它们的用途，使学生对药品有基本的认知。③寻找药品的线索。为了模拟药品丢失的情境，班主任预先布置了一些线索（小纸条、药品标签、模拟脚印等）并隐藏在学校运动场的某个区域。学生分组，根据线索寻找药品。④在学生找到模拟药品后，设置一些障碍和任务，模拟药品在运送途中可能遇到的困难。例如"药品袋子破了，需要学生快速用绳子修补"或"有一小段路需要三人合作，两人用担架扛一个人并携带药品通过"。⑤学生需要向一个模拟的"红军基地"（可以是教室的另一端或学校的某个特定区域）运送药品，并做简单的汇报："报告，我们成功找到了药品，并成功运送到基地。"⑥情境结束与反思。当所有小组都完成任务后，班主任带领学生进行反思：在这次活动中，他们体验到了哪些困难？通过哪些方法克服了这些困难？在困境中，他们是否感受到了红军当年所面临的困难与坚韧不拔的精神？通过这次班会活动，学生不仅能够加深对红军当年艰苦斗争的理解，同时也能培养他们的团队合作、解决问题和应对突发情况的能力。

第四次班会活动：①引入衣物分类与运送的情境。班主任带着一些混杂的衣物进入教室，告诉学生，这是前线红军急需的衣物，但由于时间紧急，在运输途中衣物都混杂在了一起，现在需要学生们帮忙快速整理并准确地分发给红军。②衣物分类教学。班主任先为大家展示不同类别的衣物（上衣、裤子、鞋子、袜子、帽子、内裤等），并简单地描述其特点和功能，以帮助那些可能对衣物分类不太熟悉的学生。③团队分工。学生分成几个小组，每组负责一种衣物的分类。为了确保每个学生都有任务，可以根据他们的特点和能力进行分工，例如手部精细动作较好的学生可以负责折叠衣物，擅长识别和分类的学生可以负责挑选衣物。④障碍运送。设置一些障碍和任务来模拟在运送衣物的过程中可能会遇到的困难。例如在模拟"河流障碍"时，学生需要将衣物放在一个平板上，两人一组携手过"河"；在模拟"山路障碍"时，学生需要爬过一个小山坡，确保衣物不掉落。⑤模拟交付。在成功整理和运输衣物后，学生需要向一个模拟的"红军基地"交付衣物，并报告："报告，我们成功地整理和运送了所需衣物。"⑥情境结束与反思。班主任与学生共同回顾整个活动过程，鼓励学生分享他们在团队合作和任务完成过程中遇到的困难以及如何解决这些困难的经验。同时，班主任也可以引导学生思考红军当年在困境中相互帮助的精神。

第五次班会：①创设求助情境。班主任出示一封来自红军的"求助信"，内容描述了红军在长征途中因缺乏文具和日用品而面临的困境。此刻，亟须班级同学们为红军购买和运送日用品和文具。②观看视频。播放一个关于红军日常生活的短视频，以帮助学生更加直观地了解红军当时的实际需要。③讨论与填写购物清单。班主任引导学生基于视频内容进行讨论，确定红军需要的文具（纸、笔）和日用品（毛巾、牙膏、牙刷、香皂）。随后，学生将这些物品写入购物清单，并估算价格。④模拟购物。班主任带领学生前往学校超市或班级内的小超市。指导学生按照购物清单购物，并使用计算器算出价钱并付款，这一过程可以锻炼学生的计算和决策能力。⑤打包与标注。购买完成后，学生回到教室，按类别对物品进行整理、打包，并在包裹上标注物品名称和数量。这一环节可以锻炼学生的分类和书写能力。⑥模拟运输。学生将打包好的物品通过设定的障碍路线运输到"红军基地"。这一过程旨在锻炼学生的体力和团队合作能力。⑦情境结束与反思：班主任与学生共同回顾整个活动过程，鼓励学生分享他们在团队合作和任务完成过程中遇到的困难以及如何解决这些困难的经验。

第六次班会：①收到感谢信：当所有物品都成功送达"红军基地"后，班主任读一封感谢信，表达红军对学生的感谢。②为学生提供一个平台，分享他们在这个月中学到的知识，以及对红军的认识和感受。③反思与展望。学生与班主任共同讨论这个专题活动的收获，以及对未来类似活动的建议和期望。④感谢与结束。班主任感谢学生的积极参与，并鼓励他们在日常生活中传承红军的精神，努力学习，为国家和社会做出贡献。

这样的功能整合型班会活动，能让发展性障碍学生了解历史，培养他们的爱国情怀和感恩之心。

# 第三节　凸显班级建设重点的班会实践案例

班级文化建设是班级建设的核心内容，班主任通过系列化班会活动，能促进班级文化的形成与发展。

## 一、班会活动：我和我的班级

【背景和设计理念】

针对发展性障碍学生，班级精神文化建设旨在为这些学生创造一个积极、支持和理解的环境，以帮助他们获得成功的经历并建立积极的自我概念。以下是几个重要的设计理念：班级精神文化应该强调尊重与接纳，使得每个学生的才能和价值都能被看到、被发掘；要创建一个安全而友善的环境，让学生感到被理解和支持；培养学生的合作与团队精神，建立团结和合作的班级氛围。为此，班主任设计了专题名为"我和我的班级"的班会。

【参与者】

（1）主要参与者：班级全体学生、班主任。

（2）辅助参与者：学生家长、其他科任教师。

【班会实施情境】

主要在班级教室内进行。

【班会目标】

（1）增强学生的班级归属感和责任感。

（2）促进学生之间的友谊，加深彼此之间的了解。

（3）锻炼学生的团队合作与领导力。

（4）鼓励学生积极参与班级事务，培养他们的自主与创新能力。

（5）培育学生对班级的爱与热情，进一步巩固班级文化。

【班会的整体架构】

本专题班会一般在建立新班的第一个月，开展系列班会活动，共六次班会活动，具体安排如下：

第一次班会：①班主任介绍"我和我的班级"班会专题名称、背景及一系列班会活动的整体安排。②我的"特点地图"。学生们使用画纸和颜料，画出一个代表自己的"特点地图"。这个"地图"可以包括他们最喜欢的颜色、食物、兴趣爱好等。之后，每位学生向班级展示自己的"地图"，分享自己的特长。③团队拼图活动。每位学生获得一块拼图后，就在上面绘制或写下他们的兴趣、爱好或特长。然后学生要找到与自己有共同点的同学，并将拼图连接起来。此活动旨在鼓励学生互相了解和交流。

第二次班会：①班级标志设计。学生们合作设计一个班级标志，这个标志代表了班级的特色和团结精神。标志须有包括班名、班歌、班徽、班旗、班章、班级口号等文化标识。②班级"时间胶囊"制作。学生可以写下对自己未来一年的期望、愿景或对班级的期待，并将它们放入一个"时间胶囊"中，决定在学年末打开。这不仅增加了学生的归属感，还让学生对未来充满期待。

第三次班会：①团队"塔楼"建设。使用积木或其他材料，学生们分组合作，尝试建一个高塔。这个活动鼓励合作和团队精神。②互相夸奖时刻。学生们轮流给同桌或邻座的学生说一些积极的、鼓励的话。③快闪回忆。每位学生分享自己与班级的一个小故事或回忆，帮助学生回顾过去的美好时光，并加深对班级的感情。④花园花儿开。准备多种花儿的卡片，每种花儿代表一种祝福，学生们挑选出自己喜欢的花儿卡片，听大家的祝福语，然后大家在自己的花儿卡片上写上名字，将花儿卡片贴到班级园地区域。

第四次班会：①"友谊拼图"情境表演。班主任简述"友谊拼图"的重要性，并强调记录彼此友好相处的宝贵瞬间。②分组情境表演。学生分为若干小组，每组设计并演绎一个关于友情、互助、共同成长的小故事。例如，学生 A 帮助学生 B 学习、学生 C 与学生 D 一同完成任务等。③"友谊拼图"行为演练。班主任列出一些常见或偶尔会发生的情境，例如有人遗失物品、有人感到孤独、困难时需要帮助等。学生轮流上台，模拟这些情境并展示他们如何友善地处理。④整个过程中，选择一个学生或班主任担任摄影师，捕捉每一刻的美好画面。

第五次班会：①前几次班会，班主任都会拍一些照片，班主任和学生选择最具代表性的照片后，课前彩打出来，用于制作"班级故事书"。②班主任和学生们共同创作，每个学生可以负责一张，选择和自己活动相关的照片，学生们可以为每张照片添加标题、简短描述或感受、绘制相关的插图、贴上花边或贴纸等进行装饰。③每位学生分享自己制作的"班级故事书"的部分。④整合所有人的故事书章节，设计纪念册的封面和装订方式，制作成一本"班级故事书"。

第六次班会：①音乐分享时刻。播放班级歌曲，学生们围成一圈，手拉手，一起唱，强化团队合作和班级归属感。②班级成长墙。在墙上贴上从第一次班会到第五次班会的照片、文字、作品等，让学生在上面标注自己认为最重要的时刻，分享他们的成长轨迹。③"班级之星"颁奖环节。颁发一些小奖项如"最努力学习的""最乐于助人的""最具创意的"等，鼓励学生们的积极参与和表现。④感谢环节。学生可以自愿上台，对班主任、其他老师或同学表示感谢，分享自己在这个学期里收获的友情、知识和成长。⑤班级合照。最后，全班集体拍一张大合照，留作永久纪念。

## 二、班会活动：我的班级职务

【背景和设计理念】

在班级制度文化建设方面，主要涉及班干部制度、班级公约制度和奖惩制度三个方面。在班主任实践中，设计一个专题名为"班级职务"的班会，引导发展性障碍学生探索职务倾向性评估、职务设置、职务培训和职务实践的精彩旅程。

【参与者】

（1）主要参与者：学生、班主任。

（2）辅助参与者：校长、科任教师。

【班会实施情境】

根据班级职务实施的情境，选择相应的真实情境。

【班会目标】

（1）培养自我评估能力。帮助学生认识到自己的职责，培养他们的自我评估能力，并使他们学会对自己的行为进行批判性思考。

（2）增进同伴间的理解与支持。通过同伴评价，鼓励学生之间的相互理解和支持，增强班级的团队合作精神。

（3）加深对职务角色的理解。通过角色扮演，使学生更加理解各个职务的特点和要求。

（4）建立正向反馈文化。确保每位学生都能从老师或助教那里得到建设性的反馈，从而提高他们的自信和积极性。

（5）培养目标设定与实践能力。鼓励学生根据反馈设定明确的改进目标，并付诸实践。

（6）提高应变与实际操作能力。通过情境模拟，让学生在实际或模拟的情境中锻炼自己的应变能力。

这些目标旨在提高学生的自我管理、团队合作、沟通和实践能力，同时也能培养他们的自信心和对班级工作的热情。

【班会的整体架构】

"班级职务"班会持续时间为一个学期，共四次班会，每个月一次。既能服务自己，又能服务他人，是发展性障碍学生适应班级集体生活的良好体现。本专题是一个将学生个体的特有行为和优势，转变为教导其在与同伴间建立成功社交互动的契机。

第一次班会：本次班会旨在将学生的能力与班级职务配对，帮助学生了解自己的长处以及如何将其应用到班级中的不同角色。①个人风采展示。先以"猜猜我是谁？"的语言表述形式，描述学生在班级中的行为表现。②点开视频链接。播放学生在班级内为他人服务、为班级服务的视频。③优点大轰炸。以小组为单位，每个学生列出自己拥有的三项能力，班主任可提供选项、可粘贴的图文卡片等。④班级职务招聘启事。班主任展示拟计划设置的班级职务岗位，及每个岗位需要具备的能力。⑤配对游戏。学生需要在限定时间内，找到一张他们认为与自己能力相匹配的班级职务卡片。⑥请学生分享配对结果。班主任请同学们考虑自己适配的班级职务。

第二次班会：第一次班会后，班主任可以引导学生代理适合自己的职务，并通过文字、照片和视频进行记录。本次通过"班级职位设置"，使每个学生都能正式担任相应的班级职务。以下活动依次进行。①询问某一位学生或引导学生说出自己适合担任的班级职务，并展示相应的照片和视频。②请其他同学作为"考官"，提出意见或建议。③进行职务的情境演练，通过现场模拟，考核是否能够获取职务。例如，卫生员考核擦桌子、图书管理员考核整理图书等。④请校长颁发聘书。

第三次班会：学生确定了班级职务后，则进行岗前培训，强化训练职务技能。①学生依次作为被训练者，其他学生担任评委。部分职务也依据实际需要请其他学生参与示范性的表演。比如，生活委员帮助学生，则需要学生扮演被帮助者。②被训练的学生，根据其所担任的班级职务职责，接受相关技能的训练。③其他同学作为观察员和评委，在观察训练过程之后，对被训练者的表现进行点评，也可以示范怎么做更合适。要求给他人提建议时，要使用诚恳、委婉及正向语言。④形成班级职务训练记录表，并粘贴到教室的墙上。如表5-1所示。

表5-1

| Q 班班级职务训练记录表 | | | |
|---|---|---|---|
| 学生 | 职务 | 职务训练内容 | 提出的建议 |
| 小毅 | 班长 | 管理学生排队 | 适当态度和正确方法管理学生 |
| 小诗 | 生活委员 | 协助青青画画 | 提高助人技巧 |
| 小青 | 卫生委员 | 擦桌子，擦柜子 | 学习清洁技巧，擦干净物品 |
| 小威 | 图书管理员 | 整理图书；课间邀请小昌看书 | 1. 课间有自己的休闲活动<br>2. 社交互动时保持距离 |
| 小昌 | 内务管理员 | 扫地、摆放物品 | 1. 内务检查要按顺序执行<br>2. 不要反复做一件事 |
| 小昊 | 音乐委员 | 教全体师生唱歌 | 1. 控制不良情绪<br>2. 教唱歌时不要自言自语 |
| 小铖 | 记录员 | 听指令记录老师或同学说的内容 | 1. 字迹要工整，不要乱涂画<br>2. 要听从指令不跑开 |

第四次班会：学生通过岗前培训，在班级内各司其职，任职一周后，根据班级职务实际表现评价。针对发展性障碍学生的表现，进行班级职务的实际表现评价与建议时，可以采用以下活动来确保评价的全面性与有效性：①自我评价。学生可以先对自己过去一周的工作进行评价。他们可以回答一些问

题，如"我完成了哪些工作？""我遇到了哪些困难？""我觉得自己做得最好的地方是什么？"等。②同伴评价。班级其他学生也可以对担任职务的学生进行评价。他们可以基于一系列标准或行为描述来评价。③角色扮演。对于某些职务，可以通过角色扮演的方式让学生体验他人的角色，从而更好地理解其他职务的要求和挑战。④班主任根据自己的观察和记录，给出对每位学生职务表现的正面反馈和建议。⑤表现出色的学生可以被邀请分享他们的经验和策略。⑥每位学生可以基于反馈和建议，设定自己职责范围内担任班级职务的一个或多个改进的目标。

# 第四节　解决现实问题的班会实践案例

## 一、班会活动：班级法庭

【背景和设计理念】

促进学生社交成功，减少不适当的行为是赋能发展性障碍学生班主任实践的重要内容。在一个班级里，学生之间经常会因为各种各样的原因而产生矛盾，设计专题为"班级法庭"的班会，采用逐步化分析社会情境的程序策略，教导学生们正向行为和处理矛盾的方法。

【参与者】

（1）主要参与人员：学生、班主任。

（2）辅助参与人员：其他与矛盾相关的人员，如教师等员工。

【班会实施情境】

（1）一般在班级教室进行，摆放桌椅和水牌，模拟法庭的布置。

（2）偶尔会到"案发现场"，了解"案件"的真实情况。

【班会目标】

（1）提升解决问题的能力，为学生提供一个正式的渠道，以解决他们在学校和同学之间遇到的社交问题。

（2）认知教育目标，使学生了解"班级法庭"的作用、执行模式和程序，教育学生如何运用逐步化的方法来分析社会情境。

（3）通过"法庭程序"，引导学生理解并尊重他人的感受，促进学生之间的互相理解、道歉和谅解，增强团结与和谐。

（4）让学生参与到"庭审"的实践中来，通过真实的案例，学习并应用解决矛盾和冲突的方法。

（5）训练学生换位思考，从不同的角度来看待问题，并对事件进行新的解读，这有助于他们在现实生活中更好地理解和处理问题。

（6）帮助学生理解事件发生的前因后果，使他们能够通过逻辑推理，分析导致某一事件发生的原因及其可能产生的后果。

【班会的整体架构】

"班级法庭"属于生成性的班会，只有当学生遇到了社交问题时，才能通过"班级法庭"来解决问题。因此，并没有固定的节数、每次"开庭"时间也不固定，短则十几分钟，最长也不会超过一个课时。

在初始阶段，向学生介绍"班级法庭"的作用，以及"班级法庭"已经设定的执行模式和程序。班主任作为"法官"，着重于在实践中教导学生运用逐步化的分析社会情境的程序策略指导"班级法庭"的"庭审"。

在精熟运用阶段，学生之间出现矛盾后，作为"原告"的同学起诉"被告"同学，班主任则在了解事情的来龙去脉之后，找时间"开庭审理"。有时，学生之间发生了矛盾，也可以由班主任或班干部主持"开庭审理"。在"庭审现场"，主要进行以下程序的审理：

（1）口述或播放相关视频等与"案件"相关的内容，找出"案件"的相关人物、时间、地点三个基本要素。

（2）按照事件发展的顺序，将矛盾从头到尾，逐步列出每个环节。

（3）运用逐步化的分析社会情境的程序策略分析每个环节，分析"案件"中的每个环节，都要遵循以下六个步骤：

第一步：概括性描述事件，包括描述清楚当时的社会场景、环境配置、行为或问题等。

第二步：询问当事人双方当时的感觉如何，怎么想的。

第三步：辨识相关人物的感觉，引导大家去理解当事人当时为什么会这么想。

第四步：预测后果，并引导学生分析为什么会产生这样的后果，使学生理解前因后果的逻辑关系。

第五步：换一个看问题的角度，用正向的行为替代不适当行为。引导学生谈一下对事件重新解读之后的感觉，并主动进行道歉和谅解。一般来说，"法官"都会请矛盾双方使用正确的社交技巧对矛盾事件进行重新演绎，以练习正确的技巧。

第六步：预测替代行为的后果，考虑学生思考新的做法会产生什么后果，理解前因后果的逻辑关系。引导学生探讨以后遇到这样的事情怎样做才能让同伴关系更加和谐、更加融洽。

另外，如果部分发展性障碍学生无法理解和表达"班级法庭"的相关内容，则可以采用行为演练的方式，即知道并执行在某些情境中"我要这么做"。如果有助教，可以请助教协助个别学生参与行为演练，偶尔助教也需要依据教学实际参与示范性的表演。

班主任也会提供生活中类似的情境，请学生们进行情景答辩或用正向的行为在同伴间互动。

## 二、班会活动：班级戏剧社

【背景和设计理念】

在赋能发展性障碍学生的班主任实践中，以戏剧的形式设计与实施功能整合型班会是常见的形式之一。针对班级内存在的现实问题，可以通过戏剧的形式再现并进行解决。发展性障碍学生班级戏剧社能够在多个方面促进他们的全面发展，不仅提高了各种技能，还有助于建立自信、增强社交互动和提高生活质量。班主任可以在班级内成立戏剧社，戏剧社的名称可以依照班名或和学生一起起名，比如"喜聚戏剧社""星星戏剧社""同心圆戏剧社"等。

【参与者】

（1）主要参与人员：本班的学生、班主任。

（2）辅助参与人员：其他班级的学生、教师、家长等。

【班会实施情境】

（1）创设剧社活动场景：剧社牌子，播放剧社开场音乐。

（2）根据剧社主题，到相应的场所活动。

【班会目标】

（1）促进社交技能。通过戏剧活动，提供给发展性障碍学生一个互动的平台，帮助学生改善社交技能，包括与同学互动、合作、分享情感等。

（2）提高自信心。戏剧社提供了一个可以接纳不同背景和才能学生的环境，发展性障碍学生参与戏剧表演，可以提高自信心，让他们能够在自己的能力范围内做力所能及的事情，并促进对自己和他人差异的接纳。

（3）提高表达能力。戏剧可以帮助发展性障碍学生提高口语表达和沟通能力，扩展词汇量，并提高语言的流利度。同时，戏剧表演要求学生清晰地表达角色的情感和意图，这有助于他们在日常生活中更好地表达自己。

（4）培养创造力。参与戏剧表演需要创造性思维，学生可以发挥想象力，创作角色和情节。

（5）提高情绪管理能力。通过扮演情感丰富的角色，学生可以更好地理解和管理自己的情感，提高情感智力。

（6）改善集中力和注意力。戏剧活动要求学生在排练和表演过程中保持专注，有助于改善他们的注意力和集中力。

（7）促进团队合作。戏剧是一个团队性质的活动，学生需要与其他成员协作，学会倾听、尊重和合作。

（8）丰富生活经验。戏剧可以让学生体验不同的情境和角色，丰富他们的生活经验，增加对生活多样性的理解。

【班会的整体架构】

"喜聚戏剧社"是某培智学校 2012 级七年级班主任带领学生成立的，伴随了学生整个初中阶段。期间，共排练戏剧剧目 12 个。涵盖社交、自我、情绪、安全、法律、亲子、青春期、节日等多个方面。以下是对这 12 个戏剧剧目的简介。

七年级的班会活动:《彩虹色的花》《蜗牛与黄鹂鸟》《谁是国王？》和《动物王国的儿童节派对》。主要通过戏剧的形式，让学生之间建立良好的同伴关系，提高学生的社会交往能力。

八年级的班会活动:《大话西游之安全护送》《我走丢了怎么办？》《我不和你走》和《我的身体我做主》。主要通过戏剧的形式，将学生的青春期教育、安全教育融入其中。

九年级的班会活动:《忍耐力大作战》《十年后再相聚》《相亲相爱一家人》和《我的自画像》。为学生的转衔做准备，包括学生升入职中或回归家庭后的生活，从生活上、情绪行为上、社交上都能够更好地适应下一阶段的生活。

# 第五节　引领学生发展的班会实践案例

## 一、班会活动：星星旅行社

【背景和设计理念】

班主任构思一个专题名为"星星旅行社"的班会，让学生以城市主人的身份，向"客人"推荐精彩的"旅游产品"，锻炼学生对城市的认知、休闲娱乐、语言表达、社交互动等多种能力。

【参与者】

（1）主要参与人员：本班的学生、班主任。

（2）辅助参与人员：其他班级的学生、教师、家长。

【班会实施情境】

（1）将班级布置成"星星旅行社"。

（2）开展业务时，带学生去天河公园和花城广场。

（3）家庭作业，请家长带学生去附近的正佳广场游玩。

【班会目标】

（1）了解自己所居住的城市。帮助学生深入了解广州的文化、历史、景物、美食和主要旅游景点。

（2）情境式学习体验。通过创造一个旅行社环境，模拟旅行社的运营，帮助学生更快地进入学习情境，提高学习的效果。

（3）多元智能发挥。根据学生的个人优势和兴趣，为他们提供不同的角色和任务，从而充分发挥他们的多元智能。

（4）社交与合作。促进学生间的互动与合作，培养他们的团队合作精神和社交技巧。

（5）综合应用与自我展示。引导学生将所学的知识和技能综合应用到班会的每一个环节。为学生提供机会，让他们可以展示自己的创意、才华和所学知识。

【班会的整体架构】

"星星旅行社"共八次班会活动，持续两个月完成。包括"星星旅行社"的筹建、开业典礼、开展业务、总结评价四个阶段。"星星旅行社"围绕天河公园、花城广场和正佳广场三个景点开展系列活动。

第一阶段：筹建阶段（四次班会活动，每次一个课时）。

第一次班会：①班主任介绍"星星旅行社"班会专题名称、背景以及一系列班会活动的整体安排。②选择旅行社员工服、旅行社 LOGO、旅行社口号。③任务分配，班主任出任"社长"一职，并基于每位学生的优势或兴趣，确定"导游""宣传员""后勤人员"等岗位人员。④每个人制作自己的"星星旅行社"工牌。

第二次班会：①将班级布置成"星星旅行社"，并仿照旅行社进行教室物理环境布置。②制订各个岗位的工作职责，并通过行为演练等方式使得学生明白自己的职责内容。③形成"星星旅行社"工作制度，例如上岗时（每次班会课开始时），要穿好工服、戴好工牌、喊口号"星星旅行社，带你逛世界"。

第三、四次班会：主要为"星星旅行社"开业和运行做好准备。①根据"导游""宣传员""后勤人员"等的工作职责，进行相关技能培训，例如"导游"要怎样介绍景点，"宣传员"要制作宣传单，"后勤人员"要学习准备开业时的水果拼盘、点心和茶水等。②布置"星星旅行社"开业典礼的活动现场，制作并发放邀请函。

第二阶段：开业典礼（第五次班会，需两个课时）。

其他班级的学生或教师扮演"客人"角色来参"星星旅行社"开业典礼活动。①开业庆典仪式：主持人开场，由擅长语言表达的学生扮演主持人，简短地介绍旅行社的背景、目的和活动的流程；班主任致辞，对学生的努力和创意表示肯定，并为旅行社的正式开业表示祝贺；"星星旅行社"宣传片播放，展示广州的景点和文化，并表扬学生为旅行社做的各种准备工作；剪彩仪式，由班级代表、老师和特邀嘉宾共同为"星星旅行社"剪彩，标志着正式开业。②旅行产品推介：导游推介，由"导游"学生向大家推荐旅行社的特色产品，如天河公园、花城广场和正佳广场等景点的特色和行程；宣传册展示，由"宣传员"分发学生制作的旅行社宣传册，让大家更直观地了解产品详情；"后勤人员"则为前来参加开业仪式的嘉宾提供饮品、点心或水果。③教室内旅行社环境导览：学生和来宾可以在经过布置的教室内体验旅行社的各个功能区（如接待台、咨询区、宣传展板等）。旅行社互动体验。设置互动体验区，如模拟订票、询问旅游信息等，让学生和来宾真实体验旅行社服务。④艺术表演：由学生表演关于广州的传统歌曲或舞蹈。学生合唱为"星星旅行社"特制的歌曲，传达旅行的快乐和广州的魅力。⑤感言分享：学生代表发言，简短分享参与此次活动的感受和学到的知识。老师发言表示对学生的付出的感谢和肯定，分享观摩活动的感受。⑥结束与致谢：主持人感谢所有参与者和嘉宾，宣布开业典礼圆满结束。这些活动旨在让学生体验运营旅行社的乐趣，同时展示他们所学的知识和技能。

第三阶段：开展业务（第六、七次班会，需两个半日）。

两个班级共同进行天河公园半日游活动和花城广场半日游活动，"星星旅行社"的学生们作为工作人员，模拟向另一个班级的学生扮演的"顾客"介绍景点、解答疑问等。在问答环节，班主任提供引导和支持，促进"客人"与"导游"之间的有效互动。

（1）第六次班会活动：天河公园半日游。开展野餐、喂锦鲤、划船等特色活动。

（2）第七次班会活动：花城广场半日游。介绍"小蛮腰"（广州塔）、主要活动、特色建筑、旅游推荐等。

另外，布置了亲子游的家庭作业——游玩正佳广场。游玩项目包括购物指南、休闲娱乐、特色餐饮等。

第四阶段：总结评价（第八次班会）

让每位学生分享他们在"星星旅行社"中的体验，并进行如宣传材料、旅游路线图、活动剪影等成果展示。收集学生、教师和其他参与者的反馈，为以后的班会或相关活动提供建议。这样的班会活动设计可以帮助学生通过实践和互动，更深入地了解广州，同时也能够锻炼他们的多种技能。

## 二、班会活动：秋日美食汇

【背景和设计理念】

本次班会活动设计以发展学生核心素养为导向，以"五育融合"来推进，以任务驱动为实践路径，以目标分层和支持性学习的方式分组，以跨学科统整确定主题，以教学评一体化的思路进行整体学习活动设计。对于发展性障碍学生而言，劳动即生活，劳动即成长，劳动是挖掘和发挥学生潜能的有效手段。

【参与者】

（1）主要参与人员：本班的学生、班主任。

（2）辅助参与人员：其他班级的学生、教师、家长。

【班会实施情境】

（1）本系列班会活动的第一阶段：在班级教室内进行。

（2）单一技能的训练阶段：根据技能的不同，在家政室、美术室、班级教室内进行。

（3）"秋日美食汇"派对：在学校的综合活动室举行。

【班会目标】

本系列班会活动以学生的生活环境为依托，以举办"秋日美食汇"为背景，以"如何准备秋日美食汇"为任务中心，选择以生活中必备的、对学生发展有益的、在生活中学以致用的劳动技能作为班会目标，组织和设计班会活动。根据班级内发展性障碍学生的能力水平，将学生在食材处理和烹饪方面的活动目标进行分组分层，结合两组学生的能力和学习需求，根据学生的学习进度和支持辅助情况，将每组的目标进行分解细化，形成每组具体的、可观察的、可测量的学习目标。

一组的活动目标：能清洁干净炊具、灶台；能拖干净厨房的地板；能按照垃圾分类要求投放垃圾；能处理食材，清洗、择菜、削皮、切等；会用空气炸锅做蛋挞（材料有蛋挞皮、鸡蛋、牛奶、白糖）；学会蒸速冻食品的烹饪技巧（用电磁炉）；学会蒸水蛋的烹饪技巧（用电磁炉）；学会煮木瓜牛奶糖水的烹饪技巧（用电磁炉）；学会煮生姜红薯糖水的烹饪技巧（用电磁炉）；学会豆腐干炒肉的烹饪技巧（用电磁炉）；学会番茄炒蛋的烹饪技巧（用电磁炉）；会摆好菜品，给大家分发美食等；餐后处理，能将自己用过的餐具、炊具、调料等物品归位。

二组的活动目标：会独立或在他人辅助下清洗餐具（碗、盘、杯、勺等）；会按顺序擦桌子，将桌子擦干净；会在提示下将厨房的地扫干净；会洗抹布，在辅助下拧干抹布；在口语提示下进行垃圾分类；能清洗食材、水果；能在提示下制作冰皮月饼（不包括和面）；能按照排列规则制作水果拼盘；能在提示下，按人头数量摆放碗筷、摆好桌椅；餐后处理，能将自己用过的餐具等物品归位。

【班会的整体架构】

本系列班会活动的实施采用"三级一体"方式，先进行整体活动预告，再进行单项技能教导训练，最后实施统整活动。该系列班会活动共持续一个半月，分为三个阶段。具体安排如下：

第一阶段班会活动：主要进行班会活动预告，通过创设"秋日美食汇"情境任务，紧紧围绕任务中心，布置学生筹备"秋日美食汇"工作任务，练习多项劳动技能。设计问题链，引导学生讨论：①"秋日美食汇"是什么活动？（美食分享活动）②为什么要举行这个活动？（提高自己的劳动能力，成为"居家达人"）③由谁来组织活动？谁参加活动？（八年级两个班的师生，邀请的嘉宾，写嘉宾邀请函并邀请嘉宾）④什么时候做？（9月5日到10月30日，10月30日上午进行主题统整活动）⑤"秋日美食汇"要准备哪些美食？基于发展性障碍学生的能力水平差异大，将学生分为两组，能力较好的学生主要训练需要用电、用刀的复杂的烹饪技能，能力较弱的学生主要负责清洁整理和简单的食物准备工作。再结合学生的能力和喜好，确定美食清单（点心、水果、饮品、糖水、主食、主菜等），确定一组学生制作蛋挞、蒸速冻食品和蒸水蛋、煮糖水（木瓜牛奶糖水、生姜红薯糖水）、炒菜（番茄炒蛋、豆腐干炒肉）。二组学生为中秋节制作冰皮月饼（中秋节）、水果拼盘（车厘子、枣、小番茄、李子）、冲泡饮品。⑥为"秋日美食汇"还需要哪些任务？（除了制作美食，还有厨房清洁、餐前准备、餐后处理等劳动技能，以及场地布置、主持人、热场活动、海报等内容。在厨房清洁方面，一组学生能够进行清洁炊具、灶台、拖地和垃圾分类放置；二组学生能够清洗餐具、擦桌子、扫地、洗抹布和扔垃圾。在餐前准备和餐后收拾方面，一组学生能摆好菜品、分发美食等；二组学生能摆放碗筷、摆好桌椅。所有学生能负责放回自己用过的东西，包括餐具、炊具、调料等物品归位）⑦怎样进行时间上的安排？成本要多少？计算学习的周数、天数、课时数、国庆节放假，确定"秋日美食汇"学习目标汇总表，计算学习过程中的食材成本。⑧"居家达人"的评比标准有哪些？包括"美食是否好吃""工作过程是否规范""工作态度是否认真""整个学习期间的表现"等，同时参照过程性评价和总结性评价，以表现性评价为主要方式。

第二阶段班会活动：主要进行每一单项技能的学习，在学习技能的时候，引导学生思考并解决如何操作某一项技能。主要围绕每一项劳动技能的要点设计问题，让学生通过问题思考要怎么做。班主任再组织学生讨论并确定要制定每个厨房劳动技能的工作分解步骤图。具体班会活动程序为：①列举完成该活动所有子任务。厨房清洁和收拾整理技能要依据学生的能力水平进行分组分层教学，并让学生在真实的生态化情境中进行学习与练习；蒸、煮、炒烹饪技能要采用分工合作的组织形式，一组学生从食材餐具准备、烹饪等方面进行系统化的训练，冲泡技能也要采用分工合作的组织形式。二组学生从食材餐具准备、冲泡饮品等方面进行系统化的训练。②将子任务细化成具体可操作的活动环节，确定完成每一项步骤图文所示，并详细说明每一个子任务的教学要点。对于不能独立完成学习目标的同学，采用工作分析步骤图的方法，辅助其完成该项工作。③训练发展性障碍学生单一技能时，常采取任务分解法，将一项技能分解为若干个步骤，形成步骤图，进行逐步教学。比如，擦桌子的步骤图要以图片和文字呈现：第一步，准备好清洁工具；第二步，抹布洗干净，拧干；第三步，按顺序擦桌子；第四步，洗抹布，拧干；第五步，清洁工具归位。

依据学习阶段理论，在同学们学习的习得阶段，由教师和学生共同通过实际操作，找出最适宜的工作步骤。在流畅精熟阶段，则勤加练习，并学以致用。因此发挥协同教学的作用，设计了"秋日美食汇"作业单方案。在学生学习技能的过程中，要根据学生的实际表现，班主任通过示范、视觉提示等方式辅助学生自主练习。同时，要提高学生的家务劳动技能进行家校联动，促进学生在生活中学，在活动中学，在实践中学。班主任在学校教授学生的劳动技能，可以通过作业单的形式，将劳动技能的训练步骤提供给家长，以便让学生在家里能够学以致用，同时通过家长对学生的评价，判断学习效果。

在学生遇到技能学习的难题时，引导学生寻找解决难题的方法。下面将举例说明：①清洁。擦桌子时，总是漏擦部分区域，引导学生如何擦整个桌面，将抹布叠好，按从左到右的顺序擦。②垃圾分类。木瓜刨下来的皮，要扔进哪个垃圾桶？引导学生明白木瓜皮属于食物类，要扔进厨余垃圾桶。③使用炊具类：用空气炸锅做蛋挞，温度调到180℃，15分钟就会糊掉，要怎么做？引导学生将温度调低到 170℃；豆腐干炒肉时，总是把豆腐干炒碎怎么办？锅铲从锅底插入翻炒，不要直接插到菜上面。

第三阶段班会活动：举办"秋日美食汇"派对。按照原计划，开展两班联谊，举行"秋日美食汇"派对。同学们在当日分工合作，完成整个活动的食物准备、清洁整理等工作。